花儿会と歌垣

辺境の歌文化

板垣俊一 著

三弥井書店

目　次

はじめに …… 5
一　花儿《ホワール》とは —— 9
1　二系統の花儿 …… 10
2　花儿の源流 …… 18
3　漢族の移住と花儿 …… 24
4　既婚者の歌掛け …… 29
二　洮岷花儿 —— 42
1　今も生きる歌掛けの習俗 …… 42
2　演唱の実態 …… 46
3　演唱方法 …… 48
4　歌詞の形式—押韻、慣用句、定型詩— …… 51
5　比喩表現 …… 57
6　物語性（虚構性） …… 60

7 北路洮岷花儿―蓮花山花儿― 65

三 花儿と民間信仰 81
1 蓮花山の信仰と花儿会 81
2 岷県の気候と生業 84
3 二郎神について 87
4 湫神信仰と観音信仰 89
5 神花儿 97

四 文芸に向かう歌掛け―中国雲南省白族の歌会を例に― 105
1 剣川県石宝山宝相寺境内における白族の歌会 106
2 白族対歌の音楽性 109
3 日本の俗謡との比較―瞽女唄を例に― 115
4 白族対歌の文芸性 119

五 辺境の異民族交流と歌垣―筑波山の歌垣― 127
1 歌垣研究史素描 127

2　〈歌ことば〉としての妹と背……135
3　古代以前のヤマトに歌垣をさかのぼる……141
4　村落共同体と外部世界……144
5　渡来民の歴史……150
6　民族接触による歌掛けの発生説……153
7　筑波山の歌垣と市……158
8　歌掛けの歌の自由さ……162
六　万葉集の相聞歌と歌垣――171
1　第三波後半の渡来民と和歌の成立……172
2　歌垣の歌の形式――清寧記・武烈紀に見る歌垣――……178
3　嬥歌……183
4　歌垣の歌……186
5　万葉集の相聞と歌垣における遊戯性……193
6　歌掛けのなかの虚構の恋歌……197
七　甘粛省洮岷花儿取材演唱歌詞資料――207

〔資料1〕洮岷花儿演唱歌詞例（馬燁侖 二〇〇八）…… 208
〔資料2〕洮岷花儿演唱歌詞例（麻石頭 二〇一〇）…… 218
〔資料3〕洮岷花儿演唱歌詞例（迭蔵河 二〇一一）…… 240
〔資料4〕洮岷花儿演唱歌詞例 神花儿A（二郎山子孫殿 二〇一〇）…… 257
〔資料5〕洮岷花儿演唱歌詞例 神花儿B（二郎山子孫殿 二〇一〇）…… 267
〔資料6〕洮岷北路花儿演唱歌詞例（蓮花山 二〇一四）…… 276
〔資料7〕雲南省白族対歌演唱歌詞例（剣川石宝山宝相寺 二〇〇六）…… 293

あとがき —— 312

はじめに

万葉集の研究史を顧みると、文字表記を軽視して文字から復元される音声言語の世界を本質と考えた国学以来の研究を反省して、一九八〇年頃からは、われわれの目の前にある万葉集は文字で書かれた歌の集であるという認識のもとに文字表記の側面を重視する研究が主流となってきた。しかしまた、中国南部の雲貴高原一帯の少数民族に残る音声による歌掛け習俗が、日本古代の和歌文芸を生み出した歌垣と類似することから、それらへの関心が本格的に始まったのも一九八〇年代であり、それは次第に現地調査による研究へと進んでいった。たとえば、白族の歌会をとりあげた工藤隆・岡部隆志著『中国少数民族歌垣調査全記録』一九九八、工藤隆著『雲南省ペー族歌垣と日本古代文学』二〇〇六、広西チワン族の歌会をとりあげた手塚恵子著『中国広西壮族歌垣調査記録』二〇〇二、悪口歌の掛け合いを特徴とするモソ人の歌掛けをとりあげた遠藤耕太郎著『モソ人母系社会の歌世界調査記録』二〇〇三、トン族を中心とした辰巳正明著『東アジア圏の歌垣と歌掛けの基礎的研究』二〇〇九、そのほか遠藤耕太郎著『古代の歌：アジアの歌文化と日本古代文学』二〇〇九、梶丸岳著『山歌の民族誌—歌で詞藻を交わす』二〇一三、岡部隆志著『アジア「歌垣」論』二〇一八、などの研究が今日まで積み重ねられてきた。

筆者も以前から中国の少数民族社会に行なわれている歌の掛け合いについては興味を抱いてきたが、調査に訪れる機会もなくただ時を過ごしてきた。しかし、アジア民族文化学会への入会を機に先駆者である工藤隆氏の案内で二〇〇二年から学会員の有志とともに隔年で三回ほど雲南省の少数民族地域を訪問することができた。二〇〇二年八月末に訪れた洱源県にある茈碧湖の歌会ではじめて白族の人々の歌掛けを見ることができた。そのとき、白族の歌掛けとは明らかに違う歌掛けをする男女に気付いた。こうした晴れの日には白族の女性たちは民族衣装でやってくるが、異なる歌掛けをしている女性は普段着であったし、茂みのなかに憩っていた少人数の男女のグループのなかの若いふたりは、白族のように声高くは歌わず、異なる曲調で静かに歌っていたのである。確かめることはしなかったが、恐らく漢族であったろう（第六章、一九二頁の写真26参照）。それをきっかけに、日本古代の歌垣に似た習俗が東アジアの照葉樹林帯と呼ばれるこれらの地域にだけ存在するのだろうか、他の漢民族社会には存在しないのだろうか、という疑問がわいた。

中国の少数民族に見られる歌謡文化の調査研究を誘発した大きな要因は、なんと言っても中尾佐助が提唱した照葉樹林文化論であったことは確かである。それより、「歌垣の習俗は、もともと照葉樹林帯で焼畑農業を営んで生活していた人々の間で行われていた習俗であった」（佐々木高明『照葉樹林文化の道 ―ブータン・雲南から日本へ―』ＮＨＫブックス、一九八二）という見方が定着した。しかしすでに古代歌謡と歌掛けの習俗との関係は、マーセル・グラネーの研究（内田智雄訳『支那古代の祭礼と歌謡』弘文堂書房、一九三八、原著一九一九）によって知られていることであり、そのような男女掛け合い形式の恋愛歌謡は、古代においては、河南・山東・山西・陝西など、いわゆる中原文化圏と呼ばれる一帯の古代の漢民族に広く行なわれていた。そこで南西部の少数民族地域だけでなく、ほかに漢民族社会において今でも歌掛けが行なわれている地域はないものだろうかと探しているうちに、やはり中国の辺境地帯である西北部の少数民族居住地に接して、漢民族が中心となって行なわれる花儿会という習俗があることを知った。この習俗は、大木康「甘粛〝花儿〟学術検討会に参加して ―生きていた歌垣と宝巻」（『東方』57号、一九八五）などによってすでに知られていたが、日本人による具体的で詳細な調査研究は行なわれてこなかった。

二〇〇八年七月、花儿の研究者、元蘭州大学教授柯楊氏の紹介によって、実際にその地を訪れてみると、驚くような歌掛けの現場があった。じつに古代の歌垣をそのまま髣髴させるような光景が広がっていたのである。そのあり方は、筆者の眼に雲南省の白族の歌会よりもいっそう素朴で生きた歌垣であると見えた。その地は乾燥気味の小雨地帯で、照葉樹林帯ではない。また、歌掛けに参加するのは漢民族のほかに回族・チベット族など異なる民族であることも、南西部の歌会とは大きく異なっていた。（ただし近年は白族と漢族との間の歌掛けも確認されるようにはなった。）

本書では甘粛省定西市岷県の二郎山周辺の花儿会を中心に、二〇〇八年から二〇一四年までそれぞれ断続的な短期間の調査ではあったが全五回の実地調査による資料にもとづいて、漢語による男女の歌掛けがどのようなものであるかを明らかにし、それを参考に古代ヤマトにおける歌垣がどのようなものであったか、またその歌垣の歌が万葉集の相聞歌とどのようなつながりを持っているのかを考察したものである。

なお、本書に引用した万葉集の歌は、おもに中西進校注『万葉集全訳注原文付』（講談社文庫、一九七八〜八三年）によったが、私意によって多少表記を改変した部分もある。また風土記はほぼ植垣節也校注『風土記』（小学館刊、新編日本古典文学全集、一九九七年）によった。その他は引用箇所に注記した。また、掲載した写真はすべて著者が撮影したものである。

一　花儿《ホワール》とは

中国の西北部に広く歌われている「花儿（花児）」と呼ばれる歌謡がある。別名、「少年」とも「野曲」とも呼ばれた。『中国大百科全書』音楽・舞踏編によれば、以前民間では、河湟系統の花儿は「少年」または「野曲」と俗称されていたが、ここ数十年のうちに次第に花儿と総称されるようになったのだという。(1)また、この民衆歌謡は中国西北部の山歌(2)の一種で、男女が恋歌の掛け合いをするときの歌でもある。歌われている範囲は、およそ賀蘭山の南、六盤山の西、岷県の北、日月山の東、すなわち甘粛、青海、寧夏の三省にわたる広い地域である。この地域は、漢族のほかに、回族、土族《トゥー》、撒拉族《サラール》、東郷族《トンシャン》、保安族《ボアン》、西蔵族《チベット》、裕固族《ユーグ》など、チベット系、モンゴル系、ウイグル系、トルコ系の民族が雑居するところであるが、漢語で歌われるこの花儿は、これら八つの民族間で共通に歌い合うことのできる歌謡として知られている。

いわゆる歌垣は、漢民族社会では遙か古代に消滅している。漢の時代においては、男女が野外で歌掛けをする行事は夷狄の人々の習俗だとする中華思想の観念があった。そのため、漢民族の歌掛け習俗は辺境地帯にしか存在しない。その辺境は異民族と接するところであった。漢語による歌掛けは、歌掛け習俗を持つ異民族と接する辺境において、その影響のもとに行なわれた可能性をもっている。

1　二系統の花儿

現在、中国の西北部に広く分布している「花儿」は、地域的特色によって次の（1）（2）の、大きく二系統に分けられている。

（1）洮岷花儿と総称される第一系統

これは甘粛省の洮河流域に広く流行している花儿で、さらに次の二つの支系に分かれる。

1　北路（康楽・臨洮などで歌われる花儿）

2　南路（岷県一帯で歌われる花儿）

（2）河湟花儿と総称される第二系統

これは広く甘粛、青海、寧夏、つまり一般に黄河・湟水の流域に歌われる花儿である。（「河湟」は黄河と湟水二つの河川を指す。）これは地区と民族の相違に基づいて、さらに次のような四つの支系に分かれる。

1　青海の互助土《トゥー》族の花儿

2　循化撒拉《サラール》族の花儿

3　寧夏の回族の花儿

4　甘粛臨夏の花儿（河州花儿と称する。習慣上さらに四つの細支系に分けているが、これは省略する。）

このうち第二系統の河湟花儿は、回族がおもな担い手であり、臨夏回族自治州を中心として、回族の分布の広がりとともに寧夏回族自治区南部や遠く新疆ウイグル自治区の昌吉回族自治州にまで及んでいる。

このように、一口に花儿といっても、歌われる地域によって細かく分類されていて、それぞれ歌詞の詩型、演唱形態、さらに音楽的特性が異なっている。とりわけ、曲調によって異なる名称を持ち、それぞれ〈何々令《ling》〉と称されている。たとえば地名を付けた〈河州令〉〈門源令〉、民族名を付けた〈土族令〉〈撒拉令〉、また花の名を付けた〈白牡丹令〉〈金盞花儿令〉、あるいはそのほかの名を付けた〈大眼睛令〉や〈尕馬儿令〉などである。それぞれの令には、大体同じメロディーのアウトラインが一つあるが、実際に歌われるときは、さらに演唱者の個性も加わる。また、第二系統の河湟花儿の令は百種類以上もあることが知られているが、元蘭州大学教授柯楊氏によれば、代表的なものは〈河州大令〉〈河州三令〉〈尕馬儿令〉〈水紅花令〉〈白牡丹令〉〈呛啷啷令〉〈金盞花令〉などであるという。[3]これに比べると第一系統の洮岷花儿の場合は単純で、北路の〈蓮花山令〉と、南路の〈扎刀令〉（阿欧令ともいう）の、代表的な二つの令に尽きるのだという。

このほかの音楽的な特徴としては、使用する音階と音列に民族的な好みがある点である。サラール族の花儿は、常にミ、ラ、ド、レ、ミを基本的な音列とし、メロディーは比較的荘重であるが、回族・漢族の花儿は、多くレ、ソ、ラ、ド、レ、ソの音列の形式を採用していて、曲調は前者と比べて比較的明るく、さらに土族《トゥー》の花儿はレ、ミ、ソ、ラ、ド、レ、ミの音列を主とする、といった傾向が見られるという。

また、花儿の起源については、前掲の『中国大百科全書』では、唐代あるいはさらに早くからあった[4]と考える人もいるが、論拠はみな不充分で、今までずっと定説がないと断りながらも、清朝の乾隆年間の臨洮籍の詩人呉鎮（一七二二－一七九二）の詩に「花兒饒比興、番女亦風流[5]」の詩句が見えることから、その起源は清朝以前、遅くとも明朝までは遡るだろうと述べている。

これについて柯楊氏は、花儿が生まれた地域の歴史的、地理的背景から考える必要があるとして次のように述べている。(6)

趙宗福著『花儿通論』に引用するように、明朝の文人高洪の「古鄯行吟」と題する詩編中に「……漫聞花儿断続長」とあり、高洪は、万暦年間（一五七三～一六一九）、河州（今の甘粛省臨夏）に赴任した役人だったことを考えれば、当時すでに花儿が盛んに歌われていたことが知れる。また、この歌謡が歌われている洮、岷、河、湟一帯、すなわち甘粛省の南部から青海省の西部にかけては、かつて中国王朝を脅かした異民族と境を接する地域であり、明朝では洪武年間（十四世紀後半、明初）から辺境防備のために多くの軍隊をこの地に駐屯させた。彼らは家族連れで移住し、ついにはそこへ定住するようになった。すなわち、現在この異民族の地に住む漢族の祖先たちである。また、同じく明朝初期、回族を募ってこの地の開墾にあたらせたことで回族が漢族と雑居するようになり、さらに元末から明初にかけて新疆ウイグル自治区東部の哈密《ハミ》から青海省循化県東南一帯の撒拉族や回族が移住してきた。東郷族、保安族がこの地に集まり住むようになったのも、同様に元末から明初にかけてである。こうして、チベット族(7)を含めた多くの少数民族がこの地で暮らすようになった。また、彼らの村落は漢民族の居住地に散在し、しかも比較的漢民族の人口が多かったことから、他の民族も次第に漢語を話すようになり、漢語がこの地に雑居する民族の共通の言語となった。このような言語的基盤の上に、各民族が一緒に創作し歌うことのできる歌、すなわち花儿が誕生したのである。ただし、第一系統の洮岷花儿と第二系統の河湟花儿との関係について言えば、洮岷花儿のほうが先にあって河湟花儿のほうはそのあとで成立したものだろう。

以上が柯楊教授の説であるが、もちろん、花儿の母胎となったのが漢族の歌謡であったか、あるいはまた他の民族の歌謡であったかについては、依然として議論が残る問題である。

ところで花儿にはこれを歌うための年中行事がある。毎年、旧暦の四月から六月にかけて、各地の風光明媚な名山古刹など特定の聖域を会場として大がかりに挙行される花儿会(8)である。前掲『中国大百科全書』に、大規模な音楽習俗だとあるように、場所によっては会期が六日も続く。著名なものとしては次のような会場がある。

①甘粛省康楽県の蓮花山　旧暦六月一日～六日
②甘粛省和政県の松鳴岩　旧暦四月二十七日～二十九日
③甘粛省岷県の二郎山　旧暦五月十四日～十九日
④青海省民和県の峡門　旧暦五月五日
⑤青海省互助県五峰山　旧暦六月六日
⑥青海省楽都県の曲壇寺　旧暦六月十四日～十五日

いずれも旧暦（農暦とも）の決まった日に行なわれるが、新暦ではひと月前後あとにずれて六月から七月ごろに当たる。このうちの①③で歌われるのが洮岷花儿の系統、そのほかは河湟花儿の系統である。この他にも多くの会場があって、洮岷花儿系統の小会場については、柯楊氏が作成したリストによれば、二〇〇八年現在一四九ヶ所を数える(9)。開催期間も一月から九月までの各月にあり、規模が大きい蓮花山と二郎山また物資交流大会での花儿会を除いて、各県の内訳は臨潭県五十六ヶ所、岷県三十二ヶ所、臨洮県二十七ヶ所、康楽県十一ヶ所、卓尼県九ヶ所、渭源県八ヶ所、漳県一ヶ所などとなっている。

二つの系統のうち、より広範囲に流行する河湟花儿は第一系統の洮岷花儿に比べると、より洗練された音楽性の強い歌謡である。そのため多くのひとに音楽的な歌として楽しまれたこと、そしてその担い手が広い地域を移動して商業活動をする回族が中心になったことで、彼らの移動とともに地域を越えていっそう広く受け容れられていったようである。[10] 男女の愛情を歌うことを中心としてはいるが、河湟花儿にはおもに伝統的な歌詞で歌われる民謡的な性格がある。また、この系統の花儿が黄河流域に流布していることと、黄河を利用して交易にたずさわった「筏子客」（筏乗り）と呼ばれた人々との関係もあったと思われる。ちなみに商業活動をする回族と市《いち》との関係も昔から深かったであろうから、花儿の歌掛けが市と結びついたことも充分考えられるだろう。人々の移動とともに広がっていった歌で、近代では出稼ぎで覚えてきたという人たちもいる。具体例として、甘粛省岷県の五〇代の男性が、出稼ぎ先の青海省で覚えてきたという河湟花儿の民歌二例を掲げてみよう。

1. 亮明星　（筆者が仮に付けたタイトルである。）

大山根里的清泉水、　（山の麓を流れている清らかな泉の水）
清泉了水、　（清らかな泉の水）
他淌了几千年了、　（何千年も流れている）
原来的路上认不得、　（もともとの道は・・・道？　意味不明。）
决不得我早城了活翠连了、　（意味不明）

天上的星星对星、（天空の星々は向かい合っている）
亮明星、（星は輝いている）
我当城一对的滚灯、（明るい星は提灯みたいだ）
尕妹把阿哥看的勤、（妹の私はよくお兄さんのあなたに逢いに行く）
长下的像模样儿好像子龙、（お兄さんのあなたの格好良い姿は趙子竜のようだ）
借尸者这回了人间、（人の屍を借りて人間の世界に戻った）
天配的婚姻搅不散、（私とあなたの縁は誰にも掻き乱すことはできない）
我俩人修下的人络。（二人が前世で修行した縁だから）

2.

阿哥们是孽障的人

一身的脂肉苦干了、压弯了脊梁骨了、（痩せて細くなったし、背骨も曲がった）
绯红花儿你听、你的大哥哥们走哩、（妹のあなたよ聞いてくれ。あなたのお兄さんたちは出かけて行く）
肝花妹妹你们坐哟、阿哥们是个离乡的人。（妹よ、ここに居てくれ。お兄さんたちは故郷を離れて行く）
没风没雨的三伏天、脊背里晒下的是肉卷、（風も雨も無い暑い日は、日焼けして皮膚が裂けそうだ）
绯红花儿你听、你的大哥哥们走哩、（妹のあなたよ聞いて下さい。あなたのお兄さんたちは出かけて行く）
肝花妹妹你们坐哟、阿哥们是孽障的人。（妹よ、ここに居てくれ。お兄さんたちは肉体労働者で苦労する人だ）

一年三百六十天、肚子里没饱过一天、（一年三百六十日、おなかいっぱい満足に食べることは一日もない）
绯花儿你听、你的大哥们走哩、（妹のあなたよ聞いてくれ。あなたのお兄さんたちは出かけて行く）
肝花妹妹你们坐、阿哥们孽障人。（妹よ、ここに居てくれ。お兄さんたちは肉体労働者で苦労する人だ）

丢下了尕妹走金场、颇烦时把少年漫上、（妹のあなたと離れて金鉱へ行く。悩みのあるときは花儿を歌う）
绯花儿你听、你的大哥哥们走、（妹のあなたよ聞いてくれ。あなたのお兄さんたちは出かけて行く）
肝花妹妹你坐、阿哥们是个孽障的人。（妹よ、ここに居てくれ。お兄さんたちは肉体労働者で苦労する人だ）

白日么黑夜我把尕妹想、哪一年能回个家乡。（昼も夜も妹のあなたが恋しい。いつ家に帰れるだろうか）

（岷県在住の张顺喜さんが歌っていた歌詞）

河州花儿（河湟花儿）は、上記のような長詩形もあるが、一般的には一句の字数が七～九程度で四句からなり、押韻の決まりのある短い定型詩を基本としている。具体例をあげれば、次のような歌詞である。なお、河州花儿は歌にも一定の旋律があって、その繰り返しだから歌い手のそばで別人が楽器による伴奏を付けることも可能である。写真1の麦藁帽子を被った男性は、日本の民謡における尺八の伴奏のように、二胡で歌のメロディラインをなぞっていた。ちなみに雲南省白《ペー》族の歌掛けにおける伴奏楽器は三弦である（一一〇頁、写真24）。

尕妹是冰糖阿哥是茶、　（妹のあなたは氷砂糖で兄の私はお茶だ）
茶離了冰糖是不甜、　（お茶に氷砂糖を入れなければ甘くない）
尕妹是河水阿哥是魚、　（妹のあなたは河の水で兄の私は魚だ）
魚離了河水是不成。　（魚は河の水を離れることはできない）

雪花下者満地了、　（雪は地面に満ちて）
看不見哥家的路了、　（お兄さんの家へ行く道が見えない）
雲彩儿低得蓋地了、　（雲は地面に低く垂れ込めて）
望不見哥家的樹了。　（お兄さんの家の木も見えない）

（郗慧民著『西北花儿学』蘭州大学出版社、一九八九年、より）

今日広範に歌われている河湟花儿と呼ばれるこの歌謡は、最初に甘粛省の河州を中心とした農業地帯のごく小範囲で歌われ出した歌であったと考えられている。[11] これをうけて武宇林も河湟花儿は「歴史、地理、音楽など様々な面から、その源が「河州花児」に発すると考えてよいだろう」[12]と述べている。河州は今の甘粛省臨夏回族自治州のことで、ここは回族および同じくイスラム教を信じる保安族・東郷族などが多く、自身が寧夏回族自治区に住む武宇林の言によれば、「中国イスラム教文化の中心であり、特に周辺地域に居住する回族の人々にとっ

写真１：松鳴岩の公園で見かけた中年男女の雨の中での歌掛け

河州花儿での歌掛けである。二胡で伴奏をしている男性と携帯電話で録音している男性も見える。この日は祭日ではないが松鳴岩森林公園内では地方政府主催の「全国学生原生民歌歌唱大会」が開かれていて、人々が集まるこうしたときでも相手がいれば自然発生的に男女で歌掛けすることがあるようだ。(2014.06.28)

て、非常に大きな存在である[13]」という。そうした地域の特性が、この歌謡がとりわけムスリムたちによって周辺に拡がっていった理由と考えられる。大勢の人々によって河州花儿が歌われるのは、前述のように旧暦四月二十七日から二十九日の三日間にかけて行なわれる甘粛省和政県の松鳴岩（写真1）での花儿会である。

2　花儿の源流

河州花儿が流布する臨夏回族自治州に隣接する東部、行政区域としては定西市になるが、そのほぼ境あたりを北上する、黄河の支流洮河が流れている。洮河の上流は、定西市の岷県付近でヘアピンのように曲がり、西に折れて、源流は甘南蔵族自治州に至っている。この洮河流域に流布している歌謡が[14]洮岷花儿である。音楽的な面に歌の重点が置かれる河州花儿に対して、即興的な歌の掛け合いに重点が置かれることから、いっそう素朴な「原生花儿」とも呼ばれている。[15]

この歌謡が盛大に歌われる聖地の一つが康楽県の蓮花山であり、もう一つが岷県の二郎山である。[16]両地の花儿

写真2：甘粛省和政県の景勝地松鳴岩

ここは川の左岸の断崖絶壁の岩肌に菩薩大殿・達摩（達磨）殿・卓瑪殿・王母宮・娘娘殿・山神廟などさまざまな神仏を祭る建物がへばりつくように点在する聖地になっている。（2014.06.28）

は、さらに音楽性と表演形式に違いがあるので、研究者は地理的関係から前者を「北路」、後者を「南路」と呼んで区別している。これらが同じく洮河の流域にあるということは、両者の間にとうぜん関連があると思われる。両者の共通性としてまず目に付くのは、音楽的な技巧性が少ない素朴な原生花儿であるとともに、蓮花山、二郎山といった聖山で行なわれる点であろう。また現在見るところの両者の差異は、北路のほうが南路にくらべて集団性が強いという点である。それに比べて南路岷県の花儿は、個人が対歌[17]の相手を探して自由に歌掛けするという点ではいっそう素朴な原生花儿の感がある。これをもって、南路の花儿がもっとも基本的な形式であり、これに集団的形式が加わって祭礼の歌掛けの要素を持つようになったと考えるべきか、それとも古い祭礼の形式を失って個人の自由な歌掛けだけが残ったと考えるべきかは即断することができないが、少なくとも音楽性豊かに洗練された河州花儿は、音楽的には素朴な洮岷花儿がもとになった歌謡だとは考えていいだろう。

「花儿」の名称については、女性の恋人の比喩から歌謡の名称へと変わったとの説[18]がある。また武宇林は、話 hua と花 hua の音の類似から、「話儿」（歌で行なう日常の会話）がその歌謡の名称だったが、のちに恋人の比喩に

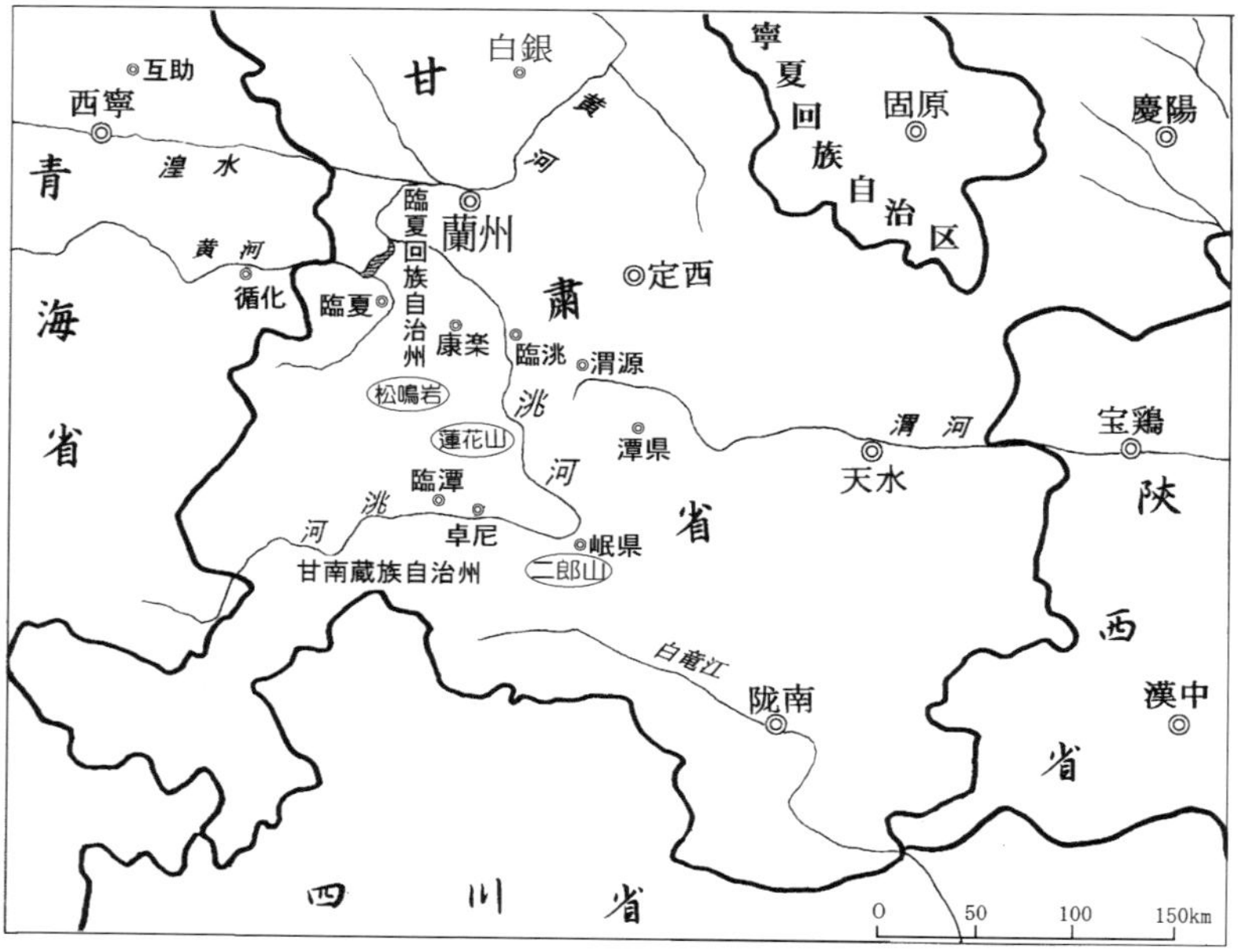

図１：甘粛省南部略図

「花儿」の語を歌うことが多くなって歌謡の名となったものであり、中国西北部でも花と言えば牡丹を指すほど一般的な牡丹の花が咲く季節に行なわれる行事なので「花儿会」と呼ばれたものでもあろうか[19]という。しかし花儿は、本来文字を知らない民衆が歌っていた歌であるから、明代の知識人がこの漢字を適当に当てたことから定着したものに過ぎない。洮岷花儿よりも新しいと考えられる河湟系統の花儿は、前述のように「少年」または「野曲」とも俗称されていた。

そもそもこの地に花儿という対歌習俗がどうして生まれたのか、という点についても以前から議論があった。中国では一九八〇年代に、花儿の起源が問題になっているが、上記の柯楊説のように、花儿は明代において江南からの漢族の移民が携えて来た歌の文化だという説が出され、それが今日ではほとんど定説になっている。花儿は、漢族を

写真４：二郎山の銅鐘の案内板

写真３：二郎山の明代銅鐘

案内板には「県級文物保護単位　二郎山明代銅鐘　岷県人民政府一九八二年五月二十四日公布」とある。

はじめ回族、チベット族、東郷族、保安族、撒拉《サラール》族、裕固《ユーグ》族など言語の異なる諸民族の間で歌われている歌謡ではあるが、歌に使用する言語は漢語の現地方言である。[20] 花儿が漢語で歌われるのは、この地の漢族の勢力が他の民族よりも大きかったため、民族間に共通の交流言語として漢語が流通したからであった。

かつて岷県の二郎山には、町の守護神を祭る城隍廟があったが、清朝末期の軍閥の争いで消失したと伝える。今ここは、二郎神信仰と観世音菩薩を祭る仏教の聖地になっていて、二郎山には仏教関係の遺物として明代の梵鐘が残されている（写真3、4）。

これは宋の時代に貨幣の鋳造所だったこの地に多くの銅銭が残っていたので、その後の明の初年にそれらの銅銭を使って作られたものであると伝えられている。また、梵鐘の周囲には八卦の記号が書かれているが、そのうちの一卦（震＝雷）が欠落しているのは、それに象徴されるチベット族が反乱を起こさないようにという願いを込めたものだとも伝えている。ただし岷県の仏教はラマ教が主流になっていて[21]チベット仏教の寺院が多い。明代の仏教遺跡の残存は、チベット族系吐蕃などの侵攻を食い止めるために、この地に兵を送ったことから多くの漢族が移住したことと関係があった。今でも先祖は明代に移住してきたと伝えている村もあって、たとえば二〇一二年七月に岷県の南に接する宕昌県の新寨村にある湫神廟を見学にいったとき、この村は王という名字がもっとも多く、明代に移住してきた人々の村だと村民が言っていた。また、二〇〇七〜二〇〇九年に、岷県のある村の花儿習俗を調査した戚暁萍によれば、KPT村は明代の〝岷番共八十九族〟のひとつ〝KPT族〟で、KPT村はもと少数民族の族群〝KPT族〟の居住地だったが、その後漢人化が行なわれて今日に至ったものと伝えているという（KPTは村名を伏せたもの）。明代における移住を伝えるこうした話はこの地に多い。すなわち、この地がじっさい明代に多くの人々が移り住んだところだということである。このほかにも明代と花儿との関連を思わせるものに、花儿によく用いられる「人品圧了十三省」（人柄は十三省のうちで圧倒的に良い）という女性のすばらしさを言う句が、明代初期に全国に設置された行政区画である「十三省」を歌い込んでいるという指摘もある(22)。

この地の民族事情についてさらに言えば、花儿会が行なわれる岷県地方は、古代に遡ればチベット系の古羌族の勢力範囲にあった。このことから岷県の民間研究者である景生魁（一九三〇年生まれ）は、その著書『西羌文化与洮岷花儿』（二〇〇八）で、「古羌族は強大な民族で、もともと中国西部に居住していた遊牧民族の汎称であった。つまり単一の民族を指すものではない。漢語の文献およびイ族の記録によれば、我が国の西南部に住むイ族、白族、納西族、哈尼族、ラフ族、リス族などは、すべて古羌族と密接な関係を持っている」という認識のもとに、この地の文化が基本的にチベット系民族の文化に由来していると説く。チベット族といえば、明代に辺境を侵した吐蕃もそうであり、チベット仏教の流布なども想い合わせると、表層は漢民族優勢の社会ではあるが、岷県の文化の基層にはたしかにチベット文化があると思われる。歌謡文化についても、現在のチベット族の間にも、人々が集まる場で若者が恋歌を交わす「拉伊」という、花儿とは別の歌掛けの習俗がたしかにある。この地への漢族の移住を考えた場合、この地にもとからあったチベット族の歌の文化の影響を受けて、漢語を使った歌掛けの祭「花儿会」が新たに成立したという説も考えられないことではない(23)。

しかしまた、漢民族社会にも古くから歌掛けの習俗はあった。ただし、もっともよく知られているのはマーセル・グラネーの『詩経』の研究で明らかにされた古代の漢民族の例であるが、後代でも、大木康「馮夢龍『山歌』の研究(24)」によれば、王禹偁撰『小畜集』巻第五の「唱山歌」と題する詩に、

……（前略）
春来恣歌吟　春来れば歌吟を恣《ほしいまま》にす
接臂轉若環　臂を接して轉《まわ》ること環の若《ごと》し
聚首叢如林　首を聚めて叢がること林の如し
男女互相調　男女互いに相調《からか》い

写真5：岷県二郎山の麓にあるチベット寺院

昔、3人の喇嘛僧が大崇教寺へ行く途中ここで雨宿りしたとき、崖崩れにあって圧死したという伝えがある。この寺院の祭礼喇嘛寺廟会は釈尊の誕生日と同じ4月8日で、天候不順がなく豊年であることを祈るという。
地元の学者（景生魁）は岷県は昔チベット族の居住区だったといい、また今日ではほとんど残っていないが、明代には岷県に108のチベット仏教寺院が建立されたという（2010.06）。

其詞事*奔淫　其の詞奔淫を事とす

＊「事」を「非」とするテキストもある。

……（後略）

（『四庫全書』集部・別集類「小畜集」の電子影印による。また日本語訳は大木康「馮夢龍『山歌』の研究」による。）

とあって、宋の時代に安徽省の滁州あたりでも歌垣に似た習俗があったことが知られる。大木康は上記の論文において、右の例のほかに文献から確認できる唐、宋の時代に歌垣的な祭が行なわれていたと思われる場所を示した地図を作成している。（二五頁、図2）

ところがこれらの地域は、「平野部といっても山がちであり、山地を中心に現在でも歌垣的まつりを行なっている苗族などの少数民族の居住している地域でもある」（大木康、同上）。この事実から、大木康は、『詩経』に見られるように、紀元前六世紀以前には漢民族にあった野外で伴侶を求める歌垣的な祭りは、その後の漢民族社会の発展による階層分化によって消滅し、「現在まで歌垣的な祭りの残っているのは、山間に住む階層分化のあまり進んでいない民族においてである」（同上）と述べ、さらに山間部ではない地域にあっても、歌垣文化が残っていた長江の中下流域は、春秋時代に越・呉・楚など中原の漢民族とは系統を異にしていた人々の地であったことを指摘している。

3　漢族の移住と花儿

このことからは、花儿が明代の漢族の移住にともなってこの地に伝わったとの見方は一見かなり無理があるよ

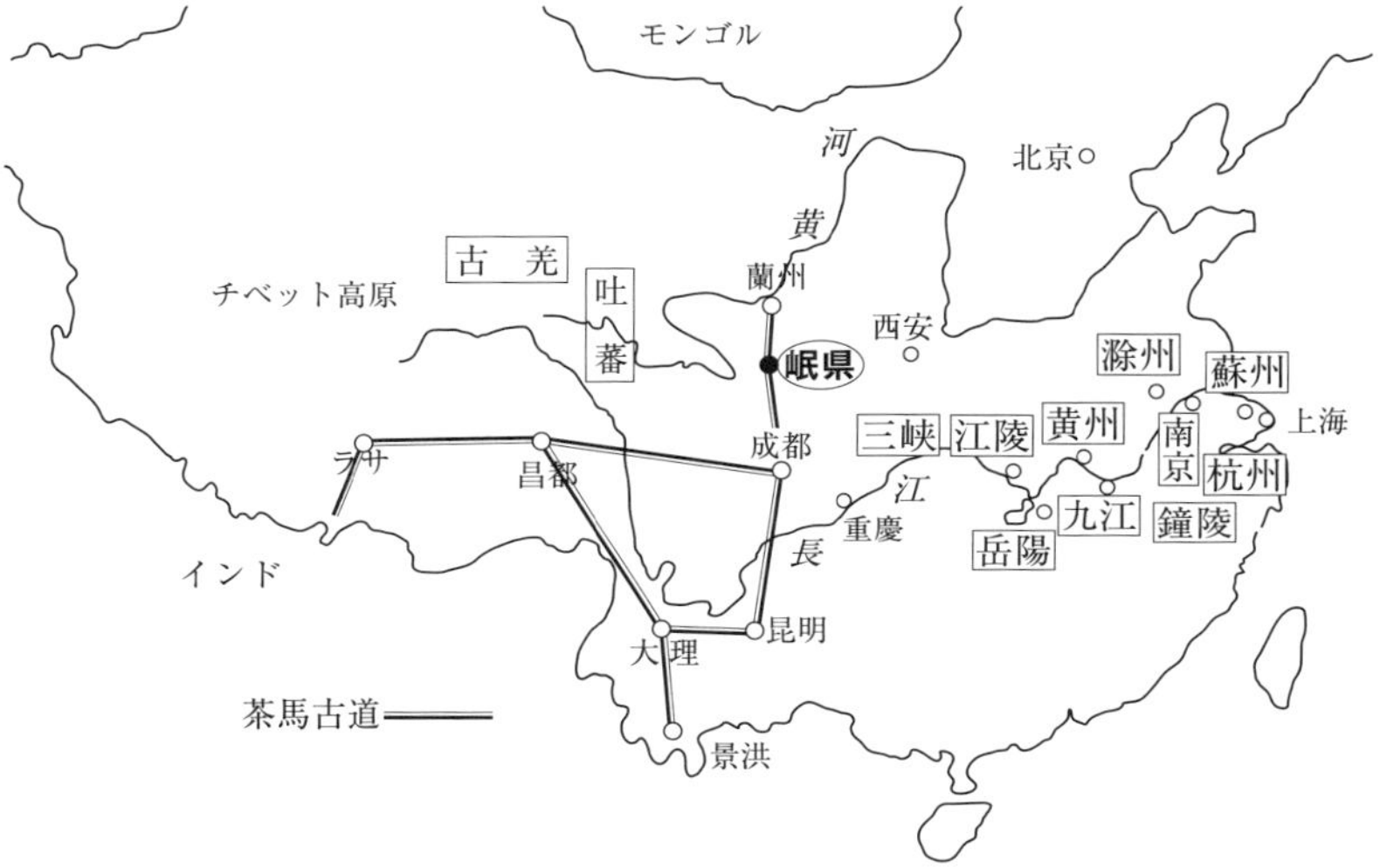

図 2：花儿関係参考地図

大木康作成の歌垣地図を元に茶の交易ルートを追加した図。図中の太い四角で囲んだ地名が、大木康が指摘する文献から確認できる唐、宋の時代に歌垣的な祭が行なわれていたと思われる場所である。

付記：茶馬古道と文化の伝播

岷県地方は宋の時代から馬を使った茶の交易が行なわれていて、明の洪武五年（一三七二）には役所「茶馬司」も置かれている。つまり岷県は雲南から延びる茶の交易ルート上にあった。この茶馬古道は雲南省南部の茶の産地である景洪、思茅から大理を経て麗江を通りチベット方面へ向かう道と、大理から昆明を経て北上し、四川省の成都を通ってチベット方面へ向かう道が知られているが、成都からさらに北上して岷県に至るルートもあった。シルクロードに見られるように、こうした交易の道は同時に文化伝播の道でもあったことを思うと、岷県の歌文化が茶馬古道を通して雲南の少数民族文化と接している可能性もまた否定できない。

うにも見える。しかし、花儿もそれに属するいわゆる「山歌」は、農村から離れて江南における妓楼でも歌われているように、明代には都市に流入し、文人にも知られるほど一般化していたことを考えれば、山歌を漢族とは無関係の歌文化と考えることはできない。また、漢族といえども歌掛け習俗が存在する地方の山間部に住む人々にとっては、彼らもまたその習俗を共有することがあることは、現代の雲南地方の調査例からもうかがえることである。

雲南省白族自治州では白《ペー》族の歌掛けが盛んであり、その歌掛けは白《ペー》語で行なわれるが、また同州の鶴慶県では漢語による歌掛けもあって、岡部隆志によればその地の漢語の歌掛けは、地元で言われているとおり、「明の時代に雲南に入ってきた漢族の兵隊の影響による」ものであろうという。[25] 地元における伝承がどれほどの事実を伝えているかは分からないが、そこには明代における長江中下流域の歌掛け習俗の存在と漢族による地方への伝播の記憶がかすかに残されているのかも知れない。[26]

写真6：野外で花儿を歌う時には片耳に手を当てる

岷県にて（2008.07）

また山歌を歌うときのポーズの共通性が、少数民族と洮岷花儿との間に見られることも興味ぶかい。花儿を歌うとき歌い手がとるポーズの特徴として、男の人に多く見られるのが、片方の手を耳に当てるという動作である（写真6）。これは野外で声を遠くに飛ばすためだという。このポーズがじつは、湖南省鳳凰県の苗族の歌掛けでも見られるらしい。これについて張正軍は、野外で耳に手を当てて歌う男性の写真を示しながら、清朝の康熙年間（一六六二〜一七二二）の著作『紅苗帰流図』の文字説明、「苗俗、至初春時、男女未嫁者皆盛服、負背籠登山、以樵采為名、往来林麓間、相対唱山歌、雄鳴雌応、漫声悠揚、毎発声則以一手自掩其耳……」を引用して、耳に手を当てるのは伝統的な歌い方のようである、と述べた(27)。こうしたポーズは、古くは山歌一般に見られたものではなかっただろうか。花儿がそうした身体的記憶を留めているとすれば、そこにも長江の歌掛け文化との関連を指摘することができる。

ところで、『詩経』の時代の「渡河」の習俗、すなわち古代の漢民族に行なわれていた歌垣の風俗はその後消えていったが、田村和親「鄭声の概念の生成過程―下―春秋思想との関連に於て(28)」は、『後漢書』「烏桓鮮卑列伝」の「唯婚姻先髡頭、以季春月大会於饒楽水上、飲讌畢、然後配合(29)」や、「南蛮西南夷列伝」の「礼記称『南方曰蛮、雕題交阯』。其俗男女同川而浴、故曰交阯(30)」の記事によって、水辺における男女の歌垣が異民族の間になお行なわれていたこと、そして「やがてこの習俗は中華と夷狄とを区別する標準となり、中華思想裏に吸収され、これを以て夷狄特有の俗と断ずるに至る」と述べている。大木康は、漢民族社会からの歌垣の消滅を社会の歴史的階層分化によると説明したが、観念的な方面からみれば、これを夷狄の習俗として排除する中華思想に他ならなかった。そのことを考えると、歌垣の習俗は道徳的に悪しき習慣として否定されるのではなく、むしろ中華思想を成り立たせるための夷狄の習俗としての位置を与えられていたとみることができる。では、その夷狄の習俗であったはずの歌掛け文化が雲南省の鶴慶県や甘粛省の岷県の漢族に見られるのはなぜか。漢族の歌掛け習俗が後世まで残り続けているといっても、それらはいずれも辺境の異民族と接する地域である。とりわけ岷県は、明代にはチベット系の民族と混在する地域であった。つまり、そこは中華の塞外に等しかったのである。この習俗が中華辺境で行なわれていることと、山歌の歌掛け、つまり花儿会は、村落内ではなく山地や市場といういわば境界的な場所で行なわれることとは共通しているのではないだろうか。

しかしそれにしても、明代以降、漢族の移住によってこの地が共通の交流言語を持ったとしても、民族的差異を乗り越えて花儿を歌い合うことがどのようにして可能になったのだろうか。

明代に辺境を侵した吐蕃はチベット系の異民族であった。その歴史の記憶のように梵鐘に刻まれた八卦の記号のうちチベット族を象徴する一卦を欠いているのはその反乱を抑えるためだとか、岷県で信仰されている十八湫神（後述）の一女神「分巡聖母」が、漢族の家に嫁いできたチベット族の女性を祭るもので、漢民族とチベット族の団結を守る女神であると伝えるように、チベット族に対する意識が漢族の間にかなり強いことを思わせる。(31)しかもまた、前述のように表層は漢民族優勢の社会ではあるが、岷県の文化の基層にはチベット文化が色濃く残っている。

異なる民族同士が対歌するのが花儿の大きな特徴ではあるが、現在見るところの花儿の歌詞がそもそも漢語方言を共通の言葉とし、かつ漢語的修辞で成り立っていることからすれば、これは漢族の歌謡である。現在、岷県の町の近くの花儿会に参加して歌掛けするのはチベット族よりも回族と漢族とが圧倒的に多い。しかしまた甘南蔵族自治州の臨潭県に近い岷県維新郷元山坪鉄城高廟の元山廟会には、昔は、漢族、チベット族、回族の人々が入り交じって盛んに花儿を歌ったものだったといい、(32)おなじく甘南蔵族自治州の卓尼県に近い岷県西寨鎮田家堡大廟灘で五月二十三日に行なわれる「大廟灘廟会」（祭神は黒池竜王）も、岷県だけでなく臨潭県や卓尼県のチベット族や漢族が大勢集まって、二郎山の祭りを上まわるほどの賑わいを見せる祭りで、このときは宝巻が歌われ念仏が唱えられるとともに、山の上では花儿が歌われるという。(33)岷県に住む花儿の歌い手で漢族の張順喜さんに取材したところ、回族と漢族の節は同じだが、チベット族の人と対歌したときは彼らの節が少し違っていたとも言っていた。ただし、チベット族にも野外における歌掛けの習俗があることを考え合わせると、もともと故郷で山歌の知識を持っていた長江中下流域から移住してきた漢族が、この地のチベット族の歌掛け「拉伊」にふれたことで、この地に漢語方言による歌掛け習俗を成立させたものではないだろうか。

4　既婚者の歌掛け

祭礼や市という多くの人々が集う機会に野外で異性を求めることは人間の自然な感情の発露である。その感情の発露を、形式を持った男女の恋歌の掛け合いによって行なうのが花儿会であり、日本古代の歌垣であった。しかしながら、中国の花儿の掛け合いは現在では既婚の男女のみが参加する行事になっている。未婚の女性は絶対に参加しないようだ。花儿会で歌う対歌は男女の愛情の歌であるから、公衆の面前で見知らぬ男性とそのような歌掛けをしたら、ふしだらな女として誰も結婚してくれないからだと現地の人はいう。

岷県の二郎山、康楽県の蓮花山、和政県の松鳴岩、そういった大勢の参拝者があつまる聖地において、また同様に大勢の人が集まる物資交流大会で花儿会は行なわれる。歌掛けに参加する既婚の女性たちも、このような行事に参加することは身内の者には隠すべき行為だと思っているから、家の人には内緒である。二〇〇八年七月、岷県の町から遠くない迭蔵河東岸の教場村の神廟で歌掛けする男女を何気なくビデオカメラで撮影しようとしたときのことであったが、それに気付いた女性がビデオには絶対に撮られたくないといって突然歌うのをやめた。

顔や姿は決して撮さないから続けて欲しいと伝え、また周りの人々も是非続けるようにと説得したけれども、彼女は頑として聞き入れず歌うのを止めた。もしも自分の映像が家族に知られたら困るというのである。岷県の花儿の歌詞の確認に協力してもらった花儿を愛好する夫婦によれば、夫婦で花儿会に出かけ、別々の場所で対歌を楽しむこともあるのだともいうが、一般的には花儿を愛好する女性たちは、日常生活の中ではそのことを決して表に出さないようにしているというのである。

それにしても未婚者は古くから参加しなかったのだろうか。たとえば、二〇一一年六月に地元の花儿研究者である李璘氏から聞いた話では、チベット族には未婚女性の参加者もいたという。ただし漢族にはいなかったという李氏の発言は多少民族差別的な感じもするが、対歌する男女は意気投合すれば林の中へ消えるとも言っていた。古代とは違ってこうした出逢いの場で伴侶を選ぶことのなかった漢族社会では、明代移民の時代から未婚の娘が花儿会に参加することはなかったものと考えられる(34)。

しかし既婚者であっても、かつて土橋寛が歌垣は性的解放の行事であったと言ったように、日常の夫婦生活からの心理的解放である点は変わらない。花儿は野外や花儿会でのみ歌うことができる歌であって家庭や村落内では歌うことができないという(35)。花儿の対歌を楽しむ人びとにとっては、表向きは神廟の参詣や市場への買い物を装いつつ、通常の倫理道徳の支配する日常の空間からしばしば解放された気分を味わうことのできる場として花儿会は機能しているようだ。

なお、花儿は見知らぬ男女が愛情の歌を交わす歌謡であり、かつ既婚者の歌掛けであるから、現実の夫婦の間で問題になることも当然起こりうる。そこで、地域によっては花儿を歌うことを禁じるところもある。たとえば前述の岷県十八湫神の一神「分巡聖母」を祭る地域では、その聖母が花儿を歌うことを嫌い、もし歌った場合は作物に害を与える雹を降らせると信じられている。[36]また、その地の男性の意識の中にも家庭内のいざこざを起こさないために歌うべきではないという考えもあるようだ。[37]

注

(1) 以下、『中国大百科全書』音楽・舞踏編（台湾・錦繍出版、一九九三）に載る喬建中執筆「hua'er花儿」の項を参考にした。
(2) 柯楊著『中国民俗文化叢書・民間歌謡』中国社会出版社発行、二〇〇八年、二十七～二十八頁によれば、漢民族の間では男女の愛情に関する歌はすべて「山歌」と称され、信天游・花儿・爬山歌・呉歌などは、山歌の地方的な名称だという。
(3) 柯楊著『中国民俗文化叢書・民間歌謡』同上、一一五頁
(4) 臨洮の位置は、甘粛省南部略図（図1）参照。
(5)「番女」は漢族からみた異民族の女性を意味するから、花儿の中に異民族の女の風流が歌われていると見れば、その歌「花儿」は当時から異民族によっても歌われていたことになる。
(6) 柯楊「花儿溯源」（柯楊著『詩与歌的狂歓節―「花儿」与「花儿会」之民俗学研究』甘粛人民出版社二〇〇二年、初出―『蘭州大学学報』（社会科学版）第2期一九八一年。この文献では明代を思わせる花儿の伝統歌詞や花儿の語義についても詳しく述べられている。
(7) チベット族はもとからこの地の住人であった。
(8)「花儿会」は前世紀の後半に広まった一種の学術用語である。（戚曉萍著『洮岷花儿研究―生存空間視角下的田村花儿調査』民族出版社、二〇一三年）
(9) ただしこれらの会場は二十一世紀になって新しくできたものも含んでいる。柯楊氏が作成したリストは次のとおりである。

会场场数	会场地址	会期（农历）	持续天数
1	临潭县店子乡戚旗	1月9日	1
2	岷县清水镇刘家堡村红莲寺	1月13日	1
3	临潭县流顺乡杨家庵	1月14日	1
4	临潭县古战乡古战庵	1月15日	1
5	临潭县扁都乡哈尕滩	1月15日	1
6	临潭县羊沙乡羊沙	1月15日	1
7	临潭县八角乡八角庵	1月15日	1
8	康乐县莲麓乡戚家庵	1月15日	1
9	卓尼县唐尕川大郎庙	1月15日	1
10	卓尼县城关麻尼子	1月15日	1
11	临潭县卓洛乡日扎	1月17日	2
12	临潭县羊永乡羊永	2月2日	1
13	临潭县扁都乡扁都庵	2月2日	3
14	岷县十里镇大沟寨村	2月2日	1
15	临潭县店子乡王清洞	2月7日	1
16	临潭县店子乡王旗村	3月3日	3
17	岷县西寨乡刘家堡三三洞	3月3日	3
18	岷县堡子乡堡子村庙川	3月8日	3
19	岷县中寨乡扎马沟	3月15日	3
20	临潭县总寨乡石旗	3月28日	1
21	临潭县王家坟王旗墩	3月28日	3
22	康乐县五户乡紫松山	3月28日	1
23	临洮县潘家集乡紫松山	3月28日	1
24	渭源县麻家集乡麻家集	3月28日	3
25	临潭县羊永乡李岗庵	4月8日	1
26	临潭县流顺乡眼藏村	4月8日	3
27	临潭县龙元乡王家坟	4月8日	1
28	临潭县店子乡李歧山	4月8日	1
29	临潭县石门乡梁家坡	4月8日	1
30	临洮县三甲集乡曲子寺	4月8日	1
31	临洮县苟家滩乡杀人沟	4月8日	1
32	岷县岷山乡茨湾门	4月8日	3
33	岷县堡子乡大山庙	4月8日	3
34	临潭县三岔乡三岔	4月15日	1
35	康乐县景古乡杨家河	4月16日	3
36	临潭县城关镇麻尼寺	4月18日	3
37	临潭县龙元乡巴杰	4月18日	1
38	临潭县新城镇新城隍庙	5月5日	3

39	临潭县治力关乡池沟	5月5日	1
40	临潭县八角乡布尔庙	5月5日	1
41	临潭县石门乡占旗山	5月5日	1
42	康乐县景古乡撒路坡	5月5日	1
43	康乐县莲麓乡戚家庵	5月5日	1
44	康乐县景古乡二郎庙	5月5日	1
45	康乐县景古乡王家沟门	5月5日	1
46	康乐县景古乡麻家峡	5月5日	1
47	康乐县五户乡朱家山	5月5日	1
48	临洮县潘家集乡笛崖	5月5日	1
49	临洮县苟家滩乡鸦沟	5月5日	1
50	临洮县苟家滩乡靳家沟	5月5日	1
51	岷县小寨乡初扎沟	5月5日	3
52	临潭县大草滩	5月8日	2
53	临洮县潘家集乡五朝山	5月8日	1
54	岷县县城东北角夹庙滩	5月9日	1
55	临潭县羊沙乡羊沙	5月10日	2
56	临洮县西坪乡地洼梁	5月10日	1
57	临潭县羊沙乡新庄	5月11日	1
58	临潭县羊沙乡甘沟	5月12日	2
59	临潭县陈旗乡陈旗口	5月12日	1
60	岷县维新乡元山坪铁城高庙	5月12日	3
61	临潭县术布乡鹿儿口	5月13日	1
62	岷县禾驮乡禾驮村	5月13日	3
63	渭源县麻家集乡泉车山	5月14日	1
64	渭源县峡城乡峡城	5月14日	3
65	岷县麻子乡岭峰村	5月14日	1
66	岷县十里镇大沟寨村	5月14日	1
67	临潭县石门乡石门口	5月15日	1
68	临潭县流顺乡上寨	5月15日	3
69	卓尼县城关麻尼子	5月15日	1
70	岷县西江乡唐家川	5月15日	3
71	岷县西江乡鸦眼林	5月15日	1
72	临潭县石门乡罗堡沟	5月16日	1
73	岷县叠藏河东岸教场村	5月16日	1
74	临潭县羊沙乡秋峪	5月17日	1

75	渭源县峡城乡门楼寺	5月17日	2
76	渭源县峡城乡峡城	5月17日	3
77	岷县城关二郎山	5月17日	3
78	岷县城关桥头桥会	5月18日	1
79	临洮县玉井乡油磨滩	5月19日	3
80	岷县城关龚家堡	5月19日	1
81	岷县梅川镇杏林村龙头高庙	5月19日	3
82	岷县寺沟乡老鸦河	5月19日	1
83	临潭县总寨乡总寨	5月20日	1
84	岷县清水乡大路村	5月20日	3
85	岷县小寨乡古城村	5月20日	3
86	岷县堡子乡高庙	5月20日	3
87	临洮县西坪乡黄茨滩	5月22日	1
88	渭源县峡城乡关山	5月22日	1
89	临洮县三甲集乡八竹湾	5月23日	1
90	临洮县衙下乡王马家滩	5月23日	3
91	岷县西寨镇田家堡大庙滩	5月23日	3
92	岷县蒲麻乡蒲麻街	5月23日	8
93	岷县中寨乡中寨村牧场滩	5月23日	3
94	临洮县三甲集乡郭家泉	5月24日	3
95	临洮县三甲集乡黑窑沟	5月25日	1
96	临洮县三甲集乡麻花梁	5月27日	1
97	临潭县八角乡庙华山	5月28日	3
98	临潭县羊永乡草岔沟	5月28日	3
99	渭源县峡城乡石磊	5月28日	1
100	卓尼县康多庙华山	5月28日	3
101	临洮县潘家集乡石头壑岘	5月29日	1
102	临潭县冶力关乡池沟大庙	5月30日	2
103	临潭县新堡乡新堡	6月1日	3
104	临潭县龙元乡龙元山	6月1日	1
105	临潭县三岔乡打房沟	6月1日	1
106	康乐县莲麓乡莲花山	6月1日	6
107	岷县堡子乡盘龙山	6月1日	3
108	岷县西江乡令令山	6月1日	3
109	岷县小寨乡锁子山	6月1日	1
110	岷县堡子乡挖布寺	6月1日	3

111	临潭县八角乡莲花山	6月3日	3
112	临潭县治力关乡泉滩	6月4日	3
113	康乐县景古乡王家沟门	6月5日	1
114	临潭县羊沙乡下河	6月6日	1
115	临潭县石门乡太阳	6月6日	1
116	临潭县店子乡王清洞	6月6日	1
117	康乐县五户乡紫松山	6月6日	1
118	临洮县潘家集乡紫松山	6月6日	1
119	渭源县田家河乡高石崖	6月6日	1
120	岷县西江乡法藏寺	6月6日	3
121	卓尼县洮砚乡甲麻沟	6月8日	3
122	临潭县长川乡大沟牙麻路	中伏第3日	1
123	临潭县古战乡轿轿湾	中伏第3日	1
124	临洮县衙下乡冰桥窝	6月12日	1
125	临洮县陈家咀乡蜂窝寺	6月12日	1
126	卓尼县柏林石大滩	6月12日	3
127	临潭县石门乡草山	6月15日	1
128	卓尼县城关麻尼子	6月15日	1

129	临潭县羊沙乡甘沟	6月18日	1
130	临潭县城关镇东明山	6月19日	1
131	漳县大车厂	6月19日	3
132	临潭县新城镇雷祖庙	6月24日	1
133	临潭县新城镇紫螃山	6月24日	3
134	临洮县苟家滩乡杨家湾	6月24日	1
135	临洮县苟家滩乡红崖湾	6月29日	1
136	临洮县衙下乡杜家林	7月1日	1
137	临洮县潘家集乡骡马沟	7月7日	1
138	临潭县石门乡梁家堡村	7月12日	3
139	临洮县潘家集乡仙姑滩	7月15日	1
140	临洮县西坪乡蛤蟆石	7月22日	1
141	临洮县衙下乡鹁鸽崖	8月1日	1
142	临潭县城关镇物资交流大会	8月1日	3
143	临洮县衙下乡康家沟	8月15日	1
144	卓尼县洮砚乡杜家川	8月15日	3
145	卓尼县洮砚乡小窝沟	8月15日	3
146	岷县十里镇下北小路村	8月15日	1

147	临潭县龙元乡草场门	9月9日	1
148	临潭县陈旗乡南家坪	9月15日	3
149	卓尼县城关柳林镇物资交流大会	7月21日（阳历）	7

（二〇〇八年現在）

(10) 彼らの商業活動によって「歌随人走」の諺のごとく、各地に広がった。（柯楊著『中国民俗文化叢書・民間歌謡』同上）
(11) 柯楊著『中国民俗文化叢書・民間歌謡』同上
(12) 武宇林著『「花児」の研究』信山社、二〇〇五年
(13) 同上書
(14) 昔、臨潭は洮州と呼ばれ、岷県は岷州と呼ばれた（張亜雄編著『花儿集』一九八六年）。その二地域を合わせて「洮岷」という。
(15) 歌詞と音楽性の面から見ると、曲調の多様性、メロディーの美しさ、すなわち豊かな音楽性を持っているのが河湟花儿で、これに対して、即興による歌詞の多様性を持っているのが洮岷花儿であると言える。それゆえ、音楽的な研究を志す研究者は河湟花儿に関心を示し、文学的あるいは民俗学的な研究を志す研究者は洮岷花儿に関心を示す傾向にある。（二〇〇八年七月十九日、蘭州市にて柯楊教授の話。）
(16) 蓮花山一体は洮州の中心地であり、二郎山一体は岷州の中心地であった。（郗慧民著『西北花儿学』蘭州大学出版社、一九八九年）
(17) お互いに歌を掛け合う意。
(18) 柯楊「花児遡源」（『詩与歌的狂歓節——「花儿」与「花儿会」之民俗学研究』同上）。前掲の河湟花儿の民歌「阿哥们是孽障的人」（一五頁）でも恋人（妹）を「花儿」と呼んでいる。
(19) 武宇林著『「花児」の研究』信山社、二〇〇五年
(20) たとえば歌詞によく使われる尕は、小さい、可愛い意の接頭語であるが、これは西北部の回族の方言だという（武宇林、同上

書)。

(21)『岷県志』甘粛人民出版社、一九九五年

(22)戚暁萍著『洮岷花儿研究—生存空間視角下的田村花儿調査』民族出版社、二〇一三年。また景生魁氏説など。また、五月十二日の、岷県維新郷元山坪鉄城高廟の元山廟会には、昔は、祭礼の期間に岷県、臨潭、卓尼三県各地の十八の竜神が山上の竜神殿に集まった。その神々はみな明代に国を開いた功臣たちであり、祭礼では若者たちが明の軍が鉄城を攻撃する様子を再現して壮観だったという。そして、参加した漢族、チベット族、回族の人々が入り交じって盛んに花儿を歌ったものだったが、一九五八年の製鉄運動とその後の文化大革命によって鉄城高廟は無くなってしまった(インターネットのホームページ「岷県博物館」(Copyright 2010)の李樹著「岷県境内廟会概況」より)。なお、明代の武将が祭られている廟はこのほかにもあって、甘南蔵族自治州臨潭県の八角郷にある廟華山の常爺廟に祭られる五神も、趙得勝・康茂才・常遇春・胡大海・郭英の、明朝初期の武将であるという(柯楊著『詩与歌的狂歓節—「花儿」与「花儿会」之民俗学研究』甘粛人民出版社二〇〇二年)。

(23)談士杰「洮岷花儿与藏族民歌」『青海民族学院学報』一九八七年。ちなみに拉伊は、特定の日ではなく、人々が集まるような場で、若者が恋歌を交わすのだという。また、花儿と拉伊は、青海省の日月山を境にして、行なわれる地域が分かれ、その東が花儿、西が拉伊の地域として知られている。

(24)『東洋文化研究所紀要』第百五冊、一九八八年。後に『馮夢竜「山歌」の研究—中国明代の通俗歌謡』(勁草書房、二〇〇三年)として出版。

(25)岡部隆志「異文化をつなぐ歌掛け—雲南省鶴慶《かくけい》の漢調〝田埂調《でんこうちょう》〟について—」、『アジア民族文化研究』(13)、二〇一四年三月

(26)一九八六年、甘粛省和政県の松鳴岩で催された花儿会を取材したNHK取材班によると、当地の少数民族にほぼ共通するこの祭りの起源伝説があるといって、これを次のように紹介している。

若い猟師が獲物を求めて松鳴岩の山深く歩いて行くと谷間から美しい歌声が流れてきた。その声の主を求めて谷に分け入ると、うら若い絶世の美女がひとり泉の水をすくって飲みながら次のような歌をうたっていた。

泉の水をひと口飲めば、のどもうるおい歌も出る。
万山をおおう緑は萌え、牡丹の花は露に光る。
谷底には千行の水、雲は湧いて尽きることがない。
なんと素晴らしい眺めだろう。人の世は天上に勝るとも劣らない。

岩陰に隠れていた猟師は、知らず知らずのうちにその娘と一緒に歌っていたが、人の気配を察した娘は、宙を飛ぶように去った。そのうちまた娘の美しい歌声は山頂から流れてきた。猟師が走って山の頂上に行ってみると、こんどは山の麓から聞こえてくる。猟師がまた麓に下りてみると、こんどは山頂から聞こえてくる。猟師は、とうとう娘に会えないまま、夜になったので家に帰って来た。そして、このことを人々に話したが誰も信じない。そこで、忘れられないあの歌をみんなの前で歌った。すると人々はこの歌に深く感動し、みんなで声を合わせて歌いはじめた。これが広まって誰にでも知られる歌になった。猟師が仙女と出会った日が旧暦四月二十八日だったのでそれを記念して、人々が集い、仙女の歌声にならって歌を歌うことになった。またその日は必ず深い木立のなかから妙なる歌声が聞こえてくるという。（NHK大黄河・第二巻『異境の民とオルドスの興亡』日本放送出版協会、一九八六年）

概略このような話であるが、北宋時代の書論『宣和書譜』にはこれに似た話が載っている。仙人列伝にも数えられている女仙呉彩鸞の伝説で、中田勇次郎編『中国書論大系』第五巻・宋2（二玄社、一九七八年）所収の日原利國訳を参考に概略を記せば次のような話である。

大和年間（八二七〜八三五）に、進士の文蕭は鍾陵に一時身を寄せていた。南方の風習では、中秋の夜に婦人たちがあい集まって足を踏みならして歌い、月の光の中で舞い踊る盛大な舞踏会が催されるのであった。その夜、文蕭が出かけていってこれを見ていると、その場に呉彩鸞がいて、なぶりからかう歌をうたって文蕭に戯れてきた（原文「彩鸞在歌場中、作調弄語、以戯蕭」＝彩鸞、歌場の中に在り、調弄の語を作りて、以て蕭に戯る）。文蕭は内心うれしくなって、歌の終わるのを待ち、彼女のあとを追って西山の山中に入っていった。山の頂を越えたところに呉彩鸞の住まいがあった。招き入れられた文蕭が呉彩鸞の様子を見ると、彼女は来る日も来る日も役人の仕事のように江湖で溺死した人の数ばかり調べているのであった。文蕭がそのことを聞くと、はじめは答えなかったが、しつこく聞かれて彩鸞が言った。「私は仙女です。水府の仕事を受け持っています。」その言葉が終わらないうちに、突如として雷鳴が鳴り響き、真っ黒な雲があたりを覆った。そして「汝、機密を漏らした罰に、十年間、人間の妻となれ」という声があった。彩鸞はかしこまってこの命令を聞く様子だった。これによって呉彩鸞は文蕭とともに山を下りて人間の世界でしばらく暮らした。その後、十年が過ぎるとふたりは虎にまたがって仙人境へ去っていった。人間界にいた間、呉彩鸞は書写した「唐韻」を売って文蕭の生活を助けたので、世の中にはその写本が流布している。

この伝説を載せる『宣和書譜』は、「宋の徽宗の宣和年間（一一一九～一一二五）に、内府に所蔵の書跡を集録したもの」（日原利國訳『宣和書譜』解題）だという。伝説地の鍾陵は江南の江西省にあって、大木康前掲書でかつて歌垣が行なわれていた地域の証拠としてあげられている記事の一つである。

時代と地域を異にするこの二つの伝説の内容は異なるけれども、両者がまったく別の伝説とは思われない。江南の鍾陵の伝説では呉彩鸞が水をつかさどっている仙女だとある。松鳴岩の伝説でも仙女と泉の水との関係がわずかにうかがえるし、またそこには雨乞いの習俗もあった（『河州志』）。しかも松鳴岩の伝説は一つの民族だけでなく他の少数民族の間でも知られているということから、もとあった伝説が変容しながらこの地に伝わったと考えるべきであろう。つまり、江南の歌掛け習俗から生まれた伝説がこの地に伝わったものと考えられ、こうしたところにも花儿と江南との関係をうかがうことができる。

(27) 張正軍「歌を作る人々—中国湖南省鳳凰県苗族の村から—」、真下厚・手塚恵子・岡部隆志・張正軍著『歌を掛け合う人々—東アジアの歌文化』三弥井書店、二〇一七年。ただし、チベットの拉伊にこうした歌い方が無いかどうかは未確認である。

(28)『二松学舎大学人文論叢』17、一九八〇年

(29)「(其の言語習俗は烏桓《うかん》と同じ)唯だ婚姻するには、先ず髡頭(剃髪)し、季春の月を以て大いに饒楽水(川の名)の上《ほとり》に会し、飲讌し畢って然る後に配合す」(吉川忠夫訓注『後漢書』列伝八、岩波書店、二〇〇五年)。

(30)「『礼記』に称すらく、南方を蛮と曰い、題《ひたい》に雕《きざ》み阯《あし》を交うと。其の俗、男女は川を同じくして浴す。故に交阯と曰う」(吉川忠

夫訓注『後漢書』列伝八、岩波書店、二〇〇五年)。なお、「交阯」の解釈はほかにもあるが、同書の脚注では「男女が足を交差させて寝ること」としている。

(31)分巡聖母は岷県の神々の中ではもっとも信仰を集めている女神だと地元の人は言う。ただし分巡聖母の祭礼では花儿が禁じられている。分巡聖母の廟がある秦許郷包家族村の旧暦二月二日の祭礼では、『岷県志』によれば、岷県外から群衆が集い、芝居、競馬、武術などが行なわれ、竹木器具等の販売が行なわれる。二〇一一年六月に、廟を管理する年配の女性に取材したところでは現在チベット族の参詣者は少ないとのことだった。

(32)注(22)参照。

(33)注(22)の「岷県境内廟会概況」より。

(34)外国人として昼の花儿だけを知る筆者には分からないことだが、一晩中寝ないで花儿を歌い合っている若い人々もいるから、本当に男女が親しくなって野天で「野合」することはあった。ただし「野合」する場合は、チベット族の場合、女性の前は自分の亭主の家を象徴し、後ろは自分の実家を象徴し、前は許すが後ろはだめだ。露骨な男女の掛け合いは二郎山の十六日、十七日の夜遅くあまり人がいないときに取材すれば分かるだろう、と現地の某氏は言う。婚姻とは関係ないことだがそのようなことは当然あるだろう。蓮花山の花儿取材時(二〇一四年六月)、銀川市から来た花儿の研究者屈氏から聞いた話では、かつて蓮花山の花儿会で川を挟んで夜に歌掛けした相手が、じつは自分の娘だったと知った父親が恥じ入って自殺した事件があったともいう。その娘は未婚だったかどうか分からないが、野外における男女の歌掛けには当然そうした男女間の生々しいできごとはあったと想像される。

(35)前掲『中国大百科全書』音楽・舞踏編では、花儿とその他の民謡(小調)では、歌われる場に厳格な区分があって、花儿は室内あるいは村内で歌うことができない。だから「野曲」と称されるのであると述べている。また、柯楊著『中国民俗文化叢書・民間歌謡』(同上)でも、「山歌」と称される色恋の歌は良俗を乱すものとして家庭や村落内あるいは日常で人々が多く集まる場所では歌うことが許されないが、田野・山林や河川・湖などにおける労働の場所では、なんら制限を受けず、声高らかに歌うことができると述べる。

(36) 戚暁萍著『洮岷花儿研究—生存空間視角下的田村花儿調査』同上

(37) 同上書

二　洮岷花儿

1　今も生きる歌掛けの習俗

すでに第一章の注に柯楊氏が作成した近年の花儿会会場リストを掲げたが、これと別に『岷県志』に掲載する南路花儿の会場の一覧を引用すると表1のようになる。

表1　岷県内で花儿が歌われる伝統的な廟会の概況

会名	地点	期日（旧暦）	日数	活動内容
红莲寺会	维新乡红莲寺	正月十三日	1	对唱花儿
三三洞	西寨乡刘家堡村	三月初三日	3	演戏、赛花儿
堡子会	堡子乡堡子村	三月初八日	3	演戏、对唱花儿
茨湾门会	岷山乡茨湾门	四月初八日	3	游春、唱花儿
大山庙会	堡子乡大山庙	四月初八日	3	演戏、对唱花儿
元山坪花儿会	维新乡元山坪	五月十二日	3	岷县、临潭、卓尼三县群众汇集、演戏、花儿对唱、交流物资
禾驮会	禾驮乡禾驮村	五月十三日	3	演戏、唱花儿、交流物资

岭峰会	麻子川乡岭峰村	五月十四日	1	漫花儿
五月十七	县城二郎山	五月十七日	3	是岷县最大的花儿会、原抬18位湫神游街上山。解放后改为物资交流、花儿赛唱大会
唐家川会	西江乡唐家川	五月十五日	3	演戏、对唱花儿
鸦眼林会	西江乡鸦眼林	五月十五日	1	游山、对唱花儿
窎桥会	县城人民桥头	五月十八日	1	游河滩、唱花儿
关门	城郊乡龚家堡	五月十九日	1	游山、花儿赛唱
高庙会	梅川乡杏林村	五月十九日	3	演戏、交流物资、漫花儿
老鸦河会	寺沟乡老鸦河	五月十九日	1	唱花儿
二十河滩	清水乡大路村	五月二十日	3	演戏、唱花儿
古城会	小寨乡古城村	五月二十日	3	对唱花儿
大庙滩	西寨乡田家堡村东头	五月二十三日	3	演戏、迎神、漫花儿
牧场滩	中寨乡中寨村西面	五月二十三日	3	演戏、对唱花儿、交流物资
盘龙山会	堡子乡盘龙山	六月初一日	3	对唱花儿
令令山会	西江乡令令山	六月初一日	3	演戏、唱花儿
锁子山会	小寨乡锁子山	六月初一日	1	唱花儿
挖布寺会	堡子乡挖布寺	六月初一日	3	礼佛、唱花儿
法藏寺会	西江乡法藏寺	六月初六	3	礼佛、诵经、载护神、对唱花儿

（『岷県志』より）

＊寺社の縁日では市が立って芝居が演じられることが多いが、ここには『岷県志』（甘粛人民出版社、一九九五）の風俗編から花儿が歌われる祭礼のみを抜き出してみた。
＊活動内容に「対唱花儿」とあるのは花儿の歌掛け、「赛花儿」とあるのは花儿の演唱大会を指す。そのほか「唱花儿」はただ花儿を歌うこと、「漫花儿」は花儿を歌いに出かけることだが、区別がはっきりしない。

二つの表を比較すると、花儿の会場が近年おおはばに増えていることが分かる。これは、花儿会が中国国家級非物質文化遺産に指定され、地方文化として見直されるようになった動きにそったものと思われる。古くから行なわれてきたのは寺廟の祭礼においてであったが、そのほかに宗教的な施設とは関係のない場所が加わっている。第七章の取材歌詞〔資料1〕に、「会う日をあなたが決めて下さい、私はいつでもいいよ／会う日は十一営の市の日にしましょう」とあるように地域の物資交流会などでも行なわれている。また新しい会場を作るには開催費用が必要とのことで、現在ではおもに篤志家が費用を提供して開催しているらしい。二〇〇八年七月に訪れた馬燁侖《マーイエルン》（馬燁牧場護林駅）もそうで、三～四年前から行なわれるようになった新しい会場とのことであった。

南路花儿が流行する岷県の民衆は、北路の花儿も歌えば河州花儿も歌う。しかし他の花儿を歌う地域、つまり北路花儿を歌う地域や河州花儿を歌う地域では、花儿の演唱大会でもなければ岷県の南路花儿は歌わない。その理由は、南路花儿は相手と直接的に愛情の歌を即興的に歌うもっとも素朴な歌掛けだからであるし、また音楽性がうすいために実践的な歌掛けの目的を離れて即興歌詞を自分で気軽にくちずさむこともないからである。

むろん南路花儿もまた一定の節回しにのせて定型歌詞を歌う歌であるから、日頃から意識的に歌の稽古をする必要がある。家や村内で歌ってはいけないという歌ではあるが、花儿会以外の日常のさまざまな機会で歌うことはあったようである。たとえば景生魁氏なども昔は畑仕事をしながら花儿を歌っていたものだと回想する。野外での農作業の折がもっとも考えられる機会である。同氏によれば、畑仕事をしながら歌うときは、一人でも歌ったし、男女で掛け合いをする場合もあったとのことである。現在、出稼ぎで地域を離れる人たちも多く、こうした機会が失われつつあるが、花儿会で歌掛けする男女を何重にも取り囲んで、熱心に耳を傾ける民衆の姿を見ると、この習俗はまだまだ消え去ることはないと実感される。

数十年前は、花儿の演唱を録音するには大きなカセットデッキを使うしかなかったが、近年は携帯電話の普及が著しくその録音機能を使ったりICレコーダを使って、演唱者を囲んで多くの現地の人々が熱心に歌を録音している。(1) 対唱する花儿は、そのとき一度だけ即興的に創られる作品であり、演唱者たちを取り囲む人々は、気の利いた歌詞があったら聞き逃すまいと、熱心に耳を傾けている。二〇〇八年七月、馬燁侖の花儿会に来ていたある若い男性に、今日の掛け合いでは何か気の利いた歌詞が歌えたか、と聞いてみた。すると、彼が言うには、「夜も床の上に座って、枕を抱きながら、あなたのことを想い続け、私はなかなか寝付かれない」といった意味の歌詞が自分でもよくできたと思うとのことだった。

ちなみに万葉集には次のような歌がある。古今変わらぬ恋歌の表現として興味ぶかい。

こほろぎの待ち喜ぶる秋の夜を寝る験なし枕と我れは（巻十・二二六四）

逢はずともわれは怨みじこの枕われと思ひて枕きてさ寝ませ（巻十一・二六二九）

彼は、この句をこの日の花儿会での自分の傑作と考えていたのである。大勢の聴衆にマイクを向けられることは、歌唱者たちにとって名誉なことで、歌にますます力が入るのである。演唱者と聴き手のこのような良い関係が花儿会を今でも盛んにしている。人々が家に帰る道々、録音した歌を再生して聞き直していたことが印象的であった。花儿の歌詞は方言の漢語であるが、演唱者には文字が読めない人も多いらしい。つまり基本的には無文字社会における口承文芸なのである。

2 演唱の実態

花儿は男女の情愛の歌である。これを歌うときには、片頬から耳の部分に片手を当てる独特のポーズをとると既述のとおりで、野外で声を遠く飛ばすために甲高い声で歌うのが特徴である。(2) 遠くの山にまで届くような甲高い声でうたう歌だから、演唱者の姿が物蔭で見えなくとも、歌声だけは林の中からはっきりと聞こえてくる。人々はその声のする場所へ録音機能が付いた携帯電話などをもって次々と集まってくる。

二〇〇八年七月の馬燁侖の花儿会を取材したときも、この歌声をたよりに林の中で歌掛けする一組の演唱者たちに出会うことができた。男性一人に対して女性三人が、かわるがわる対歌していた。このときの取材歌詞は第七章「甘粛省洮岷花儿取材演唱歌詞資料」の〔資料1〕に掲載してある。

女性たちはもちろん名前を明かしたくないといって教えてくれなかったが、ビデオの撮影を許してくれたことは幸いであった。四人とも漢族とのことで、男性の申平雲さんは、筆者の取材にたいへん好意的だった。花儿会で対歌している男性も、実は相手の女性がどこの誰かまったく知らない。このときの三人の女性たちは親しい友人のようだったが、彼女たちもまた対歌する相手についての素性はまったく知らない。花儿会における恋歌はそのような一過性の関係のうえに成り立っている。彼らは歌の掛け合いの妙そのものを楽しんでいるのであり、とにかく花儿を歌うことが大好きで、男たちなどはバイクで一、二時間かかる村からもやって来る。

馬燁命の花儿会で歌った申平雲さんに、筆者が滞在している岷県の町へ来て明日もう一度歌ってくれるように頼んだところ、花儿は男女取り合わせて三人以上でなければ歌えないので、自分の友人とその妻も一緒に連れて来ると約束してくれた。残念ながら実現はしなかったが、洮岷花儿の演唱形態を知ることができた話であった(3)。

つまり、洮岷花儿は、慣例として男女が一対一で掛け合うことはしない。一般的には男一人に対して女が二、三人、あるいは女一人に対して男が二、三人という形をとる。このことは、花儿会が伴侶を求めることを目的とするものではなく歌掛けそのものを楽しむものになっているからであろう。

一人で複数を相手にしなければならない立場の人は当然歌巧者であることが要請される。その素養をもった人を地元では「歌手」と呼ぶ(4)。すべてはその場の即興によって作詞するため、かなりの素養が求められるからである。演唱者は聴くに堪える歌詞を即興で創り出さなければならない。この地の人々は花儿にたいへん深い関心を持っていて、演唱者を取り巻きながらかなり批評的な気持で聞いている。取材で撮影したビデオを地元の人に見せたところ、「ここは本来こう歌うべきだ」という批評的な言葉が随所に出てきた。これはきわめて興味ぶかいことである。

歌い手たちはすべて即興詩人で、会場に来て具体的な相手と向かい合ってはじめて詩句が生まれる。会場に来る前にその日歌うべき歌詞を練ったりはしないという。馬燁侖で筆者がビデオカメラを向けたとき、歌い手の申平雲さんは、さっそくそのことを歌詞にして歌い上げた。第七章の演唱歌詞資料〔資料1〕に掲載した歌詞のはじめに、「ここによそからのお客さんが来てくれて、歌えば歌うほど気持ちが良く、とても嬉しい」といった意味の歌詞を歌っている。(5) 地元の人の評価では、彼はそれほどの歌巧者ではないとのことだったが――。

3 演唱方法

花儿の対歌では数秒の間を置いてすぐ返歌しているが、歌い出しに、日本の民謡で言えばハァーとかハイヤエーという出だしに当たるような「エーエーー」といった発声を入れるから、歌詞を考える時間的な余裕が多少生じる。ただしまた馬燁侖花儿会の女性側三人は、次に誰が歌うかという問題があり、返歌に多少の間が生じている。第七章〔資料1〕の事例では、女性①が積極的に返歌し、この人がリーダー格となってあとの二人を対歌の場に引き入れている。この組は必ずしも歌巧者たちではないが、むしろ自然な状態での対歌の例として資料的な価値は充分ある。つまり、花儿会に集まって歌う多くの男女がこれくらいの掛け合いはできるということの証しでもあるからである。

馬燁侖の取材歌詞の文字化では、たとえば5女①、

场里大麻长成柳，　（脱穀広場の大麻はすでに柳になった、）
截成轱辘做成斗，　（その木を伐って車輪にしたり枡にしたりした、）

苍蝇把住斗沿儿走。（蝿はその枡の廻りを飛び廻っているよ。）

のように歌詞を記録している。こうした文字資料からは、歌い手があたかも漢詩を読み上げているかのような印象を持つであろう。しかし実際の演唱では歌の意味とは直接関係のない多くの音声を交えて歌っているのである。そこで、第七章〔資料4〕の取材歌詞「神花儿A」では可能なかぎり有意味な歌詞以外の音声も文字化してみた。たとえば、〔資料4〕の神花儿Aには、歌詞を歌い出す始めに、あるいは途中に「哎《āi》ー噢《ō》ー」とある。日本の民謡で言えばエーとかヨーといった発声を随所に入れて声調を整えているのである。比較のために日本の民謡から例を引けば、

ハイヤーエー沖の瀬の瀬に　どんと打つ波はエー　あれは船頭さんの　度胸さだめヤー　（牛深はいや節）

の、ハイヤー、エー、ヤーなどがそれにあたる。しかも歌い出しの「ハイヤー」によって「はいや節」と呼ばれているのと同じく、洮岷花儿の場合も一般に用いられている「哎《āi》—噢《ō》—」あるいは「哎———」の歌い出しによって「阿欧怜《ā ōu lián》」また「阿欧怜儿」と呼ばれている。[6]

歌詞とは関係なく発声されるこのような語句を「襯詞《しんし》」「襯句」（衬詞・衬句）と呼ぶ。[7]一般に「哎《āi》—噢《ō》—」と発声したそのあとに相手に対する呼びかけの言葉を入れることも多い。たとえば馬燁俞の「朋友们」「我的人」「娃阿姨」、また神花儿Aの「哎—，噢—，远乡的朋友弟子们」「哎———，老志同」などであるが、これらも歌詞の前に置かれた襯句、襯詞である。宗教的な神花儿だから「弟子」は仏弟子すなわち仏教信者のことであり、「老志同」（老同志）は老を付けて信者仲間を敬称で呼んだものだが、男女の歌掛けの場合は、初対面からの時間の経

過とともに呼称にも変化が見られる。たとえば〔資料3〕の迭藏河河畔の対歌例では、「远路上」「远路的怜儿」「远亲戚」「远花儿」「我的人」「尕妹子（尕心疼）」などの呼びかけの言葉が使われている。このうちもっとも多く使用されているのは「远亲戚」（十五回）と「我的人」（十回）である。最初に、「远路上」すなわち「遠くから来た人よ」と相手に呼びかけるのは、実際人々がかなり広範囲から集まってくるからである。迭藏河河畔の例でも、女性の歌い手は岷県と卓尼県の県境からやって来たと歌っている（51女）。洮河上流の両県の境界だとすれば、住所はたぶん西寨鎮のあたりで、花儿会が行なわれていた迭藏河から十七、八キロメートル離れたところである。それはおそらく事実であろう。遠くからやって来た見知らぬ人物と歌を交わすとき、まず「遠くから来た気掛かりな人よ」（远路的怜儿）とか、「遠くから来た歌友達よ」（远花儿）と呼びかける。そして対歌の進行に従って「遠くから来た親戚よ」と、少し親密な関係を表わす呼称に変わり、さらに歌掛けが佳境に入ると「私の人よ」（我的人）とか「可愛らしい君よ」（尕妹子）と、より親密な関係を表わす呼びかけに変わる。

襯詞と呼ばれる部分はこのほかにもある。南路花儿は前の句の末尾三字を繰り返して歌ってから次の句を歌い出す。つまり、

砂石河滩磨一盘，
我有心连你做一天，
我把心病上的说完。

という一首(8)があった場合、実際に歌うときには、

哎——（远亲戚）砂石河滩磨一盘，

磨一盘我有心连你做一天，
做一天我把心病上的话说完。

となる。この繰り返し三字も襯詞であり、南路花儿の演唱方法である。(9)

4　歌詞の形式—押韻、慣用句、定型詩—

洮岷花儿の歌詞には、漢詩のように、韻を踏むという特徴もある。一首の韻は歌い出しの句によって決まるが、またそれは古くから伝承されてきた慣用句である。上に引いた馬燁侖の取材歌詞5女①を例にとれば初句「场里大麻长成柳」の末尾の韻を次のように受けている。

柳 liǔ→斗 dǒu、走 zǒu

歌い出しの慣用句は和歌の枕詞にも似ているが、しかし枕詞以上に歌の意味と密接な関係を持っている。また、以下に続く句と比喩関係になっている点では序詞と似ているが、慣用句である点ではそれとも違う。(10)表現における慣用句は次に続く歌の内容を制約するようにも思われるが、さまざまな内容を即興的に歌う花儿が単純な表現にならないのは使用できる慣用句の数が多いからである。

第七章〔資料2〕の麻石頭の取材歌詞から、歌い出しの慣用句を抜き出してみると表2のようになる。

表2　慣用句一覧

1女	水打磨了自滚呢	2男	骡子驮了细香了
3女	山里那边路岔了	4男	门上园儿呢美如画
5女	镰刀割了草细细	6男	手拿斧头剁红桦
7女	剪子铰了纸样了	8男	园里牡丹园里开
9女	红铜烟锅蓝丝穗	10男	—（なし）
11女	青稞出穗朝天呢	12男	—（なし）
13女	西大二寨佛爷庙	14男	莲花山的山道里／二两缸么一两缸
15女	—（なし）	16男	园子角儿里线木香
17女	佛爷殿前刺木香	18男	缸二两四两缸／西江桥的王铁嘴
19女	—（なし）	20男	大麻打下一根绳
21女	—（なし）	22男	镰刀割了细细草／枇杷开花满岭儿红
23女	镰刀割了细叶荞	24男	红心柳的一张杈
25女	—（なし）	26男	—（なし）
27女	尕笼笼里提韭菜	28男	天上星星红星宿
29女	—（なし）	30男	大麻打了一根绳
31女	镰刀割了细叶麻	32男	—（なし）

○表中女性歌手が多用している慣用句は次の二句である。

（1）剪子铰了

変化形（剪子要铰）を含めて計四回使用。

剪子铰了纸样了（二回）　剪子要铰鞋样呢　剪子铰了纸样着

（2）镰刀割了

変化形（镰刀割下）を含めて計四回使用。

镰刀割了草细细　镰刀割了细叶荞

镰刀割了细叶麻　镰刀割下要着呢

○表中男性歌手が多用している慣用句は次の二句である。

（3）大麻打下

変化形（大麻打了）を含めて計四回使用。

大麻打下一根绳（二回）　大麻打了一根绳　大麻打下一条绳

（4）手拿斧头剁红桦

変化形を含めて計三回使用。

手拿斧头剁红桦（二回）　斧头剁红桦着呢

これらに類似した襯句を、〔資料1〕に収録した別の会場（馬燁侖）の異なる歌手たち

33女　洮州杨家土儿北山	34男　红心柳的三张杈
35女　剪子要铰鞋样呢	36男　尕手巾包冰糖
37女　―（なし）	38男　大麻打下一条绳
39女　―（なし）	40男　镢头挖了楞干了
41女　镰刀割下葽着呢	42男　三升胡麻一榨油
43女　二细草帽打软呢	44男　麻把刺儿上雀的挂
45女　―（なし）	46男　风刮杨柳树摆呢／飘洋过海韩湘子
47女　洮河沿上水涝洼	48男　石头打了老鸦了
49女　―（なし）	50男　青石碌朱扎场边
51女　剪子铰了纸样着	52男　白杨条框谷子门儿
53女　枇杷雕了谷子门儿	54男　斧头剁红桦着呢／琉璃瓦上晒花椒
55女　河里淌的烂木头	56男　手拿斧头剁红桦
57女　剪子铰了纸样了	58男　大麻打下一根绳
59女　十里五里蜘蛛网	60男　―（なし）
61女　木匠做下柜着呢	62男　―（なし）
63女　―（なし）	64男　―（なし）

の対歌事例から拾うと次のようになる。

（1）剪子铰了……無し

（2）镰刀割了……計五回使用。

镰刀割了细叶麻（男女一回ずつ使用）　镰刀割了绿芹菜（男）　镰刀割了红叶材（男）　镰刀割了一根材（男）

（3）大麻打下

これは麻绳扎了条帚了（男）となっている。

（4）手拿斧头剁

すべて「斧头剁了」という形で計四回使用。

斧头剁了李树材（女）　斧头剁了水白杨（男）　斧头剁了桦材了（男）　斧头剁了香杆了（女）

これらの句の使用には個人差もあるだろうが、少なくとも取材資料からは、「镰刀割了○○○」と「斧头剁了○○○」の変化形がよく使われていることが知れる。

また、〔資料2〕の55女の「场里大麻长成柳」という比喩表現が、〔資料1〕では5女の慣用句として初句に置かれていることは、歌い手の脳裏に慣用句のストックがあって、その中からそのときの文脈にふさわしい句が臨機応変に選び取られたものと考えられる。

さらに、〔資料2〕の29女「月亮亮么月亮黑」は次句「月亮底里霎浪来」と意味上のつながりがあるので慣用句の一覧から除いてあるが、〔資料1〕の馬燁侖の演唱歌詞中には「月亮出来筛子大」の句があることから、これも慣用句として用いられる場合があるものと考えられる。このほかに右の表中の8男「园里牡丹园里开」、9女「红铜烟锅蓝丝穗」、46男「飘洋过海韩湘子」、54男「琉璃瓦上晒花椒」なども前後の語句との意味上のつながりがある句である。これらを慣用句とすることは定義上の矛盾ではあるが、少なくとも8男、9女、46男の例は、一首の韻を決める点では同じ働きをしているし、また戚晓萍によれば優れた歌手（花儿把式）は慣用句と自分が歌いたい詩句との関係を矛盾なく繋げることができる人だという。すなわち、歌い始めの慣用句は韻を定めるとともに、相手の興味関心をひく働きをする役割があって、優れた歌い手ならば、その句を前後の歌詞と呼応させて、まとまった意味の歌詞を作ることができるのである。例えば迭蔵河の花儿取材資料中の、「黄杨木梳梳簪簪，将是我人穷没打扮，来得早着到你们伙儿里我没敢鉆，害怕给你丧面面」（48男C）という歌詞では、男性歌手は、女性歌手に、最初に「黄杨木梳梳簪簪」という慣用句で歌いかけているが、戚晓萍の説明によれば次のようになる。「黄杨《つげ》」は昔から櫛を作るのに一番上等な材料とされていて、つげの櫛はたいへん貴重なもので、こういう

表３　（全34首中）

	７字	８字	９字	10字以上	計	７字句の割合
男	14	6	6	6	32句	43.7％
女① 女② 女③	26 5 6	7 2	6			（66、7％） （71.4％） （100％）
女（計）	37	9	6		52句	71.1％
計	51句	15句	12句	6句	84句	60.7％

櫛が使える人は財産と地位のある人に決まっている。したがって、次の「貧しい僕はきちんとした服装をしていないから、あなたたちのグループに加わるのを遠慮した」という男性歌手の言い訳の歌詞があることになるのである。また、女性歌手の「你瞭活着四十了，活人阿么知道有了意思了」（61女）という歌に対して、男性歌手は「只要牛走杠铃响，知道意思的人也广」（62男C）とも答えている。「只要牛走杠铃响」という慣用句の、表面上の意味は「牛が歩き出せばその首に吊した鈴が鳴る」であるが、その裏の意味は、男性が自分を牛に喩え、相手の女性歌手を鈴に喩えたのである。このような句によって女性歌手の前の歌詞に答えているのであり、結局「牛即ち僕がいるからこそ鈴の君は生きがいを感じるのだ」という意味になるのである(11)。

対歌の演唱ではこのような慣用句から歌い出して、一首を二句から三句で構成する例が多く見られる。また、取材した実際の演唱例では句の字数はさまざまであるが、何字によって構成するのが原則であるかについては、慣用句によって判断できるだろう。右の表２の一覧表から判断すれば、一句を七字（七音）で構成するのが基本であることが分かる（ちなみに、この場合の句とは襯句を除いた詩句のことである）。

また、〔資料１〕の取材歌詞を例にとれば、各句の字数（音数）は、表３のようになっている。

最も多い字数は七字で、女性たちにこの傾向が強く、女③は基本の七字句のみである。男性の歌詞の中には14字に及ぶ字余り句（22男）もある。

もう一例の取材歌詞〔資料3〕の迭藏河畔の対歌を検討してみると、全体の句数一八六句のうち七字の句の数は五八句（31％）である。またこれは全体が六六首から成っていて、その初句だけに限ってみれば、七音句が表われる数は二九首（44％）と前者よりも高くなる。初句に七音句が多いのは歌い出しに慣用句が用いられていることによるものである。また、たとえば「镰刀割了菜籽了」（52男C）と七音で歌う慣用句が、「镰刀就割了榆蔓了」（07女）と八音でも歌われていることから、七音句のほかにさらに八音句まで含めると全体で九二句（49・5％）となり、およそ半数になる。これを逆に言えば、この対歌例では九音以上の句が半数もあって、馬燁侖の場合と同じく、一句七音の基本形式にとらわれることなく字余りで自由に歌っているということになるだろう。

次に、一首の句数については、〔資料1〕では表4のようになっている。

表４　（全34首中）

	1句	2句	3句	4句	5句	計
男	1	11	3			15首
女①	(0)	(4)	(6)	(2)	(1)	
女②		(2)	(1)			
女③	(1)	(1)	(1)			
女	1	7	8	2	1	19首
計	2首	18首	11首	2首	1首	34首

最も多い句数は二句で、次が三句。一句だけになっているのは途中で放棄した句であって、無視して良いと思われる。迭藏河畔の例でも、各首の句数は、二句、三句、四句、あるいはそれ以上の例もあって一定していないが、男女合わせれば二句がもっとも多く、女性歌手は二句を主としてそれに三句をまじえ、男性歌手三人はそ

れぞれほぼ同じような割合で二〜四句になっている。

柯楊氏によれば、漢民族の民歌（山歌）の基本的な歌体は、陝北の信天游のように二句からなるものもあるが、一般に四句七字の形式であり、これを「四句頭山歌」と称するという。(12) ただし地域的な特色があって、甘粛省の康楽・臨潭・岷県一帯の洮岷花儿の歌体は三句構成が基本となっているともいう。(13) 岷県で筆者が取材した花儿は、一句を七音とするある程度の規範意識は見られるが、句数はどちらかと言えば二句が多かった。つまり、句数についてはかなり自由に一首を構成していると思われるが、限られた取材資料による判断であるため全体の情況や演唱者の意識を詳しく知ることはできなかった。

5　比喩表現

花儿にかぎらず他の中国の歌掛けでも同じことであるが、花儿もまた比喩表現とは切っても切り離せない関係にある。〔資料3〕迭藏河河畔の取材歌詞に、「僕は君を甘酒に喩える」（18男B）と、喩えるものを明示した句があるが、なかには比喩関係が難解な例もある。たとえば、既述のように迭藏河の花儿会で「只要牛走杠铃响」（牛が歩き出せばその首に吊した鈴が鳴る）という句を歌ったのは「毡匠」（毛せん屋）という雅号をもつ著名な歌手であるが、これは花儿を歌う人々一般に共有された慣用句で、かつ諺と思われる。また、女性が歌った、「家で飼う鳥なら死ぬほどたたいても家を出ようとはしない、野生の鳥なら丁寧に飼っても人になつかない」（29女）という句も現地の人々に知られた諺であろう。ほかの花儿会でも、麻石頭の句に現われる、「金持ちの家だって油をそのまま飲むことはない」（39女）は、一部を替えて「金持ちの家だって油をご飯にすることはない」（42男）と出てくるが、これも諺であろうし、さらに迭蔵河の句に戻って、女性が歌った比喩表現、「皇帝が皇位を継ぐ太子を得たように嬉しい」（19女）という句も、52男Cに再度歌われていることから、慣用的な句と思われる。花儿の対歌は、このような共有された慣用句や定型句をうまく利用することで成り立っている。

また、これらの比喩表現のなかには地方劇のセリフを使った句もあり、[14] 現地の言語文化に通じた人でないと完全には理解しがたいところだが、〔資料2〕の麻石頭の歌詞からは次のような隠喩的な表現を拾うことができる。

5女：蜜蜂が新しい巣を作る（蜜蜂采新巣）＝もとの恋人から離れる
6男：込み入った木の枝（七股八棵杈）＝心が乱れる
8男：蜜蜂が花を飛び回る（蜜蜂缠着来）＝纏わり付く
9女：飾りの青い房（藍丝穗）＝恋人
10男：黄色い菊の花（一朵黄菊花）＝相手の女性
11女：きれいな牡丹（俊花牡丹）＝相手の男性
12男：いっぱい実ったりんご（一树苹果）＝相手の女性
13女：いっぱい実った白葡萄（一树白葡萄）＝相手の男性
14男：いっぱい実った葡萄（一树葡萄）＝相手の女性
15女：ポプラ（白杨）＝相手の男性

16男：桜んぼの木（樱桃树）＝相手の女性
17女：一番刈りの葱（头茬葱）＝相手の男性
18男：鶏肉（小鸡肉）＝相手の女性
同：水分を多く含んだ西瓜（西瓜一包水）＝同
21女：幾皿も料理を運ぶ（端了一盘盘儿）＝うまい話ばかりする
46男：いっぱい実った蚕豆（大豆结了籽）＝相手の女性
同：二畝の薬草畑（当归的二亩地）＝大切に扱うもの
48男：頭が苦瓜になる（脑成苦瓜）＝頭を悩ませるほど辛い
49女：馬が走り回る（跑马）＝無駄に行動する
51女：こぬか雨（毛毛雨）＝男女が一緒になる
55女：川が枯れて石が朽ちる（河干石头朽）＝あり得ないこと
同：山の中の子鹿が犬になる（山里鹿羔变成狗）＝あり得ないこと
同：脱穀広場の大麻が柳になる（场里大麻长成柳）＝あり得ないこと
56男：込み入った木の枝（七股八棵杈）＝心が乱れる（6男に既出）
60男：車に載せきれない話（汽车拉下一车话）＝話が沢山ある

この中には花儿会で慣用的に用いられている比喩表現も多くあると思われるが、それを確かめるにはさらに多くの花儿対歌事例を収集する必要があるだろう。右の比喩表現の特徴としてあげられるのは、お互いに相手を讃美する部分に花や果実に言寄せた比喩が多用されていることである。これは、この部分が対歌全体における一つの過程であることを示している。

6　物語性（虚構性）

第七章〔資料3〕の、男性三人に対して女性一人が相手になって歌掛けしている迭藏河河畔における花儿の歌詞では、女性が最初から、相手を八仙の韓湘子になぞらえ、自分を林英女になぞらえよう（01女）と歌っているように、この対歌は親しい関係にある男女を演じることで始まっている。女性が続けて、「二人とも虚名ばかりで悔しい」と歌うと、03男Bも「心中しようと思ってもなかなか一緒にいられない」と01女の言葉を受け継ぐ。このような深刻な言葉に対して、女性は、「あなたは言い寄ってくる人とすぐに付き合う」（04女）と相手をなじることも忘れない。次に07女では、「どういうわけか家に帰る途中で靴が一足無くなった……」と謎をかけ、以後靴を話題にした歌詞が続き、次に相手が結婚しているかどうかが問題になる。男性が「僕こそが嫁のいない独身者だ」（14男B）と歌うと、21女では、あなたの家に行ったら奥さんが家事をしていた、と歌ってまぜっ返す。

このあたりの初対面の相手の素性を、とりわけ独身かどうかと尋ねる部分は、白族の対歌でも一般的に見られることだが、既婚者の歌掛けである洮岷花儿の場合は相手に配偶者がいることを前提に歌掛けが進行する。つまり、〔資料2〕の麻石頭の53女の句に、「あなたが言ったように、老後にまた恋を続けよう」とあるように、結婚には至らない恋の段階での歌掛けなのである。しかも、話題が相手の配偶者になると、ふたりの恋愛感情は冷めて、「旦那さんがカンフーのできる人だと聞いた。それで背負い籠いっぱいの石を用意したんだ」（22男A）といった滑稽な句も歌われ、取り巻いている聴衆はそれを聞いて笑うのである。聴衆に対する歌い手のサービスである。

配偶者についての話題は、現実に配偶者が居ることをふまえながら、女性は自分の配偶者に対する悪口に反論し、男性は女性の配偶者に対する自分の行為を滑稽に歌ってゆく。しかし、そのままでは歌掛けする男女の恋歌の対歌は続かない。そこで次に、お互いに配偶者のいることがふたりの恋の障害として歌が続けられてゆくのである。対歌の展開における機能としては配偶者は恋の障害であるが、それは滑稽に歌われ、決して深刻には歌われない。当事者たちが歌の掛け合いそのものを楽しんでいるとともに、聞いている周りの人々を楽しませているのである。

その後ふたりは仲直りするように、女性が「心臓、肺臓、肝臓を捨てて死ぬ覚悟をしろ」（31女）と歌い、男性も「君は身を捨て僕は命を捨てる、二人はこういう捨て身になる覚悟でないとやっていけないんだ」（32男B）と応じ、「僕は君を西固の両河口に連れて行く」（34男B）とか、「君を内モンゴルへ連れていこうと思う」（36男B）と、恋の障害を乗り越えるために駆け落ちする話になる。しかしまた、この駆け落ち話も決して深刻にはならず、「なぜか急に置き去りにした家の嫁さんのことを思い出した……」（35女）と女性がまぜっ返して男性をなじっているように、笑いを含んだ展開になる。これはやはり花儿が歌の掛け合いそれ自体を楽しむものであり、それをまた周りで聞いて楽しむためのものだからである。その点で、相手になじられたらどうはぐらかすか、といった点が聞きどころの一つにもなる。

迭藏河河畔の対歌例では、このあたりで別の男性（毡匠）が掛け合いの相手になったので、駆け落ちの話のあとは歌われていないが、〔資料2〕の麻石頭の対歌例では駆け落ち先での生活の場面まで歌われている。

このときの女性は比較的若い二人の姉妹で、妹が中心になって歌っている。相手は中年の男性。初対面ではあるが男性の歌詞のはじめに、「久しぶりに親戚のあなたに会った」（2男）とあるのは、対歌の開始からふたりが親密な関係にあることを演じるためである。すぐ続いて、「私よりいい女ができて、私に目もくれなくなった」（3女）と女性がすねてみせるのも、ふたりがすでに親密な関係にあることを前提にしているからである。男性は次に、「僕は君のために花園一杯に酸刺を植えてあげる」と花を話題にして女性をなだめ、菊、りんご、葡萄、さくらんぼ、など花や植物を比喩に使って女性を賞賛する。これに対して女性も、麦、牡丹、葡萄、ポプラ、などを比喩にして男性への愛情を歌う。

このふたりの場合もやはり既婚者であって、お互いに配偶者がいることが前提になっている。たとえば男性の歌詞に、「うちの女房に『どうしたの』と聞かれて、驢馬に飼料をやっているとごまかした」（22男）とか、「旦那さんに知られて夫婦関係を崩すのは悪いけれども」（同）とある。そして、迭藏河河畔の場合と同じように、男性は相手の女性の家庭との関係を滑稽に歌う。「僕は鍬を手にして段々畑でがむしゃらに土を掘る、とうとう君の家の後ろまで掘りつづけた……」（26男）などがそれで、この対歌では女性も、「月の明るい日は遊びに来ちゃだめよ」（29女）などと、その滑稽話に乗っているが、すべて空想の話である。

この麻石頭の対歌例でも迭藏河河畔の例と同様に、次に駆け落ちの話、恋の逃避行が話題になっている。男性が提案するのはまず内モンゴルであったが、女性が、「二人の子どもがまだ幼いから」（31女）と渋るので、さらにさまざまな土地を提案し、新彊へ行くことで合意する。女性が駆け落ちを渋る理由に、子どもがまだ幼いからというのは、確認はしていないが、いかにも事実のようである。男性の、「僕は君を連れて新彊へ棉摘みに行こう」（36男）という歌詞も、現実の出稼ぎ生活からきていると思われる。けっこう深刻な話ではあるが、この逃避行もまた、「ただそこで蚊に刺され、君が耐えられないのが心配だ」（36男）などと、滑稽な言葉を入れて歌われる。

このように歌掛けの展開は、ふたりが新しい土地へ逃げて、ふたりだけの愛の生活を始める話になる。ふたりはさらに、そこで「とても元気な子どもを作ろう」（30男）とか、「布を持って行こう、油も持っていってそこに住み着こうか」（37女）と、新生活に向かって楽しい計画を歌い合う。しかしまた意識は現実へと回帰し、男性は今現在の生活の苦しさを、「この二、三年僕の生活は言葉で表わせないほど苦しかった、家には窓もなければドアもない」（38男）と大袈裟に歌い、女性もまた、「私は本当にみっともない生活をしている」（41女）と同調し、逃避行の話題はどこかへ消えて、ふたりの愛情だけの確認へと展開する。

男性はさらに、「僕のことをずっと好きになってくれれば、若いうちに（現在の夫と）離婚できなくても、年をとったらまた二人の恋を続けよう」（52男）と歌い、女性は「あなたと別れることはとてもできない、あなたが言ったように老後にまた恋を続けよう」（53女）と応じ、お互いの愛情が本物かどうかを確かめる対歌になる。

なお、この対歌の終わりは女性の側から提案されている。女性が、「今は日が沈もうとしている、帰らなければならない時が来た」（63女）と歌って対歌を閉じようとする。これに対して男性は、「今日帰ってもいいけれども明日ぜひ来てください」（64男）と名残を惜しみ、最後に、「君は来ると言って結局来ない、花儿を歌う僕を騙すのさ」（同）と捨てゼリフで終わり、これに対する女性の歌はない。

このような花儿の対歌は、いわば虚実取り混ぜて男女の物語世界を構築するものだととらえることができるだろう。そこには、気の利いた比喩、わざと誇張した表現、女性のはぐらかしやまぜっ返しなど、個々の表現の工夫によって、取り巻く聴衆の耳を楽しませるとともに、見知らぬ相手との束の間の時間で、架空の恋愛物語の世界を構築することが演唱者の楽しみにもなっている。日本古代の歌垣では、始祖神の結婚である妹背の理想婚が引き合いに出されているが、男女の恋愛が始原を目差すことはここにおいても同じである。しかし、花儿の対歌では、駆け落ちによる別の土地でのふたりだけの新生活が歌われる点では、どこまでも現実的である。また対歌の中で恋の障害が歌われるのは、やはり万葉集の歌と同じであるが、既婚者が歌う花儿では、障害は現実の自分の配偶者になる。そうした現実は花儿の架空の恋愛物語の世界の中にしばしば登場する。その現実との緊張した関係も聴く人の耳を楽しませているのだろう。麻石頭の対歌では、男性が相手の女性の携帯電話の番号を聞き出そうとしていた。その場かぎりの出逢いと架空の恋愛とはいえ、男女のことであるから、実際の関係を結ぶこともないことではないであろうが、麻石頭の対歌例から知れることは、花儿の歌掛けは、この地の生産性の低い農業を営む人々が架空の恋愛物語を楽しんで現実の憂さを忘れることであったと考えられる。

7　北路洮岷花儿—蓮花山花儿—

（1）変貌した蓮花山の花儿会

洮岷花儿の「洮岷」は、古く洮州、岷州と呼ばれた二つの地域を指す。二つは南北に位置し、洮州の花儿が北路の花儿、岷州の花儿が南路の花儿である。そして北路花儿の中心が臨夏回族自治州の和政県と康楽県の境にある蓮花山で催される花儿会で、柯楊氏が作成したリストによれば旧暦六月一日から六日間の祭礼期間に行なわれる。

二〇一四年六月二十九日（旧暦六月三日）、祭りの三日目、筆者は調査協力者と一緒に麓の足古川鎮から蓮花山へ登った。中腹にある娘娘廟までは自動車で行ける。蓮花山は山容が蓮の花に似ていることから名付けられた山で、娘娘廟にある標識によれば、そこは海抜二、八〇二メートル、年間降水量は五二〇ミリメートル、年平均気温は六・三℃とあり、80％を森林に覆われた山である。そこからさらに山頂の道教寺院へは徒歩で登らなければならないが、海抜三、五〇〇メートルを越す山でもあり、しかもこの日は山で花儿を歌っている人は一人もいなかったので娘娘廟から引き返して下山した。

柯楊氏によれば、最初の一～二日の二日間は、おおぜいの善男善女が参詣に訪れ、あるいは子どもを授かったことへのお礼参りをし、あるいは身の苦難を訴え、神にすがってみな神霊の前に跪いて大いに「神花儿」を歌うのだという。[15]「神花儿」については次章でとりあげるが、祭礼三日目以降は人々は山から下りて平地の会場で花儿を歌う。このときの会場は蓮麓鎮で、道路沿いには多くの露店が並び、たいへんな賑わいだった。

しかしここでも、自然な形での花儿の歌掛けをする男女は見かけなかった。テントの中で対歌する人々はいた。

女性同士二人と二人とが向かい合って対歌している。あとで男の人も一、二人、そのなかに加わった。この人たちは、「汪蓮蓮非物質文化蓮花山花儿演唱会」（第三届十一次）の参加者で、テントの対歌はそれに参加した者たちが大会の名残に自由に歌っていたのであった。

汪蓮蓮(16)は、この地方の花儿演唱に優れた歌手で、今は花儿の教室を開いて歌の指導をしているという。本名は汪海娥で、「汪蓮蓮」は芸名である。花儿の串班長（花儿を歌うときの歌のリーダー）を務める趙意立という夫君がいて、彼女を盛り立てている。

夫君の趙意立氏は一九五七年生まれ。地元で串班長（串把式ともいう）と呼ばれる人は、花儿の歌詞を作ることが得意で、歌手たちに同行して彼らが歌う歌詞をその場で即興的に作ってやる人のことである。「汪蓮蓮非物質文化蓮花山花儿演唱会」の主催者でもあり、氏は今回の花儿演唱会に参加した歌手たちの名簿を見せてくれた。参加者は地元の康楽県が最も多いが、近隣の渭源・岷県・臨洮などからも来ている。男女はだいたい半数ずつ。翌日見かけた魏淑琴（四十七歳）さんもこの大会に参加した女性で、臨洮県の衙下集鎮から来たという。（彼女は作詞が得意だと自慢する。このたびの大会ではよい成績が取れず、採点の不満を訴えていた。地元の方言は康楽県と同じだといい、また七月十七日には彼女の地元でも花儿会があるとのことであった。）

蓮花山の自然な花儿は、残念なことにもはや過去の習俗になっていた。今から三十三年前、一九八五年に、大木康がこの地を訪問して取材記録を残していて、それによれば、山では人々が花儿を歌いつつ三三五五蓮花山の山頂を目指して歩いて行くこと、また山を下りた歌会では、あちらで一グループ、こちらで一グループと娯楽的に歌を歌い継いでいたが、また広場には舞台が設けられ、花儿の有名歌手たちの歌をみんなが聴く、という催しも行なわれていて、すでに「みんなが歌う形から、専門歌手が歌うものへと変化しはじめている様子が看取できた」(17)とある。文化大革命後は、花儿を気兼ねなく歌える時代になったとは言え、おそらく花儿を伝承する機会が途絶えることで、もはや過去のすぐれた歌い手だけが残ってしまったのであろう。

筆者が訪問した時、趙意立氏と次のような問答を交わした。

問：蓮花山の花儿会は六日間にわたって行なわれる行事で、初日、二日は蓮花山に登って花儿を歌うと聞いたが、現状はどうか？

答：昔はそうだった。昔は交通が不便で、歩きながら登ったので時間がかかった。けれども今は車で登って日帰りできるようになったのでおもに山の下で歌うようになった。

問：それでは、すっかり昔と変わってしまって、今ではもう山の上では歌わないのか。

答：山の上で歌う人も少しはいるが昔に比べると少ない。ただし、昔から蓮花山花儿会の六日目は平地で歌う人が多い。なぜかというと、昔は交通が不便だったので遠方から来た人たちは蓮花山になかなか登れない。けれども、花儿を歌いたい気持ちが強くある。また、六日目は蓮花山花儿会の終わりの日だから下山してくる人々がそれに合流する。そうした人々が村へ来るので、村の人たちは馬蓮縄を引いて歌わせるからだ。

蓮花山の花儿は、三日目、四日目に山から下りてきて山麓の足古川鎮で歌い、五日目は場所をかえて王家沟門で歌い、最終日はさらに紫松山に登って歌うと聞いていたが、意思疎通が悪かったのか、彼が昔の風習を忘れたのか、今まで言われてきた行事内容とは少し違いがあった。今は麓の足古川鎮では歌われていないことは確かである。また、蓮花山花儿会がすっかり衰退していることを知ったので、この時は紫松山で行なわれる花儿会を取材することはあきらめたが、二〇一〇年七月十七日にそこを訪れた辰巳正明の取材によると、「午後には山を埋め尽くすほどの老若男女が色とりどりの傘を開き」、「あちこちから甲高い歌声が聞こえて来る」とある。[18] これが事実とすれば、本書の報告とは違うことになるが、紫松山での歌い手のひとりが蘭州から参加した回族の女性だったとあることに注目すると、そのとき紫松山で歌われていた花儿は〈蓮花山令〉つまり北路の洮岷花儿ではなく河州花儿であった可能性がある。

写真７：蓮花山花儿の馬蓮縄

馬蓮縄を張って歌掛けする様子を再現しているところ。

(2) 伝承者からの聞き取り

今回、四日目に当たる六月三十日に、門楼寺（地名）で甘粛省テレビ局のスタッフが花儿会の様子を録画取材する予定だと趙意立氏から聞いたので、その現場へ行ってみた。

昔、蓮花山の参詣を終えた人々が帰ってくると、その人々の通り道に当たるあちらこちらの村々で、馬蓮縄と呼ばれる綱を張って通せんぼをし、歌掛けをせまるという風習があった。これが蓮花山の花儿会の特徴になっていたので、テレビ局ではそれを再現してもらおうというのであった。そこでも、じつは取材に応じていたのは汪蓮蓮夫婦の関係者たちで、やはりかつての花儿会はもはや過去のものになったという感を強くした。

以下も趙意立氏との問答である。

◇馬蓮縄の風習について

問：花儿会にやってくる歌い手たちを、村の人が道に馬蓮の縄を張って通せんぼするというのは昔からの風習か。

答：その通りだ。村の人は馬蓮という草で綯った縄で歌い手たちを通せんぼする。

問：村の人とは、どの辺の範囲の人たちか。

答：花儿を歌いにくる人たちは、あちこちの村を回るから、その人たちが来れば、村の人が主人になって馬蓮縄を引くし、馬蓮縄を引いた村の人が別の村に行って歌おうとすれば、別の村の人たちが馬蓮縄を引いて歌い手たちを通せんぼするのだ。

問：それでは、蓮花山からだいぶ離れているこの辺（門楼寺）の村でも馬蓮縄を引いたか。

答：昔は、ここでも馬蓮縄を引くことがあったが、今は無くなった。

問：昔の様子はどうだったか。

答：私は子どものころいつも馬蓮縄を作って、それを引いて通せんぼするのが役目だった。

問：馬蓮はこのあたりに生えているのか。

答：この近くに生えている。馬蓮は、刈り取った後しばらく乾かしてから縄に撚るのだ。

問：馬蓮は、そのほかに何か使い道はないのか。

答：馬蓮は、油絞りに使う。油を絞るには、原料の胡麻や菜種を袋に入れてつぶすが、その袋を作るのに使う。馬蓮は油を付けると丈夫になるし、さらさらしていて油が染みこまない点もすぐれている。

◇花儿の伝承と蓮花山について

問：蓮花山花儿会の在り方が大きく変わったのは、いつごろからか。

答：一九八〇年代に花儿のコンテストが始まった。第一回目のコンテストで私の妻（汪海娥）が一位になったことがあった。コンテストで良い成績をとる歌手が出てくるようになると、そのほかの人たちは花儿を歌うことに自信を失って、次第に歌わないようになった。それが大きな原因の一つだった。一番ひどかったのは、一九九〇年代に入ってからで、歌う人がほとんどいなくなってしまった。ただし、その後国家の文化遺産に指定されてからは、また次第に興味を持つ人が増えてきた。そのほか、花儿が衰退した原因は、人々の出稼ぎが増えたことにもよる。

写真８：馬蓮縄

問：最近、奥さんのような指導者が出ても、花儿を歌う若い人が増えないのはなぜか。

答：私たちは花儿を次の世代に伝えて行きたいという気持ちを強く持っている。そのためにいろいろな試みをしたけれども、花儿が社会的に認められないことが大きな障害だった。たとえば、妻の汪海娥は、周りの人に教えるよりもまず自分の親族である姪っ子に教えることから始めようと試みた。小学生の姪は花儿を覚えていろいろなコンテストに出て賞をもらったけれども、学校の教師に、あなたは花儿の練習のために学習がおろそかになっていると叱られた。さらに周りの児童からも言葉のいじめを受けて、姪は学校をやめた。花儿を習いたがる同じくらいの女の子も実際には多かったけれども、姪っ子の例を見て、みな習う気持ちがなくなった。

問：男女で花儿を歌い合うことは、家族や近所に気兼ねすることではなかったか。蓮花山の参詣にこじつけて花儿会に参加するようなことはなかったか。

答：若者にとっては、そのようなことはなかった。堂々と花儿の歌掛けに参加した。たとえばなかなか子どもが授からない夫婦が、花儿の歌手を招いて蓮花山の廟で子宝を求める歌を歌ってもらった。子どもを授ける神様の前で歌ってもらうのだ。

問：蓮花山の山頂には子を授ける神の廟があるか。

答：そのような廟がある。私の妻も、歌を頼まれたことが何回もある。残念なことに、そうして子宝に恵まれた夫婦がお礼を言いに来たことがない。

問：花儿には神花儿と愛情花儿があるが、子宝祈願の花儿は神花儿か。

答：神花儿という言い方よりは、われわれは具体的な機能によって花儿を分けている。子宝を求める歌は子授かりの歌、神様のための花儿（神に捧げる花儿）は神仏を敬う（敬法）花儿と呼んでいる。神様のための花儿については、厳密に言えば新しい廟ができたときに歌うのが本当の神様のための花儿である。

問：そのほかに愛情の歌があるわけだね。

答：それには特別の名前は無い。ただ花儿と呼ぶだけだ。

問：雨乞いのために歌う花儿もあるか。

答：ここにも湫神（竜神）信仰はあるが、雨乞いのために人々が集まって花儿を歌うような行事は無い。雨乞いは、個人的には行なう。雨乞いを専門にする「師家」という祈祷師がいる。師家は、羊の皮で作った太鼓をたたいて雨乞いをする。旱魃の時は数ヶ村が相談して、師家を招いて雨乞いを行なう。師家は陰陽師の役割の一部で、雨乞いだけを担当する占い・祈祷師である。

問：湫池はあるのか。

答：湫池のようなものはない。湫池から水を取って祭をするというやり方はない。しいて湫池といえば、有名なのは冶力関の山奥の池が知られている。*

＊臨潭県冶力関の常爺池のことらしい。ちなみに、そこにはチベット族の信仰も厚い常爺廟があって毎年旧暦五月二十五日から二十七日にかけて祭礼があり花儿も歌われている。

問：この、目の前に流れている洮河の水が涸れることは無いか。

答：まったくない。

問：それでは水に不自由することはないね。

答：洮河のそばの人たちはこの水を利用できるけれども、もっと山の上へ行くと雨だけが頼りだ。この地方の人口分布はむしろ山手の住民が多い。ほとんど漢民族である。

問：何か移民の伝説はあるか。

答：地域全体の移民伝説は無い。姓によって事情が違う。たとえば私の姓（趙）の先祖は甘粛省の武威市（昔の涼州）から移ってきた。
問：この辺には羌族の伝説は無いか。
答：無い。
問：チベット族はこの辺に住んでいないか。
答：洮河の東側にあたるこの辺には住んでいないが、西側には少し住んでいる。また南の卓尼県にも住んでいる。
問：チベット族のひとたちは蓮花山にお参りに来るか。
答：私の妻の弟子にもチベット族の人がいる。

このほかに、「花儿の歌詞を即興的に作る場合、何か工夫はあるか」と質問してみたが、答えは「その場にある物を見て、それを歌詞に取り込む。たとえば、あそこの木も、そこに落ちている空きビンも歌の素材になる」とのことだった。つまり属目の景すべてが比喩の材料になるという。「比喩歌では、感じたことをそのままに、あるいは目にしたものをそのままに表出することはない」(19)という広西チワン族の高度な比喩表現に比べるとあまり文芸的とは言えない。

五日目に当たる七月一日には、景古鎮の王家溝門で花儿会が行なわれた。会場は草が多く生えた川原で、近くに小川が流れていた。ここでも道路には多くの市が立ってかなりの賑わいだったが、花儿を歌っているのはやはり汪蓮蓮のお弟子さんたちが中心であった。

二郎山を中心とする南路の洮岷花儿は、男女が一対一で恋歌を交わす形態がほとんどであったが、北路の蓮花山花儿は、男女が数人ずつのグループを形成して対歌する形態である。曲調も南路とは違う蓮花山令を代表とする。また、個人的に歌詞を創作できる人は自分で即興的に歌詞を作って歌うが、ほとんどの場合、串班長が歌詞を創作し、歌い手はそれを歌う形式である。柯楊氏によれば[20]、一句が七字で、一首は三句、が基本であるというが、実際には句数もさまざまであり、字余りが結構多く見られる。

写真9：蓮花山にお参りに来たチベット族の女性たち

蓮花山はチベット族にとっても篤い信仰の山である。

（3）蓮花山花儿の演唱

第七章の〔資料6〕は、凡例に示したように、花儿を歌いながら蓮花山に登る様子を再現したときの演唱歌詞の一部である。これは本来祭礼の一、二日目に行なわれる行事であった。

演唱者は男女数人のグループを作って、色彩を施した大きな扇子を持ち、歩きながら歌掛けする。写真10では、右手前の汪蓮蓮が、白い縞が入った藍色の大きな傘を持っているが、『中国大百科全書』音楽・舞踏編（台湾・錦繍出版、一九九三）によれば「藍色の木綿布でできた大傘の下を取り囲んで、歩きながら互いにグループで歌を交わす」とあるから、これも伝統的な持ち物であったらしい。

資料の演唱歌詞02に馬蓮縄が詠まれているのは、村でのか

写真 10：蓮花山の山道での歌掛け

娘娘殿から山上を目差して花儿を歌いながら登る様子。中央に「観音殿」の看板が見える。

つての風習を再現するときに使ったものをそのまま持ってきて撮影時の小道具にしているからである。また、歌詞のなかに、二天門、三天門、四天門とあるのは、山頂の玉皇閣に至るまでにある四つの門のうちの三つを指している。娘娘殿の次が観音殿その次に頭天門などがあり、それぞれの門には、歌詞資料の注にあるように、道教の四人の霊官（趙霊官、馬霊官、温霊官、岳霊官）の神像が祭られている。

歌詞についてはまた、例の襯詞、襯句が使われていることは、南路の洮岷花儿と同じである。歌い出しの句は、

好不过的莲花山，（一番素敵な蓮花山、）
俊不过的莲花山，（一番秀麗な蓮花山、）

など決まって蓮花山をほめ称える言葉になっていて、また一首ごとの最後には、

花儿呀，两连叶儿啊（花児よ、繋がっている二枚の葉っぱよ）

と、これもグループのメンバーが斉唱する定型句を置く。

さらにまた、蓮花山への讃辞の次に、次のような慣用句を歌うのも特徴である。

杆两根的一根杆
镰刀要割沙柳呢
葽两条的四条葽
锅两口一口锅

いずれも七字からなる慣用句（右の例には字足らずの6字もあるが）で、ここでも韻を決める働きをしているという。

南路花儿の慣用句、

鎌刀割了一根材，
大麻打下一条縄，
紅心柳的一張杈，

などと似てはいるが、同一の句はない。

演唱は、男性グループ、女性グループ、それぞれのメンバーが二句（三句もあるが原則二句）ずつ歌い継いで、六句、八句を構成し、最後に「花儿呀，两连叶儿啊」の句をグループ全員で斉唱する形である。その曲節は二句を単位とし、「蓮花山令」と呼ばれる。

汪蓮蓮のグループが歌った「蓮花山令」を例にとれば次の楽譜1のようになる。

楽譜１　汪蓮蓮のグループが演唱した蓮花山花儿の旋律

2014年６月に取材した蓮花山令の曲調。楽譜の作成にあたっては『中国花儿曲令全集』（王沛主編、甘粛人民出版社、2007）に掲載する数字譜を参照し、大まかな旋律部分を採譜した。個人によって少しずつ演唱の違いがあるので厳密に採譜することはできない。楽譜中に記載したＡ～Ｄの記号は、本書で歌い方を解説するために便宜上付けたもので、4人の歌い手を示す歌詞資料の記号とは関連が無い。この楽譜では３人１組が演唱している。まず１人がＡの部分を歌うと、引き伸ばされた末尾の音（レ）を受け継いで発声した次の１人がＢの部分を歌う。同様にＢの末尾を受け継いで３人目の人がＣの部分を歌い、Ｃの末尾からＤの部分以下を３人全員で斉唱し、一区切りとなる。また、相手のグループが歌い継ぐ場合もＤの末尾に同じ音を重ねて同様に歌い出す。その繰り返しで歌を掛け合う。

注

（1）蓮花山で取材した歌詞中に「……我把録音机提上、把心愛的花儿都録上」（私はテープ・レコーダーを携えて行って、心から好きになった花儿をすべて録音する）という詩句も見える（柯楊著『詩と歌的狂歓節―「花儿」与「花儿会」之民俗学研究』二〇〇二年、七頁）。

（2）迭藏河畔で取材した花儿の「毡匠」という雅号を持つ年配の男性著名歌手は相手の女性の声と同程度の非常に甲高い声で歌っていたし、その会場には高音の裏声で二時間でも三時間でも歌えることを自慢する四十歳代の男性もいた。しかし岷県の民俗研究者景生魁氏は、これについて否定的で、昔はそんなに高い声で花儿を歌うものではなかったと批判し、そのような変化が起こった原因は、最近の行政側開催の花儿コンテストで声の高さが評価されるようになったためだと指摘する。ただ、野外で声を遠くに飛ばすために声が高くなるのは自然なことである。

（3）対歌の人数については、二〇一〇年の麻石頭の花儿会のときも姉妹の女性が二人、男性が一人であったし、二〇一一年の迭藏河の花儿会のときも女性一人と複数の男性が歌掛けしている。なお、この時の約束は、その夜にかなり雨が降って実現しなかった。翌日、バイクで村を出た彼らから途中で道路事情が悪いために引き返さざるを得ない旨の電話があった。

（4）歌に巧みな人をまた「花儿把式」とか「唱把式」などとも称する（柯楊著『詩与歌的狂歓節―「花儿」与「花儿会」之民俗学研究』同上）。第七章〔資料3〕の迭藏河畔で歌った「毡匠」という雅号を持つ年配の男性などは、相手の歌に対して間髪を入れずに返歌しているが、彼などはまさしく花儿把式である。

（5）星野紘著『歌垣と反閇の民族誌―中国に古代の歌舞を訪ねて―』創樹社、一九九六年、三三頁に、一九八一年四月、調査団の一員として中国海南島を訪問した時、リー族の人たちの恋愛歌を期待して取材したところ、最初に「友人の日本の皆さん今日はようこそいらっしゃいました」といった内容の歌詞から歌い出したという。それを聞いて、星野紘氏は彼らが「単に歌の為に歌を歌うということはありえない」ことを思い知らされたという。

（6）岡部隆志「異文化をつなぐ歌掛け―雲南省鶴慶の漢調〝田埂調《デンコウ》〟について―」（『アジア民族文化研究』13、二〇一四年、同氏著『アジア「歌垣」論』二〇一八年再録）によれば、中国の雲南省鶴慶県には白語で「阿嘞々ー《アーレイレイ》」と歌い始める「阿嘞嘞調」と呼ばれる情歌で行なわれる対歌があるという。それはもとイ族の支系黒話人の山歌だともあるが、かなり離れた地域に似た例があって興味ぶかい。

（7）拙稿調査報告二〇一〇年、戚暁萍解説。柯楊著『中国民俗文化叢書・民間歌謡』（同上）では、襯字、襯詞、襯句を区別しているが、ここでは呼び掛けのような言葉を襯詞、一句を構成しながら歌詞の主要な意味ではない句を襯句とする。

（8）歌い手が歌うそれぞれ一区切りの詩句を「首」と呼ぶことにする。

（9）ただし、一句の末尾を次の句の前に繰り返す歌い方は河州花儿にもある。次に「河州大令」の演唱例をあげる。

上去个高山者（哟呀）望（哎哎）平（了）川（呀）、

と歌った次に、

（哎哟）望平（了）川（呀）

と繰り返してから、

平川里（哎）有一朵（子）牡（呀）丹、

と歌う。（甘粛人民出版社『中国花儿曲令全集』二〇〇七、三一頁「001.上去高山望平川」）

（10）漢詩にも、冒頭に独立的な句を置く、これに似た例がある。たとえば『玉台新詠』の次のような例である。

「種㆓葛南山下㆒　葛蔓自成㆑陰」（曹植「種葛篇」）

「浮萍寄㆓清水㆒　隨㆑風東西流」（曹植「浮萍篇」）

「種㆓瓜東井上㆒　冉冉自踰㆑垣」（『玉台新詠』「楽府二首」のうちの一篇）

ただし前二例は続く詩句と意味上の連続性がある。また、魏文帝（在位二二〇～二二六）の時代の「楽府塘上行一首」も冒頭句は「蒲生㆓我池中㆒　其葉何離離」であるが、続く詩句はそれを比喩表現としている。

（11）拙稿「中国甘粛省岷県花儿会調査報告２０１１年　―迭蔵河における花儿会―」『国際地域研究論集』第４号、二〇一三年三

月

(12) 前掲『中国民俗文化叢書・民間歌謡』同上、一一一頁

(13) 同上書、一一三頁

(14) 第七章〔資料2〕の二〇一〇年六月取材歌詞50男。

(15) 前掲『中国民俗文化叢書・民間歌謡』同上

(16) 一九九一年に書かれた柯楊「蓮花山歌手汪蓮蓮訪問記」(『詩与歌的狂歓節―「花儿」与「花儿会」之民俗学研究』同上)によれば、汪蓮蓮は、一九五六年生まれで、渭源県出身。一九七六年の中国の政変すなわち四人組の失脚により文化大革命で禁止されていた蓮花山の花儿が解禁されたのは、彼女が二十歳のときだった。一九九一年ごろにここを訪れた柯楊氏らが、彼女の歌声を聴いて「窮尕妹」の再来だと言って感嘆したという。「窮尕妹」は一九五〇年代の著名な蓮花山花儿歌手である。また、〔資料6〕の蓮花山取材歌詞では、彼女が「土牌村のベテラン花儿歌手よ」とか「土牌村の汪師匠」と歌われている。

(17) 大木康著「馮夢龍『山歌』の研究」(『東洋文化研究所紀要』第百五冊、一九八八年)七八頁

(18) 辰巳正明「中国甘粛省紫松山の花児会―照葉樹林文化圏論の再検討―」『国学院雑誌』二〇一一年三月

(19) 手塚恵子「野のうたびと」、真下厚・手塚恵子・岡部隆志・張正軍著『歌を掛け合う人々―東アジアの歌文化』三弥井書店、二〇一七年

(20) 柯楊著『詩と歌的狂歓節―「花儿」与「花儿会」之民俗学研究』同上

三　花儿と民間信仰

1　蓮花山の信仰と花儿会

前章でとりあげた蓮花山の、初日と二日目に山に登って歌う花儿は男女の愛情花儿ではない。娘娘殿や道教の神々を詠み入れて蓮花山をほめ称える歌詞は、神に捧げる「神花儿」と言っていいだろう。蓮花山の花儿会は最初にこの神花儿があって、その後、山から下りて男女の対歌を楽しむことになっているが、歴史上においてもこのような順序をとって男女の愛情花儿が生まれたと考える説がある。しかしまた、最初に神を祭り、次に饗宴部を持つことは祭礼の一般的なあり方であり、それがそのまま歴史的段階を表わすものではない。

たしかに蓮花山の花儿会は聖なる山の祭りであり、子宝や雨を祈ることを目的としている。たとえば、蓮花山の花儿では次のような雨乞いのための「求雨歌」も採集されている。

（1）杆两根，一根杆，
　十八位竜神保佑各郷都平安，
　叫庄稼扯上十分田，

全県的百姓都喜歓。

（2）娘娘廟里木香吣，
先給天上玉皇唱，
軽風細雨落一場，
先把四路八郷的庄稼長，
斗价塲者三倍上，
坐者吃肉喝酒攤子上，
窮娘娘們一搭喧一場。

（柯楊著『詩与歌的狂歓節―「花儿」与「花儿会」之民俗学研究』甘粛人民出版社二〇〇二、三九頁）

右の（2）の「娘娘廟」は、次に「玉皇」とあることから蓮花山の娘娘廟である。玉皇は道教の神で海抜三、五七八メートルの山頂に祭られている。また（1）には、雨を司る十八位竜神も詠み込まれている。

さらに岷県の例であるが、次のような農民の花儿もあった。

園子角儿種胡麻，
我給上天下个话，
秋風細雨连干下，

麦子長成棒槌大，
洋芋長成碌朱大，
大豆長成八个叉，
黄芪長得镢把大，
長得農民挖不下，
才説上天感応大。

（戚暁萍氏が採集した岷県西川区の湫神廟で歌われた神花儿。）

時を違わずに降る雨は、この地に暮らす農民たちの切実な願いである。

また蓮花山の花儿会には「求子歌」と呼ばれる神花儿もあった。次は蓮花山の花儿会で収録された「求子歌」の例である（前掲『中国民俗文化叢書・民間歌謡』、七九頁）。

（1）鋼四両，量鋼哩，（鋼が四両、鋼を量る）
儿子我要一双哩，（男の子が二人欲しい）
一个送者学堂里，（一人は学校へやって）
一个他把羊挡哩。（一人は牧童にしたい）

——甘粛康楽に流伝する歌詞

（2）剪子要鉸葡萄呢，（ハサミで葡萄を切り取ろう）

霊佛爺，（仏様よ）
我儿子女子都要呢，（男の子も女の子も欲しい）
儿子披麻帯孝呢，（男の子は親の喪に服す）
女子洗鍋抹灶呢。（女の子は家事をする）

——甘粛康楽に流伝する歌詞

引用文献の著者によれば、この花儿を歌って、涙ながらに祈っていた女性は、結婚後、長年子宝に恵まれなかった農婦だったとのことで、もしその後で彼女に子どもが生まれたら、きっと何年かに一度ずつ線香やお供え物を持ってお礼参りにやってくるだろうという。

少なくとも現在では、花儿会はこれらの信仰にもとづく行事になっていた。

2　岷県の気候と生業

第一章で、北路よりは南路の岷県花儿のほうが原生的であると述べた。もしそのような推測ができるとすれば、祭礼や信仰と花儿とのより古い関係についても、岷県の花儿会を中心に考える必要があるだろう。

ちなみに、花儿の歌謡文化の流伝がもっと新しいと思われる河湟花儿の地域においても、花儿と祭礼や信仰との関連をうかがわせる例がある。たとえば、青海省の西部に当たる互助土族自治県の丹麻郷の、旧暦六月十五日～十七日に開催される丹麻花儿会にも、花儿と祈雨信仰との関係を伝える土司制度の時代の伝説がある。

ある土司がこの地で花儿を歌うことを禁じ、樹木を切り倒し、草花を取り除いたので、一面の砂れきになってしまった。その結果、三年間大旱魃に見舞われ、穀物がとれなくなった。悲しみ憤った青年たちが、我慢できずに花儿を再開すると、はからずもたちまち黒雲が空を覆い尽くし、どしゃ降りの雨が降って、草花や木々が蘇り、一面青々と茂った。花儿の歌声があったからこそ農作物も豊作になったのである。それ以降、ここでは毎年花儿会が開かれるようになった[1]。

この伝説でも花儿と祈雨信仰が結びつけられているが、しかしうがった見方をすれば、男女が野外で情歌を歌い交わす野蛮な風俗と見られていた花儿会に、言い訳じみた付加価値を付けて、存在意義を強調したものとも思われる。少なくとも土《トゥー》族の伝説は最初から雨乞いと関係した行事だとは述べていない。

花儿との関係をとりあえず棚に上げてみれば、花儿が流伝する地域は雨が少ないところであることは確かである。岷県を例にとれば、地理そして生業と気候の関係は次のようになっている。

岷県の主要産業は農業である。岷県は甘粛省の省都蘭州市から南へ二〇〇キロメートルのところに位置し、西はチベット族が多く住む甘南蔵族自治州と接している。ここに北流して黄河と合流する洮河が流れていて、その河が大きく湾曲するあたりが岷県の町である。洮河は、雨が少ない黄土高原の一部を流れ下って、臨夏回族自治州の劉家峡ダムに注ぎ、黄河と合流して黄河の水を黄色に染める。『岷県志』[2]によれば、岷県の町の平均気温は5・7℃、最低平均気温は一月のマイナス6・9℃、最高平均気温は七月の16・2℃で、冬は厳しく雪も降る。降水量は年平均では五〇〇~六〇〇ミリメートルぐらいはあるが、雨は七、八月の間に集中する。旧暦五月が降水量の最も多い月で、旧暦六月になると次第に雨が少なくなる。つまり七月から九月にかけて年間降水量の半分

写真 11：岷県市街遠望

迭蔵河東岸教場村の神廟の丘から洮河上流方面を望む。岷県の町は人口約５万人。左の山の尾根の突端が二郎山、右には湾曲して流れる洮河が見える。

が集中する。農村部においては旧暦七月が収穫の時期になるが、この時期にふたたび雨が多くなって農民には迷惑がられているという[3]。

岷県は昔から農業が中心であった。農作物は一年に一回の収穫で、雹の被害、洪水、日照り、虫害に悩まされてきた歴史がある。この地の主要な農作物は、じゃがいも、そらまめ、小豆、そば、燕麦、青禾、大麦、小麦（冬小麦、春小麦）などで、このほかに初夏には山の斜面一面を黄色に彩る菜種などももちろん栽培されている[4]。また、岷県は古くから「千年葯郷」（『岷県志』二一九頁）と呼ばれてきたように薬草の宝庫であり、今日では現金収入のための当帰《とうき》という薬草の栽培も盛んで、取材した麻石頭花儿会の歌詞にも、「僕のことを当帰を栽培する畑のように扱ってくれ」（46男）などとあり、大切に育てられている。

また、花儿会の歌詞には、「周りの人は皆生活が豊かになって、質のいい小麦粉を食べるようになった、裸麦と雑穀は日常生活から消えた」（麻石頭花儿会 40男）ともある。

これによっても、昔の岷県では裸麦や雑穀が主食であったことが知れる。地元の景生魁氏によれば、昔は馬鈴薯とソラ豆を主として栽培していた。麦はチベット族の主食の青稞（ハダカムギ）が栽培されていたが、今ではそれはおもに家畜（馬）の飼料になっている、とのことであった。二〇〇八年七月下旬、馬燁侖の花儿会を取材したときには、山の斜面に麦類や玉蜀黍、馬鈴薯、菜種などがあちこちに栽培されていたし、沿道には薬草畑が広がっていた。

年間降水量は五〇〇ミリメートル以上はあるが、農民にとって悩ましいのは播種期や植え付けをする季節に雨が少ないこと、また収穫期の雹の被害であるというから、水に対する古くからの関心は強かった。

3　二郎神について

洮岷花儿の中心地であり、かつて多いときは数万人の人々が参加したとも言われる岷県の二郎山の祭礼は、水に対する現地の人々の大きな関心からきている。その二郎山は、二郎神信仰からきた山の名である。明代にはこの山は金童山と呼ばれていたが、すでにそこには二郎神廟があった。『康熙岷州志』巻二には「金童山　在城南半里上有二郎廟」とある。

二郎神は中国で広く知られた神で、岷県地方では「水旱・氷災」（水害と旱魃・雹の被害）にも霊験があると信じられて民間の信仰を集めているが、『康熙岷州志』巻十七「芸文」所収の伍福著「重修二郎神廟記」によれば、廟の創建は宋の時代（『岷県志』によれば熙寧九年＝一〇七六）、宋の守将（武将）种諤《ちゅうがく》等によるもので、その後異民

写真12：岷県の二郎神

二郎山の子孫殿に合祀された二郎真君の神像。両眼の他に額に縦目があり、右手に犬を連れている。子孫殿の本尊にあたる子孫娘娘神は『封神演義』の登場人物である趙公明の妹の一人を主神として祭っているとのことだから、やはり二郎真君も小説のレベルで土地の人に理解されているらしい。

族との戦いに勝利を祈って霊験があったという。また、二郎神とは隋の煬帝の時代に嘉州刺史となり、人々を悩ませていた蜀江に棲む老蛟を退治した李旺という人物を祭ったものだともある。これについてはさらに異説があって、紀元前三世紀、蜀地（四川省）の開拓のために水利施設都江堰（灌口）を作って功績のあった蜀の太守李冰《りひょう》という人だという伝え、また『封神演義』などの小説に登場する宋代の宦官楊戩《ようせん》とする説も民間で信じられている。また、右の「重修二郎神廟記」にいう蜀江に棲む老蛟を退治した嘉州刺史といえば、隋の煬帝の時代に実在した趙昱《ちょういく》として知られていて李旺ではない(5)。

吉田隆英「二郎神攷」(6)は、これらの伝説を比較検討して、宋代以前にさかのぼれる治水神としての二郎神は李冰に対する信仰であり、趙昱説はその後に混入したものであろうとしている。

このほか小説類を通して広まっている楊戩説は、彼が宋代の人物であることから、かなり後世のものであろうが、現在、岷県の二郎山中腹にある子孫殿の中には主神である子孫娘娘神の左手に安置される二郎神像は、両眼の他に額に縦の目が付いた三眼であり、かつ犬を連れている（写真12）。この特徴から、李思純著『江村十論』「灌口氏神考」[7]では、二郎神は四川省に居たチベット族の分かれである遊牧民族氐羌族の牧神である、としている。李冰の伝説がチベット族の居住圏とも接する四川省であること、二郎神には犠牲の羊が献げられたこと、チベットの仏像にも三眼が見られることなどからはそのようにも考えたいところだが、縦目三眼や犬を連れている姿は小説類に出てくる楊戩すなはち二郎真君であり、また「沈香救母」など地方劇でも演じられていて、後世に付加された民間の信仰ではないかと思われる[8]。

少なくとも岷県においては、『康熙岷州志』巻十七「芸文」所収、伍福著「重修二郎神廟記」に記載されているように「水旱・氷災」に霊験がある水の神として信仰されてきた神であった。

4　湫神信仰と観音信仰

現在、水の神として二郎神それ自体を祭る祭礼行事は行なわれていない。『康熙岷州志』には、「二郎神廟　毎歳六月二十六日民間設□会祭」（□は不明字）とあって、この神の廟があったころは六月二十六日に祭礼が行なわれていた。『康熙岷州志』ではそれに続けて、不充分ながら今日でも僅かに行事が残る、次のような祭礼を記す。

諸湫神廟　毎歳五月十七日、衆里民各奉其湫神之像、大会於二郎山、各備祭羊一請官主祭[9]。

岷県には今も湫神（水の神、竜神）の廟が各地にあって、水と関係するこの神の民間信仰が盛んである。その祭りは旧暦五月十七日で、その日、各地の民衆が湫神像を担いで二郎山へ登り、神官が犠牲の羊を献げて祭る、というものであった。現在はこの祭りも衰退してしまったけれども、『康熙岷州志』巻十一「歳時」の項によると、かつての湫神の祭礼行事が詳しく記されている。

それによると、湫神の祭りは、まず五月十日から十二日にかけて、県城の西二十五里にある西池と呼ばれる五台寺観音の湫池（これは雨を祈ればすぐさま霊験があるという）で行なわれ、豊作を祈願する。ついで、五月十三〜十五日には、廟守や民衆がそれぞれの境内で神事を行なったあと各地の神輿が巡行する。人々は太鼓ではやしながら神水を迎え取る。岷県には湫神が多いけれども、役人によって祭られる神を正神とし、その他は民間の神（草野の神）として区別している。十六日には城南の古刹に十九の神々が集い、翌十七日は二郎山に登り、それぞれの神に官から犠牲の羊が献げられ、役人はお神酒を地面に注いで祭る。この祭りに民間の湫神はあずからない。また、この日は万民が大いに集って山谷は騒然とする。彩衣を着た巫人は、二の腕に鎖をつなぎ、刃で腕を刺し、あるいは自ら額に傷付けて、今年は豊年だと神のお告げを報じると、民衆はみな跪いて承る。晩に至り、おのおのその神を奉じて帰る。

以上のようにあるが、今はその面影をわずかに残しているに過ぎない。

『康熙岷州志』に「十九位」とある湫神のうち、「十八位」の神々はそれぞれ次のような神々である。

	（名号）	（俗称）	（モデル人物）	（廟所在地）
1	忠簡公	南川大爺	北宋の宗澤	岷県城郊郷南川村
2	漢代忠良	梅川大爺	東漢の龐統	岷県梅川郷杏林村

3	漢室佑鳳	関里二爺	東漢の龐統	岷県城郊郷龔家堡村
4	漢代忠良	王家三爺	三国時代の姜維	岷県十里郷王家山村
5	漢代直臣	河北爺	西漢の朱雲	岷県十里郷上北小路村
6	太子太保	太子爺	北宋の范仲淹	岷県城郊郷下北小路村
7	總督三辺	黒池爺	明の胡大海	岷県西寨郷大廟灘村
8	兵部侍郎	艱難爺	明の張錦	岷県西寨郷坎舗塔村
9	唐代忠良	涂朱爺	唐の雷萬春	岷県清水郷清水村
10	金竜大王	大王爺	唐の李晟	宕昌県各龍荘（原属岷県）
11	珍珠聖母	崖上阿婆	女神の碧霞元君	岷県城郊郷周家崖村
12	金火聖母	金火阿婆	伝説的地方神	岷県城郊郷白塔寺村
13	闘牛宮主	闘牛阿婆	地方伝説人物	岷県寺溝郷楊家堡村
14	金花聖母	金花阿婆	地方神話人物	岷県寺溝郷紙坊村
15	乃慈聖母	奶子阿婆	地方神話人物	岷県寺溝郷白土坡村
16	*分巡聖母	小西路阿婆	チベット族の女性	岷県秦許郷包家族村
17	透山娘娘	透山阿婆	地方神話人物	岷県岷山郷下迭馬村
18	鉄絲娘娘	添坑阿婆	地方神話人物	宕昌県哈達舗新寨村（原属岷県）

（李璘編著『文史漫筆』甘粛人民出版社、二〇〇一年による。）

＊16位の分巡聖母は、娘娘阿婆とも俗称され、甘南チベット族自治州の康多郷から漢族に嫁いできたチベット族の女性を祭る。地元の人に確かめたところでは、十八の男女神に夫婦関係はないらしい。

これらの十八神は図3で分かるように二郎山を取り囲むように分布している。

写真 13：16 位の分巡聖母（秦許郷包家族村）

写真 14：17 位の透山娘娘（上迭馬村）

右の一覧の1～10位は男神、11～18位は女神である。男神はいずれも民族英雄で、明代以前の歴史上の人物がモデルになっているが、女神は、珍珠聖母が道教的な泰山の女神であるほかは、地方の神話伝説的な人物がモデ

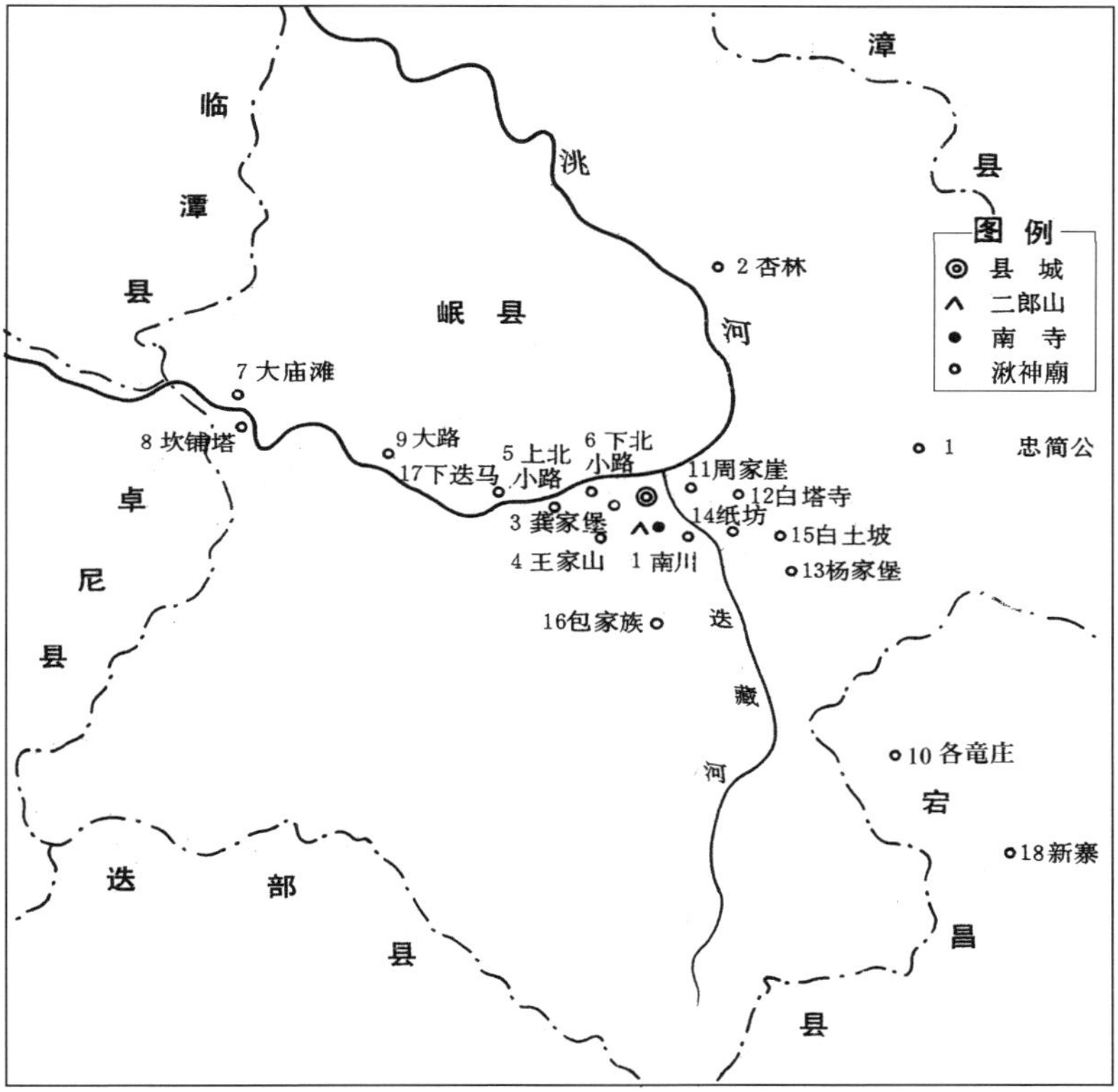

図3：十八湫神廟址分布図

（李璘編著『文史漫筆』甘粛人民出版社、2001年掲載の地図をスペースの関係で一部修正した。）

ルになっている。現地で確認したところ、これら男女神の中に配偶神はないという。俗称に、大爺、二爺、三爺と呼ばれているのは神格の順位づけで、地元の古老（景生魁氏）によれば、大爺は十八湫神の中で最も勢力のある神であり、巡行にさいしては必ず最前に位置するという(10)。ただし、さらに先頭に立って二郎山に登る御輿は、最初に観音菩薩、続いて九天玄女で、これらは山腹まで丁寧に運ばれてゆく。次に、南川大爺、梅川大爺、関里二爺……の順序でこれに続き、それらの神輿は踊ったり歌ったりしながら賑やかに登ってゆくのだという。しかし女神は珍珠聖母だけしか登れなかったともいう。また湫神は、五穀豊穣の守り神で、廟を出て二郎山に向かうとき、神輿が通り過ぎる家々では道に水を撒き、みな泥まみれになって歌い踊るという。

湫神はそれぞれ湫池と呼ばれる神池を持っている。五月の祭礼期間中には、その湫池から汲んだ水を「浄水瓶」に入れて、胸元に掛けて持ち歩き、祭礼の期間が終わると、ふたたびそれを湫池に戻す。(11)

写真 15：大廟灘の湫神廟遠望

写真 16：大廟灘の湫神廟

写真 17：水が涸れた大廟灘の湫池

現在では、水を湛えた湫池もあるが、水がすっかり涸れた湫池もある。七番目の大廟灘の湫池は現在では水が涸れていて、その中にはさまざまなガラクタが投げ入れられていた（写真17）。これはゴミ捨て場として利用されたものではなく、旱魃で雨が降らないときは、あえて湫池に物を投げ入れて雨を呼ぶ風習によるものであった。日本で言えば雨乞い池の風習と同じである。

また、湫神と水の信仰に関しては、次のような伝説がある。大禹治水の時代、珍珠聖母は玉帝のあるものを盗んで、それを彼に渡したことで大禹はようやく治水に成功した。しかし、盗んだことが玉帝に知れたので、彼女は仕方なく洮河に身を投げて死んだ。冬になると岷県を流れる洮河に流氷のような氷の塊が流れ下る現象が起こるが、それはその時に流した彼女の涙だと語られている（景生魁氏談）。さらに透山娘娘も「九頭観音」の別名があって、もとは四川省峨眉山のヒキガエルだったとか、雹を降らせる九頭の蛇神であったが、その後善神となって十八湫神の仲間に入ったと伝える。(12)

ところで、中国の雨を降らせる神、雨師は、水を入れた碗とその水を下界に撒くための葉の付いた木の枝を持った姿で描かれる（『三教源流捜神大全』）。岷県の場合は、祈雨信仰の対象は観音菩薩であったようだ。二郎山には観音殿があって、祭礼の時に登る御輿の先頭も観音菩薩だと伝える。観音菩薩のなかで水と関係がある観音といえば、それは楊柳観音であろう。水の神すなわち湫神が持つ浄水瓶、そして葉の付いた木の枝、それはまさしく楊柳観音の持ち物である。その楊柳観音は第七章〔資料5〕の「神花儿B」でも歌われている。地元では、日照りが続いて雨が降らないとき、湫池に物を投げ入れる方法のほかにもう一つの方法があるという。それは、神輿を担ぎ出して湫池に行き、浄水瓶に池の水を汲んで辺りの地面に撒き、雨が降るのを待つのだという。それ

写真 18：五台寺の観音像の前に置かれた水碗

葉が付いた木の小枝を浸してあり、信者がお祈りをするとき、この枝を振り回して周囲に水を撒くのだという。五台寺は明代の万歴年間の創建と伝える。

でも降らないときは、神輿を太陽の下に曝しておく。水を撒くのは、観音様が瓶を持って柳の枝で水を撒くことにちなむのだというのである。すでに『康熙岷州志』（巻二）でも、雨を祈ったのは、まず西山にあった五台寺の観音湫池であった。おそらくこの地の湫神信仰は観音信仰の一形態として生まれた地方文化であろう。

花儿の「求雨歌」は、このような湫神信仰と密接に結びついている[13]。李璘は、湫神の巡行期間中に各地で花儿を歌う風俗があると述べ、その起源を推測するに、これは神への祈願と神を楽しませる活動と関係があるだろう。大衆は花儿を歌って神霊に豊作を祈る。五月十七日の祭礼では、巡行する湫神の神輿を下ろして花儿を聞く風習がある。神が聞いて称賛する花儿が歌われるのである。巡行してその場所に至るごとに、神輿を上げて狂って跳ぶ動作をする。それはその花儿で祈願した内容を神が確かに受け容れたことを思わせる動作であった。花儿は、本来そのような神を祭る歌であったが、時間が経つにつれて、祭礼中の花儿の内容は次第に世俗性を帯び、曲は全て民衆の心の声を歌うものとなり、特に愛情の花儿つまり情歌が中心となっていった、と述べている[14]。

とりわけ祭礼の中心である二郎山では、多いときは数万人の人々が山に登って花儿を歌ったというし、また神にかかわる「神花儿」も歌われているから、たしかに湫神の祭礼と花儿は密接な関係があったと思わざるをえない面がある。しかし、その神花儿が次第に世俗性を帯びて愛情の歌になったと考えていいのだろうか。すでに明代には山歌として野外における男女の歌掛けがあった。花儿が漢族の移住によってこの地にもたらされた歌の文化であるとすれば、それはもともと世俗性を帯びた情歌でもあったと考えるべきであろう。（岷県には宝巻も伝承されていて、二郎山の祭りにはそれを歌う年配女性たちの姿もあり、それもヒントになると思われるが、筆者にとっては不案内なのでここではとりあげない。）

5　神花儿

本章の第1節で、蓮花山の花儿会には「求子歌」と呼ばれる歌が歌われていることを述べた。また、第二章第7節では蓮花山の花儿会について、現地の趙意立氏からの聞き取りによれば、蓮花山には子を授ける神の廟（中腹にある娘娘廟のことだろう）があって、なかなか子どもが授からない夫婦が、花儿の歌手を招いて蓮花山で子宝を求める歌を歌ってもらうのだという。現地の趙意立氏にこれを「神花儿」と言うかと聞いたとき、われわれは子宝を求める歌は「子授かりの歌」と具体的に呼ぶだけだとのことだった。現地の人々にとっては当然のことで、「神花儿」とか「愛情花儿」と呼ぶのは研究上の便宜的な呼び方に過ぎない。蓮花山の場合も、ここでは第七章〔資料6〕のような神を称える歌をさして「神花儿」と呼んでおきたいが、その旋律に違いは無く、ただ歌われる場面や内容によって区別するだけのことである。

写真 19：子孫殿の主神、子孫娘娘

写真 20：岷県市街の仮の御旅所にやって来た湫神
右が忠簡公（南川大爺）　左が漢代忠良（梅川大爺）

岷県の二郎山にも子授け神の信仰があって、少し登った山の中腹に、観音殿、子孫殿と称される建物があり、祭日にはここに多くの人々が参詣に訪れる。子孫殿は『封神演義』の登場人物である趙公明の妹の一人を主神として祭り、そのほか二郎真君など民間信仰の神々を合祀する社殿で、その名のとおり子宝や子孫繁栄を祈るための廟である。幼い児を連れた参詣者も多い。しかし、あるいは過去に歌われていたかも知れないが、求子歌を歌うことは現在はないようである。また、祈雨関係の祭礼も昔日とはすっかり変わって、筆者が訪れた二〇一一年、二〇一二年の祭日には、湫神二神（南川大爺、梅川大爺）だけが、二郎山に登らず近くの岷県市街に御旅所を構えていた。

求子歌や祈雨歌は聞かなかったが、この子孫殿で歌われた神花儿を聞くことはできた。第七章の、二〇一〇年六月の〔資料4〕と、二〇一一年六月の〔資料5〕がそれである。それぞれ便宜上、神花儿Aおよび神花儿Bと呼んでおくことにする。

神花儿Aは、老年男性と中年女性が歌っているが、対歌にはほとんどなっていない。また、男女の愛情を歌う内容でもない。男性は、子孫殿の軒下にたむろしている老年女性たちの中に割って入り、自分と歌掛けする者はいないかと歌い出している。歌詞にあるように老年女性たちは「霊山会」という仏教・道教の信者組織のメンバー

写真21：二郎山山腹の社殿群

大きく見えるのは新築中の社殿で、その左側は十八湫神のための新しい御旅所。子孫殿と観音殿は社殿の下部に小さく見える。また、樹木が無く地肌が見えるところは、花儿会で毎年大勢の人々に踏まれたところである。

写真22：二郎山の山腹で歌い手を取り囲む群衆

写真 23：子孫殿前の庇で神花儿を歌う男性

老年女性たちが見つめる視線の先に、花儿を歌い掛ける男性が腰掛けている。左手の麦わら帽子を被った男性である。〔資料 4〕洮岷花儿演唱歌詞例　神花儿A。

であるらしい。また男性は、途中で歌の相手になった女性が、「貴方はよく花儿会の会場で歌うから、名前がよく知られているかもしれないけれど」と歌いかけていて、花儿をよく歌う人でみんなに知られていたようである（写真23）。この神花儿Aは、歌詞の内容は最後までかみ合わず、すれ違ったままであるが、次のようなことは知ることができる。

①仏教信仰と道教的な信仰（子孫殿の女神信仰）とが、ほとんど区別無く融合していること。

②この地には霊山会といった信者組織があること。

③現世の利益がかなえられたとき、神像・仏像の顔を洗い化粧直しをする「打臉」という儀式があること。

④対歌を始める前には相手をさがす歌がうたわれること。（この資料では女性の誘い歌が挑発的にうたわれている。古代日本の場合も歌垣ではそのような歌が歌われたことを推測させる。）

⑤神花儿では、神仏信仰に関する内容が歌の中心となっていること。

⑥男性の歌詞の随所に、その場にいる人々が遠くから来たことを歌っているように、神花儿でも面識のない人々の間で対歌が行なわれること。

神花儿Bは、一人の中年女性が子孫殿の前で独唱したときの歌詞例である。岷県地域に暮らす民衆の、二郎山に寄せる信仰心がよく表われている、きわめて貴重な内容となっている。この演唱歌詞には襯句がなく、翻字はしていないが襯詞もまた少ない。内容面での特徴を大まかに言えば、神仏を称え、自己の信仰を告白する歌である。

歌い手はまず、自分が二郎山に参詣に来た理由は、子孫殿の女神が自分をここへ連れてきたからだと歌う。女神は、神花儿Aにある「後ろ楯の神様」に当たるが、さらに彼女は「女神様の使者」を自任し、神の巡行が自分の行為と重ねられて、あたかも神に憑依された状態として歌う点が興味深い。〔資料5〕の「情況」にも述べたが、取材に対して彼女はこう言った。「自分に神が乗り移って、はやく二郎山へ行けと告げた。とても気持ちが悪くなって家に居られなくなったので、今日ここへやってきたのだ」と。歌詞には、次のように、天空を飛翔して神とともに巡行し、天界から下界へ降臨する幻想も歌われている。

20　私は女神様の使者として天下をめぐり歩く、雲の中で女神様のことが気がかりだ。

歌詞によれば、彼女が「女神様の使者」となってから、すでに十六年が経っている。この地のシャーマニズムの存在については管見に入らなかったが、彼女も平生巫女的な活動はしていないようである。ただ、彼女が巫病にかかったことは確かである。そこには生活の苦しさから抜け出したいという切実な思いがあった。

神花儿Bに歌われる女神は子孫殿の祭神である。その名は「子孫娘々」とか「送子娘々」と呼ばれている。前述のように、かつての祭礼で山の中腹の聖地へ登ってくる神々の神輿の順序については、先頭がまず観音菩薩、そしてその次が九天玄女の御輿だったという。そのあと、十八の湫神たちがそれに続く。最初の二柱は、それぞれ中腹に社殿を持つ仏神、つまり観音殿の観音と子孫殿の女神と思われることから、九天玄女とはその女神のさらなる別名であろう。岷県地方でも、中国各地と同じく観音信仰が厚く、それは前述のように水と大きく関連している。神花儿Bの歌詞に、

8　観音様が見ていなくても、私は楊柳の枝を挙げて（水を撒こうとする）、私は浄水瓶の水をあたり一面に撒く、あらゆる作物がよく育つ。

と歌う部分がある。この歌詞によっても、観音は薬王観音とも呼ばれる楊柳観音であることが知れる。楊柳観音が持っている花瓶は、岷県では土地の神々が持つ「浄水瓶」の信仰となり、作物の成長を促す恵みの水を入れた容器となったと推測される。この歌詞によれば子孫殿の女神もまた浄水瓶を持って巡行し、その水を撒くことで作物を稔らせ、人々に平安をもたらす神として信仰されている。

旧暦五月十七日の二郎山の花儿会はかつて「湫神廟会」と呼ばれていたという。花儿で神に祈り、花儿で神を喜ばせる、そのような祭りのあり方がいつから始まったかは、まだはっきりとは見通せない。明代の歴史習俗等を記す『康熙岷州志』には、二郎山の祭礼や湫神・湫池の信仰についての記載はあるが、歌謡の風俗については記載がない。わずかに、祭礼の賑わいを、「この日は万民が大いに集って山谷は騒然とする」と記しているところにヒントがあるかも知れない。この騒然としたさまは、花儿を歌う群衆の様子を指しているのではないだろうか。もし騒然と花儿が歌われたとすれば、それは神花儿のような祈りの歌だけでなく、男女が恋歌を交わす愛情

花儿の歌声がもっとも想像しやすいだろう。ただし、その祭礼において、子授け信仰と関連して愛情花儿の歌掛けが豊饒祈願の神事的意味を持っていたとまでは推測できない(15)。

注

（1）勝暁天著『青海花児話』香港銀河出版社、二〇〇二年

（2）『岷県志』甘粛人民出版社、一九九五年

（3）戚暁萍著『洮岷花儿研究—生存空間視角下的田村花儿調査』民族出版社、二〇一三年

（4）康熙四一年（一七〇二）序『康熙岷州志』では、上記のほかに穀類としては、大豆、胡麻、青稞、芥子、兵豆、苦豆、回回豆、刀豆、蔓菁などを記す。なおまた「小豆」とは豌豆（エンドウ豆）のことだという（戚暁萍氏教示）。『康熙岷州志』は、「中国地方志集成、甘粛府県志輯」39（鳳凰出版社他、二〇〇八年）によった。

（5）蘇英哲「戯神について（二）—老郎神説・二郎神説・其他」（『芸能』20（8）一九七八年八月）によれば、趙昱が灌口二郎つまり二郎神として祭られたとするもっとも詳しい記述は『三教源流捜神大全』だという。

（6）吉田隆英「二郎神攷」、中国文史哲研究会『集刊東洋学』通号33、一九七五年六月

（7）李思純著『江村十論』上海人民出版社、一九五七年

（8）三眼の神は、雷部の神々を統率する雷声普化天尊（二階堂善弘著『中国の神さま』平凡社新書、二〇〇二年）や、王霊官（民間では王恩主。道観の前殿の守護神）など道教の神にもいる。

（9）さらにこれに続けて次の神祭りも記すように、岷県では水に対する祭礼が重視されている。

雹雨龍王廟宇無考毎歳四月十四日起至八月十四日、毎月十四三十日、里民備羊一、致祭於二郎山起止雨祭庁官主之余倶衛官主祭。

（康熙四一年序『康熙岷州志』中國地方志集成、甘肅府縣志輯39、鳳凰出版社他、二〇〇八年）

なお、月日はすべて旧暦である。

（10）大爺はふたりいる。梅川大爺は二番目になっているが、二神は誰が一番目かをめぐっていつも争っているのだと地元では伝える。梅川はこの神が鎮座する梅川郷の地名による。

（11）李璘著『郷音：洮岷〝花儿〟散論』甘粛人民出版社、二〇〇六年。なお、湫池と言っても、水が湧き出す小さな水たまりや井戸のようなものもある。

（12）ヒキガエルの話は透山娘娘廟がある洮河左岸の上迭馬村に住む楊顕祖さんから聞いた。このほか、現地で〈草原上の媽祖〉とも呼ばれている女神分巡聖母にも水神の性格がある。媽祖は観音と習合した神としても知られるが、平木康平「媽祖と観音：中国母神の研究（二）」（『大阪府立大学紀要人文・社会科学』（32）、一九八四年）によれば、媽祖信仰は福建省の莆田地方におこった信仰で、『莆田県志』には、雨のときも旱魃のときも祈れば応験があると記されていて、この神がいまだ地方神だった宋の時代から水に関連する神として信仰されていたという。

（13）雨が少ないとともに、雹の被害もあることから「散雹歌」も歌われるという。岷県の水の神にも「雹雨龍王」の呼び名がある。注（9）参照。

（14）李璘「甘粛岷県民間的湫神崇拝」『文史漫筆』甘粛人民出版社、二〇〇一年

（15）二郎山や蓮花山における子授け神の信仰は、むしろ中国の高媒信仰と関係していると思われる。

四　文芸に向かう歌掛け
―中国雲南省白族の歌会を例に―

筆者が観察した男女の歌掛けは、明るい日中の例であり、夜の歌掛けはもっと猥雑な様相を見せるのではないか、という疑問が生じるかも知れない。しかし歌掛けが多くの人々に共有される文化になるためには公開性が必要である。そしてじっさい花儿の文化は公開性のなかで継承されてきた。内田るり子は論文「照葉樹林文化圏における歌垣と歌掛け」(1)の中で、配偶者を得るための「歌垣」に対して、単なる遊びとして歌の掛け合いをする例があるから、これは「歌掛け遊び」として区別したいと述べたが、歌掛けの遊びとはいえ、またそこには恋の相手を求めようとする心情がなければそれは成立しない。たとえば花儿が流行する地域のモンゴル・吐谷渾《とよくこん》系少数民族の土族《トゥー》では、男女が野外で愛情の花儿を掛け合い、良い仲になることがあるという。しかし開放前の結婚制度では、両親が婚約の話を進め、家同士で結婚を取り決める形だったから、恋人がいても自由な結婚はできなかった。(2)土族には未婚の男女の歌掛けもあったことをうかがわせる話であるが、洮岷花儿の場合は既婚者の歌掛けであり、男女の対歌は歌の掛け合いそれ自体を楽しむものであり、それをまた周りで聞いて楽しむためのもので、まさに遊戯性を持った歌掛けであった。本章では第七章末尾〔資料7〕の取材例を中心に、花儿と同様に遊戯性を持った中国雲南省白族《ペー》(3)の歌会(4)における実例をとりあげて、対歌の音楽性、文芸性について小考してみたい。

1　剣川県石宝山宝相寺境内における白族の歌会

剣川県は、雲南省北西部に位置する大理白族自治州の地方行政区の一つであり、大理市の北々西約一〇〇キロメートルのところにある。神奈川県より少し狭い面積二、三一八平方キロメートルの土地に、主流をなす白族のほか漢族・リス族・回族・納西族など約十七万人が住んでいる。(5) 年平均気温は12・3℃で、夜間は真夏でも寒く感じる日があるとのことである。また、県内の最も低い土地でも海抜二、〇〇〇メートル程度であり、それ以上高地の山岳地帯では一見して自然条件が厳しく農業には不向きな土地が多い。しかし、この地はかつて茶馬古道(6)と呼ばれたお茶の輸送ルート上にあって交易で栄えたところである。また、これによってインド、チベットとインドシナ半島をつなぐ文化の回廊のようにもなっていた。とりわけ仏教文化の伝播経路であり石窟寺院のあるところとしても知られている。雲南に建国された南詔国の時代の九世紀半ばから次の大理国の時代の十二世紀末までの間に築造された石鐘山の石窟が有名で、断崖に聳える奇岩には菩薩・観音・四天王など多くの仏像が彫られ、石鐘寺地区、獅子関地区、沙登箐地区の三箇所に計十六の石窟があって、その歴史的・美術的価値により、一九六一年以来中国の全国重点文物保存単位に指定されている。(7)

かつてこの石鐘山でも歌会が行なわれていたという。しかしそれは、一九七〇年代までのことで、一九八〇年代になると国指定文化財の保護のため、この地の歌会は禁止されたとのことで、今は行なわれていない。歌会が現在まで続けられているのは、この地から自動車で山道を二十分ほど行ったところにある石宝山地区である。

毎年陰暦七月二十七日から二十九日の三日間にかけて行なわれる石宝山の歌会は、仏教の行事に合わせて行なわれる民間の行事だが仏教との直接的な関係はない。今回収録した対歌の歌詞中にも、「私は仏様にお詣りに来たのではなく、ただ花を採りに来たのです」（3男大意）といった文句があって、仏教行事における群衆の集いを機会にした男女の出会いを求める行事となっている。中国共産党が指導する現代中国では、宗教が表向き否定されていて、仏教的な信仰はほそぼそと民衆の間に伝えられているに過ぎない。そのような背景もあって、この地の歌会は「情人節」（恋人たちの祭り）と呼ばれ、なおさら宗教とは無縁な祭りとなっている。筆者がこの地を実見した印象でも、寺院参拝を目的に石宝山にやって来る人々はおもに年配の女性たちであり、そのほかの多くの人々は縁日の露店の賑わいと広場で行なわれる芸能発表や歌会を楽しみに来ている様子であった。

しかし、現在の情況はそうであるが、果たして歌会は古く遡っても宗教的要素とは無縁だったかどうか疑問は残るだろう。石宝山には、宝相寺の多くのきらびやかな仏像のほかに、質素な祠の中に山神なども祭られている。また、神木の根もとにも祠があり、さらに巨岩のもとには線香や小柴が供えられている。白族は、古来さまざまな神々を祭ってきた。仏教寺院を中心とする石宝山でも、このような自然神に対する信仰を見ることができる。

また、前述の石鐘山の場合でも、仏教信仰の下層には民俗的な信仰を見ることができる。石鐘山石窟には南詔国王の浮き彫りもあって、確かにこの地の仏教遺跡が雲南を支配した地方国家と密接な関係を持っていたことを物語っているが、民衆にとってはまた違った民間信仰的な聖地だった。この地の歌会の由来について、古老が語る次のような伝説があるという。

石鐘寺の傍には鐘に似た巨石があるが、これはもともと金鐘だった。あるとき遠くから悪竜が飛来してきてその金鐘に火焔を吐きかけ、金鐘を焼いて石鐘にしてしまった。これによって白族の村には頻繁に災難が起こった。そこで彼らが祭る本主の神の教えによって、沙渓坝子里の阿石波と阿桂妞の二人の恋人と、その他の多くの人々を石宝山に集めて日夜歌会を行なったところ、その歌声は終に悪竜の魔法を消滅させた。しかし阿石波と阿桂妞の二人は疲労のあまり石宝山で死んでしまった。そこで、彼らを記念し、併せて悪竜が再来して祟りをしないように、今日まで人々が毎年山に登って対歌するようになったのである(8)。

ここには男女の対歌が村の災難を除く効果があるという俗信が語られていて、これは第三章の2節に引用した土族《トゥー》自治県の花儿会の伝説ともよく似ている。一方では雨が降らないという具体的な自然現象にしているが、右の伝説の竜は水神でもあり要するに同じことであろう。

竜神と言えば、同じ大理白族自治州の洱源県にある茈碧湖《ツービー》の湖岸で行なわれる歌会は、湖水の竜王を祭る竜王廟会に多くの人々が参集して行なわれる。ここにも竜神と歌会との関係がありそうだが明確ではない。地元の伝えでは茈碧湖の底には先祖が通う穴があるのだという。この地を取材したとき（二〇〇二年八月）には、竜王廟の裏山の山腹で、近親を亡くした女性がその死者の霊を寄せてもらい、感余って泣き叫ぶ光景を見た。その日は、白語《ペー》でサイヨウと呼ばれる女性シャーマンが数人来ていて死者の供養をしてやっていたのである。また、ここには妊婦が安産祈願するための拝所があり、そこにも穴があるという。先祖が通うという穴が、新たに生まれてくる子どもとも関連する点で興味深く、これらを考えると漢族の竜神信仰が入ってくる以前に、この地には別の土俗信仰があったとも思われるが、歌会が祖霊信仰に裏付けられたものかどうかは不明である。

ところでまた、石鐘山石鐘寺の名称の由来になっている釣鐘状の巨岩は、見ようによっては大地から突き出た巨大な男根の形にも見える。しかも、これと対比されるように境内にある一つの祠の中には岩に描かれた大きな女性生殖器が祭られていて、子宝を祈る人々の崇拝の対象となっているのである。すなわち「阿央白」と呼ばれる第八の石窟で、剣川県文化館研究員の張文氏によれば、「歌会に参加して対歌を行なう白族の女性たちは、わざわざここへ来て礼拝祈祷し子宝を求める」のだという（張文「剣川県石宝山歌会白族歌謡調査」、同上）。このことは、男女の結びつきを求める歌会の行事が行なわれる背景を説明するための恰好の例のようにも思われるが、しかしこの一例をもって歌会の行事全体の民俗的背景を論じるわけにもいかないだろう。〔資料7〕では、「今度は羅馬《ろま》会でまた会いましょう」といった歌詞も歌われている。羅馬会は、交易が中心であり、そこでは歌会が行なわれるときもあれば行なわれないときもあるというけれども、現状でみるかぎり、歌会は人々が大勢集まるところであれば祭礼や信仰とは関係なく行なわれている。

2　白族対歌の音楽性

洮岷花儿と違って、河州花儿（河湟花儿）は、一定の旋律からできるだけ外れないようにして歌う。そのように一定の旋律の繰り返しに乗せて歌う河州花儿は、第一章で述べたとおり楽器による伴奏を付けることも可能である。白族の対歌もまた一定の旋律の繰り返しに乗せて歌うから同じように楽器による伴奏を付けることが可能である。使用する楽器はそれぞれの地域性を反映していて、北西部の河州花儿では二胡であるが、南西部の白族では三弦（三味線）である。

中国では各地で様々な三弦が用いられてきたが、王耀華著『中国の三弦とその音楽』(9)によれば、琵琶と三弦を

写真 24：白族の対歌に使われている三弦

剣川石宝山宝相寺境内にて（2006.08.21）

伴奏にした明清時代の代表的な語り物の一種である南方の「弾詞（蘇州弾詞など）」等の三弦の調弦は、一弦と二弦の間が四度、一弦と三弦が一オクターブという調律をする例が多く見られ、また「その絶対音高は、演唱者の喉によって決める」という。白族の場合はどうであろうか。

石宝山における対歌で伴奏していた三弦の音階は次のページの通りであった。

もちろん音階は、決まったものではなく相対的なものであり、ラ・レ・ラはシ・ミ・シでも何でもよく、そのときどきの歌い手の音高などによって決める。ただし三本の弦の音の間隔は一定である。第一弦と第三弦の開放弦を1オクターブの間隔にして、第二弦の音を第一弦から四度高く、第三弦を第二弦から五度高く合わせる調弦法は、〈本調子〉と呼ばれて、日本の三味線の場合でも基本的な調弦の仕方である――と言うよりも実際はむしろ逆に、日本におけるこの調弦法が三味線の渡来とともに大陸から伝来したものだと考えるべきだろう。沖縄の三線の調弦も本調子が大半だという。[10] 近世邦楽に使われるその他の代表的な調弦法、すなわち〈二上がり〉や〈三下がり〉も、その用語からして〈本調子〉を基準にしての、二の糸、三の糸の上げ下げを言っているのだから、〈本調子〉はその字義どおり、もとからあった三弦・三味線の基本的調弦法だったと考え

第三弦の開放弦　ラ
第二弦の開放弦　レ
第一弦の開放弦　ラ

てよい。

　じっさいには、対歌の伴奏も弾く人によって旋律に違いがあり、「百人百様」ではあるが、次のページの楽譜2は、今回耳にした黄四代と張福妹の対歌のとき、側にいた男性が弾いていた伴奏例である。旋律は同じ音を繰り返し弾いてゆく部分が多い単純な構成になっている。これを対歌の場で、アドリブ的に弾いて雰囲気を盛り上げるのである。

　また、対歌の旋律は1首ごとに定型化している。石宝山宝相寺における黄四代と張福妹の対歌例のうち、10番目と13番目の歌を採譜してみると楽譜3、楽譜4のようになる。

　いずれも一首八句から成る歌詞を、二／二／一／一／二句と五つに区切って歌っている。この点では両人とも同じであるが、それぞれ旋律は異なっている。分かりやすい各句の末尾の抑揚に注目して見ると、10（女）では①・③・⑤の各節に、シ♭—ラ♭—ファの繰り返しがあり、②と④が同じ繰り返しとなっている。これに対して13（男）の例では①・②・④・⑤が同じで、③の末尾だけが異なる形になっている。共通点は、③の末尾を⑤の途中で繰り返すことである。また、全体に女性の声が一オクターブほど高いが、一首の一区切りの⑤末尾、ラ♭—ファ—ミ♭—レ♭—ミ♭だけは、男女とも同じ高さになっている。全体の旋律は異なっているのだが、そのような共通性が男女の掛け合いに自然な流れを感じさせるものとなっている。特に、歌を相手に渡すときの末尾が二人とも同じ音程である点には、対歌を続行しようとする男女の心の通い合いが感じられる。また、一首の末尾は歌詞に関係なく必ずフーオーフー（ミ♭—レ♭—ミ）という定型で閉じられるのが

楽譜２　石宝山の対歌で伴奏されていた三弦の旋律

※ここに掲げた楽譜は市販のパソコン用音譜ソフトで忠実に再現できるように厳密に採譜してある。

楽譜3　石宝山で張福妹が歌った対歌の旋律10（女）

楽譜4　石宝山で黄四代が歌った対歌の旋律13（男）

白族対歌の形式となっている。

黄四代と張福妹の二人の旋律の違いについては、方言を異にしていることから考えれば、個性の違いの他に地域性があるのかも知れない。旋律の地域性については大きくいって大理地方と剣川地方の違いなどがあるというが、基本的には同一の歌会の場で歌う人々の間にはかなり遠方の出身者であっても地域的な差はそれほどないはずである。長年、黄四代の歌友達として対歌を行なってきた李銀淑の場合はどうであろうか。今回、二人の対歌で次のような文句を耳にした。すなわち、「あなたが先に歌ってそのあと私が続いて歌います。私はあなたのメロディに合わせて歌います」という女性の側の文句である。採譜例は省略するが、確認してみると李銀淑の旋律は黄四代（13男）のとほぼ同じだった。ただし実際には同一人の演唱でも厳密にまったく同じメロディを繰り返しているわけではない。

次に、使用する音階についてだが、前掲の楽譜資料から、彼らは次のような音階を使用していることが分かる。

レ♭　ミ♭　ファ　ラ♭　シ♭

これは実音であるが、わかりやすいようにそれぞれ半音下げて、ドから始まるように書き改めてみると上記のようになる。カッコ内は音階が無い部分である。

これは一般的に中国の伝統的な五音音階と共通するし、また日本的に言うならば、ドから始まる四番目の音と七番目の音が無い、いわゆるヨナ抜き音階でもある。これが白族の人々にとっても歌をうたうときの最も自然な音階だと考えられる。

白族の音階については、大理学院教授の趙懐仁氏も次のような指摘をしている。すなわち白族歌曲中、喜ばしい内容の曲調にはド・ミ・ソの音階が主要な音として使用され、悲しい内容の曲調にはレ・ミ・ラの音階が主要な音として使用されているという。[11] その二種を合わせるとド・レ・ミ・ソ・ラの五音が使用されていることになり、これも筆者が検証した上述の基本的な音階と同じことが分かる。

また、三弦に関しても今回採譜した上記の三弦譜（楽譜2）によればファ・シの音がほとんど出てこないことから、やはり歌と同様の音階が使用されているとみてよいだろう。

3　日本の俗謡との比較―瞽女唄を例に―

白族の対歌は、花儿と同じ山歌であり、自然の中で声を張り上げるようにして歌う。それはまず言葉がはっきりと相手に届かなければならないからである。対歌する男女の距離は、場合によっては十メートル以上も離れているから、男女の歌い手は相手の歌意を受けて歌い返す必要がある。音楽性よりも当然ながらまず第一に歌詞が優先されることになる。三弦の伴奏はなくてもかまわないけれども、最低限演唱したい歌詞を伝統的な旋律に乗せる必要はあるだろう。なぜなら、その旋律こそ対歌という伝統的な文化の存在基盤だからである。また、演唱行為と歌詞との関係を考えた場合、古くからある伝承歌であってもただ歌詞だけの暗記よりかは、旋律に合わせて歌うことで自然に文句が思い出されるということもある。同様に、そのつど作られる即興的な歌詞であっても、旋律が歌詞の紡ぎ出しを助けてくれることもあるだろう。なぜなら、対歌の歌い手は先人のさまざまな対歌の演唱を聞いてそれを音声として記憶しているからであり、それは〈音楽的経験〉として旋律とともに思い出されるはずだからである。

伴侶を得るための実用的な対歌の場合は、旋律の単純な繰り返しという形式によって必要最低限の音楽的要素が与えられる。そのため演唱者はその単純な旋律の繰り返しをほとんど意識せず、ひたすら歌うべき文句を案ずることに集中できるのである。

このように、単純な旋律の繰り返しによって長々と歌を演唱する形式は、日本古代の歌垣でも同じであったと推測されるが、残念ながらそれを確かめる資料はない。だたし多くの古代歌謡や和歌が五音七音の繰り返しになっていることは、やはりそこに一定の繰り返される旋律があったことを確かに示唆している。

日本の近世以降の歌謡を持ち出すのは唐突かも知れないが、ひろく音楽的な問題を普遍的に検討するには不都合がないだろう。芸能化した白族の対歌に見られる、三弦を伴った歌の在り方と、形式を同じくする日本の芸能といえばなんであろうか。白族の対歌の次の二点に注目して日本の芸能の中から近似するものを考えてみたい。

①同じ旋律の繰り返しによって長編の歌詞を歌うこと

②三弦を伴奏に用いること

少なくともこの二つの条件に当てはまり、かつ野外で歌われる音曲は俗謡の〈口説《くどき》〉である。同じ旋律を繰り返して長編の歌をうたう形式の歌謡を日本では〈くどき〉節、すなわち〈口説〉という。おもに盆踊りで歌われ、古くは十七世紀に京都で流行した〈踊り口説〉まで遡ることができる。歌われた場は白族歌謡と同じく野外であるが、しかし男女が歌い交わすものではなく、ある叙事的内容を定まった歌詞で一人が歌い続けるもので、その点では対歌と異なる。ところが白族対歌のメロディが、対歌だけでなく一人で演唱する物語的歌謡のメロディにも用いられることが取材で確認できた。二〇〇六年八月、「対歌と同じメロディが他の歌に使われることもあるか」という調査メンバーの一人の質問に対する、白族音楽の研究者段伶氏（大理学院民族文化研究所研究員）の答えである。白族出身者である段伶氏の回答は信頼できるものである。なお日本の〈口説〉は、対歌のように当人たちが恋愛の過程を歌うものではなく、最後は心中に終わる男女の物語を第三者の語り手が歌うもので、いわゆる心中物が多かった。

〈口説〉の歌詞はもと七五調であったが、元禄十年前後から〈ゑびや節〉という七七調の〈踊り口説〉が現われる。その流れは十八世紀になると西日本を中心とする〈兵庫口説〉という歌謡の流行を生み出して行ったが[12]、近世におけるこのような新しい歌謡は、直接間接に三味線音楽として生み出されたものである。この口説節のさらなる流れは、越後の瞽女たちが幕末に流行らせた〈ヤンレ節〉に連なっている[13]。〈兵庫口説〉の旋律はもはや確認できないけれども、この〈ヤンレ節〉は近代にいたるまで越後の瞽女たちが伝承してきた歌謡である。

七七七五の音を繰り返す白族の歌詞に注目すれば、確かに日本の近世歌謡の都々逸にも共通するが[14]、白族の歌を聞きながら筆者が頭に思い描いていたのはむしろ越後の瞽女たちが歌う歌謡だった。〈口説〉に似て、もう少し一区切りが長く、かつ七五調でうたう歌謡に〈祭文松坂〉がある[15]。瞽女はその演唱における一区切りを「ひと流し」といい、三句から六句ぐらいのまとまりで、歌の間に三味線の間奏を入れ、同様の旋律を繰り返して古い説経節の物語などをうたっていた。形式上は〈口説〉よりもいっそう対歌の音楽形式に近い。

瞽女は三〜五人で組になって旅回りしたから、祭文松坂や〈口説〉の歌い方は、一人が通して歌うのではなく

「ひと流し」ずつ二人の瞽女が交互に歌ったとも言われる。例えば、

ただ情けなや　葛の葉は
夫にわかれ　子に別れ
もとの信太へ　帰らんと
心の内では　思えども　（葛の葉子別れ）

を一区切りとして三味線の間奏を入れ、さらに七五／七五／七五／七五と歌詞を繰り返して、同様に歌ってゆく。これが段物とも呼ばれる〈祭文松坂〉の演唱法である。歌唱中にも三味線の伴奏を入れ、定型の旋律を繰り返して長編の歌をうたってゆく形式から見れば、白族の対歌と、音楽性においては極めてよく似ているのではないだろうか。

〈ヤンレ節〉、また〈祭文松坂〉の調弦は〈二上がり〉や〈三下がり〉ではあるが、三味線を伴奏楽器として長編歌謡を歌うという形式は白族の民間芸人による対歌の演唱と基本的に同じだと言えよう。日本の場合は三味線という渡来楽器によって作り出された歌謡であることを考えれば、民族楽器として盛んに演奏されてきた白族の三弦音楽と似た形式の音楽が日本に生まれたのも偶然ではないだろう。白族の場合は日本と逆に男女の対歌が先にあって、その後で三弦が付けられたものではあろうが、しかし歌と三弦は同じ音楽的風土から生まれた一体のものとなっている。

4　白族対歌の文芸性

白族《ペー》の対歌は完全な定型詩による掛け合いである。一首は、いずれも前半と後半の二段からなり、前半部・後半部とも音数は七七七五の繰り返しになっていて、全体は四句＋四句の計八句から成り立っている。しかも、〔資料7〕の取材歌詞における白語原音の国際音声記号によって確認できるように、漢詩と同様の規則的な脚韻を持つ。段伶氏によれば、四句＋四句の二段八句型式の歌は、原則的に一・二・四・六・八句に韻をふみ、三・五・七句には押韻しないという。(16)ちなみに今回の対歌例では、全二十九首のうちこの格律に完全に一致するものが十首、また奇数句を押韻しない原則には当てはまらないが押韻すべき箇所には押韻している例を合わせると十七首になる。男女二人の間にはほとんど差がない。すべて即興で歌わなければならない場面において、原則との一致をこれだけ見せていることには感心させられる。さすがは民間芸人と呼ばれる人たちである。

本書の歌詞資料の採集例は、このように半ば芸能化した対歌である。しかし、歌い手はプロではなく対歌愛好者であり、対歌を楽しむこと自体を、あるいはまた自らの歌自慢を目的にしている人たちである。また、歌詞が決まっているわけではなく、その場の具体的な情況を歌詞にとりいれながら、即興的に歌を続けてゆく技術は、もともと恋の相手を得ることを目的とした素朴な対歌以来の伝統であると考えられる。

白族にはまた一方で文芸として完成された伝統詩歌も存する。『石宝山伝統白曲集錦』（張文・陳瑞鴻主編、雲南民族出版社、二〇〇五）の中で編者の張文氏は、いわば古典文学となった白族の伝統詩歌がどのようにして生まれたかを次のように解説する。

対歌では即興による創作的な演唱が要求される。一問一答する間に停滞することができない。優れた歌い手同士は何日何夜うたい合っても勝負が付かない。多くの著名な歌謡はその対歌の中で生み出されるのである。それは演唱されながら伝播し、時を経て無数の歌い手たちによって加工修改され、ついには伝統的な名歌となる。石宝山の歌会は、白族歌謡が生まれる揺り籠であると同時に、歌詞が磨きをかけられながら発信される基地のようなものである。

半ば芸能化しているとはいえ、人々の具体的な対歌は多様な条件の中で多様な表現によって行なわれる。ここでも日本の連句文芸を例に出すのは必ずしもそぐわないが、連句はその場かぎりの一回的な文芸世界として成立し、二度と同じものができないように、対歌の場合も本来その場の一回かぎりの臨機応変に行なわれる掛け合いとしてのみ成立する。その点では日本の連句文芸と同じであるが、我々の文字社会の文芸と違うのは、声によるその場かぎりの対歌には、後でなにも記録が残らないという点である。これを採集し文字記号化する我々の行為は、対歌にとって本来無縁の世界である。彼らの歌の伝統は音声の記憶となって伝承されるのみなのである。

ところで、白族の歌掛けからも実感されることは、やはり男女の恋歌が衆人環視の中で公然と歌われていることである。〔資料7〕の演唱例に、「このことはこっそりとあなたにしか言いません。あなたも他人に言ってはいけません。もし他人がそんなことを聞いたら嫌な気分になるでしょうから」（11男大意）という句がある。そこにも注記したように歌詞だけ見れば二人の男女の秘密として歌われているが、しかし彼らの回りには一緒に歌会の場にやってきた友人をはじめ多くの人々がいて、その対歌をそばで聞いているのである。しかも、歌の流れからみれば、ここは回りの人々に対する公開を前提とした秘密となっている。つまり、男性が年齢の異なる二人の女性を比べて、「私の本音を打ち明けましょう。本当は若い妹のあなたが好きです」と歌う内容が、誰にも言ってはいけない秘密になっているのであり、比べられている年配の女性（李銀淑）も実はそばで聞いているわけで、その歌詞は歌い手を取り巻いている周囲の人々の笑いを誘うために歌われているのである。このことは、逆に周囲の人々の歌い手への作用として考えると、歌い手たちが周りの人々に後押しされるようにして対歌を続けていることを意味する。つまりそれはまた、恋する男女を演じるという立場になるということでもある。

白族には実際の恋愛に発展する真剣な男女の対歌も残っている（あるいは残っていたといった方が正確かも知れない）。それと同時に、このような歌巧者による半ば芸能化した対歌も行なわれている。前掲の内田るり子論文は、歌掛けには二つの様態があると指摘しているが、筆者が推測するに、後者は前者からの連続的な発展段階ではなく、これら二つの様態はかなり古くから共存していたのであろう。それは古代ヤマトの万葉の世界にとっても充分考えられることである。歌会に集う若者たちは、みずから真剣な歌掛けをする前に歌巧者たちの歌を学ぶ機会を持たなければならなかった。自身が歌巧者でもあり同時に白族歌謡の研究者でもある施珍華氏は、歌を村の古老たちから習ったといい、そして歌会で歌おうと思う白族の人々は、やはり畑で野良仕事をしながら練習するのだという（二〇〇二年八月取材）。歌会の現場でも歌巧者の回りには、対歌が始まると大勢の人々が集まってくる。

〔資料7〕では、対歌を行なった黄四代、李銀淑、張福妹の男女三人を含む白族の対歌愛好者の人々が宝相寺境内にある食堂で一緒に食事をする場面に出会った。長年、歌会の調査に参加してこられた寧波大学の張正軍教授は、対歌中にはしばしば「お腹がすいたから食事にしませんか」といった歌詞があらわれるが、対歌を行なう者同士がこのように実際に食事をしている場面を見るのは初めてだといった。彼らはもちろん若い男女のように伴侶を求めるためではなく対歌を楽しむためにやってきた歌巧者たちであるが、歌詞の中には虚実ないまぜになった内容があることを示す一例でもあるだろう。

たとえば万葉集の恋歌では、次の巻十一の歌のように、娘の母がしばしば二人の恋の障害として詠まれている。

たらちねの母に障《さや》らばいたづらに汝《いまし》も我《われ》も事はなるべし　（二五一七）

これに対して白族の対歌では、恋の障害として詠まれているのは花儿と同じく相手の配偶者である。(17) とはいっても、それはある程度年をとった者同士の対歌の例である。万葉集・巻九の、高橋虫麻呂の筑波山の歌垣の歌に「人妻」も歌垣に参加したことが歌われているが、じっさいの歌垣の歌ではない万葉集の恋歌では、人妻を恋の障害として詠む歌はわずかである。万葉の歌にはっきりと残されている恋の障害は人目であり、娘の母であった。ただ、万葉の場合も白族の場合も、恋歌の表現にとって、ある障害となるものを詠むという形式の共通性は興味深い。万葉の場合のように、母であれば、ほとんどの人に共通する存在であるが、配偶者であれば、本当にいるものかどうか多分に不確実性のある存在であるから、そこには相手の心を探るための駈け引きが生まれやすい。〔資料7〕の例でも21男の歌詞に、「あなたが人妻だったら困ります」といった句がある。それと逆に、この対歌の女性の歌い手は、男性の妻の代わりとなる障害者、すなわち男性の女友達が詠まれる。歌に登場する女性の〈姉〉である。具体的にはその場にいる李銀淑さんなのだが、女性の歌い手は、姉が好きか私が好きかと問い詰めることで、男の気持ちを確かめて行く形をとっている。これは、対歌を行なう多様な条件の中には、このように三角関係を前提とする場合もあることを教えてくれる例と言えるだろう。

ちなみに工藤隆・岡部隆志著『中国少数民族歌垣調査全記録１９９８』（大修館書店、二〇〇〇年）では、ジンポー族の対歌の例として、負けたら相手の意志に従って結婚しなければならなかった風習が聞き取り調査によって報告されているが、〔資料７〕の対歌では、歌を続けられなくなった女性が逃げ出したことで終わりとなっている。もちろん遊戯的な対歌であって、男女関係に直接結び付くものではなかったが、対歌では一般に男は相手を歌い負かそうと努め、女はまたそれに屈しないように歌い返す。〔資料７〕によれば、始まりは男女ともに突然理想的な相手に巡り合ったことを歌い、次に二人が一緒になる場合の障害を歌い、女は男の心に誠意があるかどうかを問い詰めてゆく。すなわち女がなじり、男が言い訳を続ける。さらには途中でほとんど別れ話になるが、男の説得によって女も思いとどまる。しかしまた女の疑念が晴れず、とうとう「やっぱり、私がいくら言っても、あなたとお姉さんとは似合いのカップルなのです」（28女）という捨てゼリフを吐いて去る、という展開になっている。つまりこの対歌は、山で出会った男女が第一印象でお互いに好ましく思った相手と歌を掛け合うことで次第に愛情を深め、またその愛情が持続すべきものであるかどうかを確かめ合う行為となっている。

こうした対歌は、歌会という場で、取り巻く人々を鑑賞者として演唱される即興的な恋物語にほかならず、演唱する男女は即興詩人である。

注

（1）内田るり子「照葉樹林文化圏における歌垣と歌掛け」『文学』一九八四年十二月
（2）厳汝嫻主編『中国少数民族の婚姻と家族』中巻、第一書房、一九九六年
（3）漢語で「白族《ばいずー》」と書かれるペー族は、人口が約一六〇万人前後で、そのうち一三四万人が雲南省に住んでいる（郭浄・段玉明・楊福泉主編『雲南少数民族概覧』雲南人民出版社、一九九九年）。さらに雲南省のうちでもその多くは北西部の大理を中心とする大理白族自治州に住んでいて、全部で二十五の少数民族が暮らす雲南省ではイ族の約四六〇万人について多い。また歴史的には、中国の唐・宋代に雲南に建国された南詔（六四九～九〇二）およびその後の大理国（九〇二～一二五三）の主要構成民族であり、本来無文字文化であったが、漢民族の文化の影響を強く受け、漢字を利用して自民族の言葉を表記しようとした点など、日本の古代社会と共通する面もある。古くは仏教信仰も盛んであったが、現代まで続く民衆の信仰は、仏教や道教と習合しつつさまざまな神を祭る土俗的な本主信仰である。
（4）甘粛省の花儿会と同種の白族の行事は、漢語で「歌会」と呼ばれているため、本稿ではその用語を使用した。
（5）晋淑蘭責任編輯『雲南省地図冊』中国地図出版社、一九九九年。基本的なデータは以下も同書による。なお面積は二、二五〇平方キロメートルともいう。
（6）茶馬古道については、第一章3節「漢族の移住と花儿」の付記参照。
（7）『南天瑰宝―剣川石鐘山石窟―』雲南美術社、一九九八年
（8）張文「剣川石宝山歌会白族歌謡調査」、中日白族歌謡文化学術研討会会務組編印『白族歌謡文化学術研討会論文集』二〇〇六年所収
（9）王耀華著『中国の三弦とその音楽』金城厚訳、第一書房、一九九八年
（10）吉川英史監修『邦楽百科辞典』音楽之友社、一九八四年
（11）趙懐仁「論白族民歌曲調的憂傷色彩」、同上『白族歌謡文化学術研討会論文集』二〇〇六年所収

(12) 藤田徳太郎『近代歌謡の研究』勉誠社、一九八六年復刻版所収「歌音頭とゑびや節」

(13) 拙稿「新潟県に於ける明治の唄本（二）―兵庫口説との比較について―」『新潟の生活文化』第5号、一九九八年七月

(14) 甲斐勝二「白族の七七七五調と日本の都々逸の七七七五調との相関性について」、中日白族歌謡文化学術研討会会務組編印『白族歌謡文化学術研討会論文集』二〇〇六年所収。なお、七七七五調は都々逸に限らず近世の俗曲一般に見られる詩型で、本書第六章に引用した秋田の「かけ唄」もこの詩型で歌っている。

(15) 白族の七五調については、巫師の降霊に唱えられる語りの例が報告されている。大理近くの村の七〇歳ぐらいの男性巫師が、忘我状態となって語り始める白語の言葉が七五調であったという。（菅原壽清「先祖と語る人々―大理白族の巫師」、『アジア民族文化研究』第二号、二〇〇三年三月）

(16) 段伶「白曲曲詞音韻格律」、同上『白族歌謡文化学術研討会論文集』二〇〇六年所収

(17) 二〇〇二年八月末に訪問した洱源県茈碧湖の海灯会における歌会でも、お互いの配偶者をめぐって歌詞を交わす対歌の例があった（工藤隆「中国雲南省白族歌垣調査資料」、『アジア民族文化研究』第二号、二〇〇三年三月）。当日、われわれ調査者もビデオカメラを向け、多くの人が見守るなかで、中年男女が実際に歌った歌詞の一部の日本語訳を示すと次のようになる。相手の妻や夫を話題に出す歌掛けでは、もしかしてふたりがこれから不倫関係になるのではないかという緊張したやりとりが続くために取り巻く人々を強くひきつける。

（女）あなたの妻が亡くなったのは本当のことですか？
　人の噂を聞かないで下さい。
あなたは自分の妻が早く死んでほしいなどと言ってはいけない。
奥さんが亡くなったなどとは言わないでください。
仲良くするのは私たちだけの問題です。

（男）仲良くするって？　私からも言いたいことがあります。

妻が亡くなったというのは本当のことです。
余計なかんぐりは無用です。
私の言うことは本当です。どう思いますか?
良い返事をしてくれなければ胸に刃が刺さったよう（悲しい）です。
（女）お互いに気があれば少しずつ仲良くしましょう。
いっしょに生活するのは長い時間、今だけではないのですから。
人の噂は気にしないで私たちの愛情を大切にしましょう。
あなたは寂しいという。私だって寂しい。
（男）お互いに仲良くするのはこれから長い時間です。
百も一から数えます。
あなたは私と別れても、わたしはあなたに付いて行きます。
今日は私たちふたりが出会った。どこへでも一緒に行きましょう。
私は本当のことを打ち明けました。心配しないで下さい。
（女）あなたの言葉は気に入りました。
私が歩いて行こうとしたときに、ちょうどあなたが目に入ってきました。
ひとりは右から、ひとりは左から来て出会うことは良いことです。
奥さんとか、夫を話題にしないで私たちのことを歌いましょう。
私たちふたりが一緒に歩けば周りの人がうらやみます。

＊白語から漢語への翻訳は施珍華氏、さらにその日本語訳は張正軍氏である。日本語表記については筆者が全体の文を整えた。なお、施珍華氏によれば、この二人はいずれも既婚者で、住んでいる村と村は二キロメートルほど離れている、とのことであった。

五　辺境の異民族交流と歌垣―筑波山の歌垣―

本章では、日本列島の古代社会にあった歌垣の習俗について、甘粛省の花儿会をヒントに、それがどのような背景を持っていたのか、またなぜ東国の辺境に鮮明に残ったのかを、渡来民の歴史から考えてみたい。

1　歌垣研究史素描

これまでの日本の歌垣研究について、遠藤耕太郎は次のように述べている。折口信夫の歌垣研究は、神と神の嫁との〈神婚系統の歌垣論〉と、神と精霊の対立による〈掛け合い系統の歌垣論〉に分けることができるけれども、じっさいはこの二つが融合したものになっている。また、そこから展開して行く歌掛け論には〈掛け合い系統の歌垣論〉が基底になっている、と。[1]研究史的に大きな影響を与えてきた折口信夫の歌垣論は、一つには「神と精霊との問答が、歌垣となった」[2]という考えであった。具体的には次のような説である。

歌垣・燿歌会《かゞひ》など言ふ類の行事も、神を意味する村の壮夫《をとこ》と精霊を代表する村の処女《をとめ》との唱和・問答であった。言ひかけられる側に立つ女性は、即興問答に応酬する事の頓才を練らねばならなかった。[3]

また、次のようにも述べている。

> 神に仮装した男と、神に仕へる処女、即其時だけ処女として神に接する女とが、神の場《ニハ》で式を行ふ。即、両方に分れて、かけ合ひを始める。……神と人間との問答が、神の意義を失つて、春の祭りに、五穀を孕ませる為の祭りをする。其は、神と村の処女と結婚すれば、田畑の作物がよく実のると思つたからである。(4)

さらに、また次のようにも述べている。

> 村人が神の庭に集まる神祭りの場合、村中の男と女とが、極めて放恣な―後世から見て―夜の闇に奔駆する。さうした事は、神の資格に於て、村の男が、神の巫女なる村の女に行き触れて居たのです。祭り場の空気が、そこまで有頂天に人々をさせる迄の間は、男方と女方とに立ち場処を分けて、歌のかけあひをする。男方から謡ひ出した即興歌に対して、女方からあとをつけるといふ儀式がある。此を歌垣と言ひ、方言ではかゞひ・をづめなどと言うたらしい。男と女のかけあひだから、性的な問答が中心になる。而も相手を言ひ伏せる様な文句が闘はされるのです。性愛の相手を求めるのではなく、語《ことば》争ひがかうした儀式の目的なのです。(5)

折口信夫は、歌垣は本来性愛の相手を求めることが目的ではなく、神の資格としての若者と、巫女の資格としての女との言葉争いの儀式が目的であり、神と処女の結婚が田畑の作物をよくみのらせると考えたのは、神の意義を失った後のことだともいう。折口以後も、歌垣をなんらかの神事に関係づけようとする考えは強くあって、たとえば木本通房は、「大勢集まるのが此の風習の本質的要素とすれば、古代生活としては神事を想像するのはむしろ自然の解釈である」として、『常陸国風土記』の童子女松原の歌垣の記事や、筑波山の神との関係からもそれは明らかだと述べた。しかしまた、折口が後世的なものと考えた類感呪術的なものこそむしろ本質であるとも主張した。すなわち、その神事的要素の根幹的なるものは、農耕儀礼、農耕祭祀が想像され、対象の神としては母なる大地が想像されると考えた。また古代の農耕には女性とともに男性もおおきく関わっていたことを考えれば、男女が集う歌垣には、「女子の生成力や児をはぐくむ力」を象徴する大地母神への祈りだけでなく、のちの「民間に存するとつぎの祭礼とか御幣合せ神事等から」、農耕祭祀としての五穀豊穣を祈る感染呪術的な意義があったのだろうと述べた。(6)

歌垣では男女の恋歌が交わされる。それと右のような神事との関連については、神楽歌に示唆するところがあるとも木本はいう。つまり、平安時代に記録された神楽歌には、一見神祇とは関係のない恋愛的な内容の歌があるけれども、それこそ神事歌謡の性格であった、と。「要するに神楽歌は厳粛な祝詞に対するくだけたもので、此の事は歌垣の原始歌謡にまでおし上げて考へてよいであらう」（木本、同上）といった。「厳粛な祝詞」に対するくだけた「神楽歌」という見方を、もう一歩進めれば、厳粛な神事のあとに続く饗宴のなかに歌垣を位置づける歌垣論につながるだろう。そのような論に森朝男の歌垣論があった。

歌垣が神事と関連すると考える論拠を森朝男の論著によって示せば、それは次のようなことである。まず、筑波山の歌垣を歌う高橋虫麻呂の万葉歌に、「この山を領く神の昔より禁めぬ行事ぞ」（巻九・一七五九）とあって、これが神意によるものの如くに表現されていることにもっとも端的に示されていること。また、日常の秩序を一転させる狂躁の習俗が、何らかの神事に関連せずに存在したとは考えにくいこと。しかも歌垣にゆかりの地は、筑波山、杵島岳、童子女松原など、いずれも男女対偶二神を祭る土地柄であることは、この神事が「神婚」の観念に支えられて存在したものであることを示している。古代の神祭りにおいて、神の降誕は巫女の神がかりとして幻想されたと考えられるが、そのように「神の降誕が巫女への神の憑依を通してなされる場合、密閉された神殿内でなされるその憑依の秘儀は、外部には神と巫女の婚として幻想される。この婚（神婚）は神のこの世への降誕のしるしであるから、やがて神殿の外の祭の庭において、それを模倣し、復習して神降誕の祝福された空間を拡大し、その復習を演じることによって人は神にあやからねばならぬ。この神婚の復習的行為が歌垣の求愛のかけあいなのである」（森、同上）というのが森朝男の歌垣論であった。すなわち、「歌垣の求愛は、神殿内の神婚の模倣、反復、拡大を意味する」というのである。

〈神婚系統の歌垣論〉として知られている森朝男の歌垣論は、日本における饗宴の在り方を二部構成でとらえる倉林正次の饗宴論をヒントにしたものであった。歌垣が、神祭りに参加する人々が行なう神婚の模倣・復習であるとすれば、それは神祭りの第二部、饗宴部に行なわれる「直会」に位置する。しかし森朝男によれば、「直会」はいまだ神祭りのなかにあって、折口信夫のいう「もどき」であり、「直会」の「直」とは祭りから平常へ帰ることではなく、世直しの「直」と同じく「この世を始源の神の世に帰らせる」意味に解すべきだという。

このような歌垣論は、研究史的にいえば一九七〇年代から一九八〇年代にかけて議論された「発生論」の流れのうちに生まれたものであった。そもそも折口信夫の論が発生論であり、それは理念的に考えられた村落共同体というい わば閉じた社会を前提とする理論であった点は注意すべきだと思う。森朝男が、始原的な祝祭の一環として行なわれる歌垣の習俗は、畿内の都市社会においてはすでに過去のものとなり、万葉時代まで東国に顕著に見られることは、「歌垣が本質的に村落共同体的体制のうちでのみ、調和的に存在しうる性格のものであった」からである、と述べているとおりである。

もう一つの流れとなってきた〈掛け合い系統の歌垣論〉も、同様に閉じた社会を前提としたものであった。これを代表するのは、歌垣を次のように定義した土橋寛の研究である。

春・秋二季に、主として山に登って行われる行事。行事の内容は飲食、歌舞、性的解放であるが、その中で男女による歌の掛合いが中心であるところから、この行事を「歌掛き」「カガヒ」（掛合いの意）と呼んだのである。「歌垣」の文字は、人が大勢集まるところから当てた当て字である。(8)

土橋寛のとらえ方もまた、歌垣が神祭りと関連した行事であるとする点ではこれまでの諸説と共通する。しかし〈神婚系統の歌垣論〉が無時間的な始原を問題にするのに対して、土橋寛の説は歌垣を通時的にとらえている。すでに上記木本通房の説にそのような通時的な見方があった。木本は、次のような歌垣の発展段階を想定した。（一）呪術・宗教的としての歌垣、（二）恋歌が次第に洗練されて問答形式がもっとも著しく行なわれた歌垣、（三）野山等に於ける遊楽行事としての歌垣、（四）踏歌と類似した宮廷に行はれた歌垣、このように発展したあとが想定されると述べた。(9)

歌垣を歴史的にとらえる点は土橋寛も同様である。すなわち、歌垣は、もともと呪術的な予祝行事として行なわれた花見・国見と結合して、春山入りの行事の中で行なわれたものであるが、花見・国見に代わって、その地方の名山が信仰の対象になると、山の神に対する祈願の祭りが行なわれるようになって、その名山における大規模な地方行事になったこと、さらに人々が農耕を主とするようになると山の神の信仰が水の神に移ってゆくことで、山に登らず村里の泉や川のほとりでも行なわれるようになった、と考えている。つまり、水辺の歌垣は、古代社会が農作を主とするようになって、歌垣が水神を祭る行事になったことで、もはや山に登って行なう花見・国見とは離れて、水辺で行なわれるようになったものだという。(10) 後にこれを段階ごとに整理して――呪術的な花見・国見と結合して村々の春山入りの行事の中にあった段階（第一段階）。次に「広い地域の信仰の対象となる高山が出現すると、その地方の人々はその高山に登って、春は山の神に農作の豊穣を祈り、秋は収穫感謝の祭を行うと同時に、村々で行われていた春山入りの行事を大規模に行うようになった」（第二段階）。次に、花見や国見と袂を分かち、季節に関係なく、市が開かれて人が大勢集まる時、それだけが独立して行なわれるようになった大和の海石榴市《つばいち》（海柘榴市）の歌垣などの段階（第三段階）。さらに奈良時代になって宮廷にとり入れられ、集団的な歌舞が宮廷芸能として行なわれるようになった段階（第四段階）――と四段階に分けてとらえた。(11)

この説も、市や都市で行なわれる第三段階以降を歌垣の変質とし、第二段階までは「村々の春山入りの行事」を基本にして成り立つものであったととらえるところに、村落共同体を原型として発想されていることが知れる。しかし、むしろこの市との関係においてこそ歌垣の本質があるとみたのが西郷信綱「市と歌垣」(12) の説であった。西郷信綱は、これまでの歌垣論を、「歌垣を共同体の農耕儀礼と考えることは、歌垣の本質をゆがめ、その射程を矮小化するものである」と批判した。

西郷説が論の立脚点とするところは、古代のいくつかの文献に見られる歌垣と市との関係である。日本書紀の武烈紀に見える鮪《しび》と太子の影媛をめぐる海柘榴市の巷の歌垣、また万葉集巻十二に載る「海石榴市の八十の衢」の問答、『常陸国風土記』の筑波山における坂より東の諸国の男女が大勢集い互いに婚約のしるしを取り交わす歌垣、同国風土記の久慈郡の高市における「男女会集」、続日本紀に載る宝亀元年三月の河内国由義宮における渡来系氏族の歌垣など、現に残る歌垣の資料には市との関係を強く示しているものが目立つことから、歌垣の本質は市との相関関係でこそ理解できるとした。

物資の交換や取引が行なわれる場所としての市は、共同体の内部に立つものではなく、異質の生活が互いに接触し、出合う境界地帯に立つものであり、ここにおいて行なわれる歌垣は、とうぜん村落共同体内部の閉ざされた世界とは異なる原理が支配する。つまり「漫然と性的解放の儀礼とか呼ぶのは幻想的な憶測であり、その核心はやはり若い男女の求婚遑恋の場であることにあったと思われる」のであり、さらに市の「交易関係は、記号論的にほぼそのまま、歌垣における男女の関係に移して考えることができ」、「敵意と友情、対立と協同、警戒と歓待、競争と補完といった関係を市と歌垣は共有する」と西郷信綱は述べた。

西郷説は、マルクスの『資本論』また文化人類学における人間社会の交換・交易の面から考察した新たな方法によるものであったが、これ以前の歌垣論からみれば、時代的にも資料的にも限定的な証拠をもとにしての立論と思われる方法であったともいえる。上記の論文で西郷信綱みずから、「ただ筑波山のカガヒには、市との確かな関連を見出せないのが難点である」と言っている。山地もまた共同体を離れた境界的な場所であることには違いないのだが、山で行なわれる歌垣は土橋寛説の春山入りの行事の論拠ともなっていた。この点はあとで考えたい。

いずれにしても歌垣研究の参考となる日本の文献資料は限られている。中国文献にも歌垣を思わせる資料があることが知られていたが、一九八〇年代に入って中国の辺境地帯の少数民族社会の調査が可能になると、とくに南西部における少数民族社会の間に今もなお生きた歌垣習俗のあることが次々と報告されるようになった。これによって、東アジア全体の視点から、今日でも行なわれている歌垣の調査をとおして、古代の、さらに古代以前のヤマト（倭国）の歌垣を考えようとする研究の流れが今日まで続けられている。

早くから中国の少数民族の歌垣調査に取り組んできた工藤隆は、その知見から、

歌垣とは、不特定多数の男女が配偶者や恋人を得るという実用的な目的のもとに集まり、即興的な歌詞を一定のメロディーに乗せて交わし合う、歌の掛け合いである。(13)

とシンプルに定義した。また、「歌垣の現場」の歴史的段階を八つに分け、歌垣の議論に混乱が見られるのはどの段階の歌垣を対象にしているのか曖昧だからだ、とも指摘する。(14)その段階説によれば、「結婚という実用的な目的を持つ即興的な掛け合い」をもっとも原型的な第一段階として、その後に作為性や芸能性が強まり、村落社会から都市・宮廷へと上昇して、最終的には文学としての恋歌へと傾斜してゆくとする。また、第一段階では、中国の少数民族の歌垣からモデルを考えれば、本来は農耕の予祝儀礼という限定はなかったともいう。ただし、第一段階の「歌掛け自体の背景としては、〝神話世界でのできごととしての結婚〟という物語が存在しているのが普通」だとも述べる。この点には、これまでの歌垣論のうちの「神婚」の観念が継承されている。しかし、たとえば岡部隆志が言ったように、折口信夫から土橋寛につらなるこれまでの日本古代の歌垣研究が、「神婚」や農耕予祝儀礼という、おもに祭礼としての歌垣を論じることが中心で、その祭礼に歌われた歌そのものもまた祭りの性格とほとんど区別なく、祭礼空間における呪的な機能にかかわるものとして論じられたが、しかし歌はまず表現としての言葉の問題としてとらえられなければならない、というあらたな方法意識も見ることができる。つまり、「神婚」を祭礼としてではなく、歌垣における歌掛けの言語表現における古代的な観念としてとらえる

点で、それまでの神婚論とは区別されるのである。

このように、これまでの歌垣論が再評価されたり修正されたりして今日に至っているのだが、そのほかの研究者でも、たとえば中国南西部の少数民族モソ人などを調査してきた遠藤耕太郎は、歌垣に理想的恋愛を仮想する点においては折口信夫の神婚論を、また「歌掛けが行われる場が農耕儀礼に関する祭の場であれば歌垣は豊饒予祝の機能をもつことになる」とみる点においては土橋寛の説を、また「市など境界的な場で行われれば村外の異性との婚約機能をもつことにもなる」と考える点では西郷信綱の説を、それぞれ是としている(15)。また、具体的なチワン族の場合について検討した手塚恵子も、これまでの歌垣論の系統を、折口の歌垣論、土橋の歌垣論そして西郷の歌垣論と並べたうえで、「チワン族のうたは、土橋の指摘したように呪術に結びついたものであり、西郷の分析したように異なる集団間でのみ交換されるものであり、折口の透視したように異界と交流するものでもあった」と、これまでの歌垣論は、中国の少数民族チワン族に当てはめた場合、いずれも該当すると述べる(16)。そうなると、結局、これを整理するには段階論しかないとも考えられる。

2　〈歌ことば〉としての妹と背

ここで、少数民族の場合でも、とりわけ神婚との関連を認めざるをえない傾向にあることについてとりあげたい。それは恋歌の表現における妹背、兄妹の呼称に関してである。

万葉集では、恋する男女が相手を妹《いも》と呼び背《せ》（兄）と呼ぶ。また、中国の白族《ペー》の歌掛けでもそれに相当する歌詞が歌われるし、さらに男が恋歌の相手の女性に向けて歌った、「私たちは同じ棚に生ったカボチャで、根は一つです」[17]といった採録歌詞は、まさに二人が妹背であることを望ましい関係として具体的に歌っている。元来、人間にとっては近親婚の禁忌となるべき「妹背」の呼称が、なぜ恋歌では血縁のない男女が親しみを込めてお互いを呼ぶときに使われているのか。これは以前から大きな疑問であったが、これについては古橋信孝の次のような解釈がおおかた支持されている。

「妹背」は神話における兄妹始祖や近親相姦の伝承に関係した語で、それが神の行為となれば聖婚（理想婚）を表わす。しかし現実の人間にとっては重大な禁忌となる。それなのに、このような呼称を恋歌であえて使うのは、聖婚が同母の妹背すなわち「いろ妹」と「いろ背」の間で行なわれるのに対して、それに近くまた少しずれた、禁忌とはならない異母妹背の関係を思わせての親しみであった。その点で近親相姦とはならない理想婚に近い呼称であったといえる。つまり始祖の起源である兄妹婚が理想婚と考えられたように、「妹兄は基本的に理想的な恋人として恋するときのいい方とかんがえてよい」[18]。

なるほど、たとえば万葉集・巻四には、始祖神話を志向するような次の恋歌がある。

大伴家持の坂上家の大嬢に贈れる歌

人も無き国もあらぬか我妹子《わぎもこ》とたづさひ行きて副《たぐ》ひて居らむ（七二八）

まったく仮定のことを詠んだものではあるが、これは『今昔物語集』巻二十六の「妹兄島」の話と同様の始祖神話に語られる情況そのものである。しかし、この歌は他の万葉恋歌と同じく「人目」を避けて二人の関係を秘密にしようとする恋歌一般の発想であり、恋歌にはそもそもそのような二人の世界を志向する性格がある、ということを意味している。つまりここには、兄妹始祖神話を志向するような意識の必然は、じつは無いともいえるだろう。

血縁の兄妹婚に関しては、古代日本の場合のことだが、兄妹始祖神話よりも顕著に語られるのが近親相姦の物語である。古事記、日本書紀に語られる木梨の軽の太子と軽の大郎女、二人の兄妹の禁忌の恋物語がそれであった。また相姦とは関係なく、兄妹の間に強いつながりがあったことは、古代のヒメ・ヒコ制や柳田国男の「妹の力」にみることができる。古事記・中巻のサホビコとサホビメの物語では、夫の垂仁天皇と兄のどちらに組みするかの選択を迫られたとき、サホビメは婚姻関係による擬制的なセ（夫＝垂仁）よりも血縁のセ（兄＝サホビコ）を選んだ。恋歌をうたう男は、この兄妹の強い紐帯から、妹である娘を引き離して、赤の他人である自分に意識を向かわせなければならないわけである。それゆえ、必然的に、血縁のイモ・セの呼称を使った擬制的な兄妹関係をふたりの間に作ろうとするのではないか。その意味において相手を「我妹子《わぎもこ》」と呼び、相手から「我が背《わせ》」と呼ばれることは、恋する男にとっては理想的な関係なのである。(19)

次の万葉歌の妹背山の妹背は同母の妹と兄である。

人ならば母が愛子《まなご》そあさもよし紀の川の辺《へ》の妹《いも》と背《せ》の山（巻七・一二〇九）

これに並ぶ次の歌、

我妹子《わぎもこ》に我《わ》が恋ひ行けば羨《とも》しくも並び居《を》るかも妹と背の山（同・一二一〇）

これは、恋人を「我妹子」と呼び、血縁の妹背のようなあり方にあこがれた歌である。

こうした歌に兄妹始祖神話の面影はほとんど感じられないけれども、同母の兄妹が男女の性的関係を結ぶことに対する禁忌の意識がそこに無かったとまではいえない。しかしそれにもかかわらず、万葉集にはじつに多くの相聞歌が「妹」「背」を詠んでいる。結局は、「親しみあいながらも性的に禁断されているイモ（妹）とセ（兄）という名をとりかわすことに、まさに相聞歌の遊び、ふざけ、よろこび、おののきはあったはずだ」[20]とみた西郷信綱のとらえ方が当たっているように思う。「私たちは同じ棚に生ったカボチャで、根は一つです」と歌うのも、近親婚の禁忌のすれすれのところで成り立つ恋歌の表現とみることができるのではないか。つまり西郷信綱がいったように「妹背」は和歌の表現における「詩的擬制」であり、〈歌ことば〉だとみるべきではないだろうか。

しかもまた、羈旅の歌においては「家なる妹」が旅する夫（セ）の身の上の安全を祈る歌がうたわれるが、そこにはセを霊的に守る「妹の力」にあやかる観念もあるのだろう。赤の他人であるひとりの男とひとりの女が、婚姻という社会的制度で結ばれることは可能である。しかし、恋歌のなかで妹・背と呼び合うのは、赤の他人同士が個人的に異性と結び付こうとする願望によっている。赤の他人同士の男女が親しい関係になろうとするとき、仮想的に取り得る一般的な関係は自分たちを血縁の妹背兄妹になぞらえることのほかに無いことも確かであろう。

万葉歌における妹背の表現の定着以前をわずかにうかがわせるのは東歌の相聞の世界である。すべて東歌となっている万葉集・巻十四は、雑歌・相聞・挽歌の基本的な分類になっているけれども、全二三〇首のうちそれぞれの歌数は、

雑歌二二首　相聞一九三首　譬喩歌一四首　挽歌一首

となっていて、相聞が圧倒的に多い。巻十四を除く万葉集全体の割合では相対的に雑歌が多く、相聞はその半分になっているのと対照的である。万葉集の雑歌が、朝廷や官人の公的行事に歌われたものであることからすれば、東国辺境の歌にそれが少ないのは当然ではあるが、この相聞の多さは一面において男女の歌掛けという和歌本来の姿を示しているのではないだろうか。

この東国相聞の世界をもう少し子細に見てゆくと、万葉の恋歌で一般的に用いられている呼称「妹背」についても特色があることが知れる。譬喩歌も恋の歌であるからこれを含めた東歌の相聞二〇七首のなかで相手の異性に対する呼称は次のように現われる。

妹二五首　背一六首　君一七首　児（子）三三首　汝（な）一九首

これに比べて、巻十四を除く万葉集で相聞に分類されている六八五首では、

妹一三〇首　背四一首　君一六三首　児（子）一四首　汝（な）三首

となる。(21)

万葉歌で一般的な「我妹子」の使用例も、巻十四の東歌では「我妹」を含めて三首しかない（ただし「我が背」は八首ある）。つまり東歌では、妹背の呼称よりも相手を「子《こ》」と呼び、「汝《な》」と呼ぶ例が相対的に多いのである。これは「妹背」の語が、決して素朴な歌垣の場で使われたものではないことを暗示しているのではないだろうか。東歌は、恋の相手を得ることが大きな目的だった歌垣の歌がそのまま載っているのではなく、五七五七七の定型和歌であることを考えれば、「妹背」の呼称はやはり和歌表現における〈歌ことば〉と考えるべきであろう。また、そうしたなかでも、「子」「汝」と歌う歌には、

あらたまの伎倍《きへ》の林に汝《な》を立てて行きかつましじ寝《い》を先立《さき》たね　（三三五三）
あしがりの崖《まま》の小菅《こすげ》の菅枕《すがまくら》あぜかまかさむ子《こ》ろせ手枕《たまくら》　（三三六九）
紫草《むらさき》は根をかも終《を》ふる人の子《こ》のうら愛《がな》しけを寝《ね》を終へなくに　（三五〇〇）
柵越《くへご》しに麦食《は》む小馬《こうま》のはつはつに相見《あひ》し子《こ》らしあやに愛《かな》しも　（三五三七）

など、直截的に性愛を歌う東歌らしい表現が特徴となっている。たとえば、夢で逢うなどの都びとふうの歌は、

しまらくは寝《ね》つつもあらむを夢《いめ》のみにもとな見えつつ我《あ》を哭《ね》し泣くる　（三四七一）

の一例しかない。しかも、これとても巻十三の、

今さらに恋ふとも君に逢はめやも寝る夜をおちず夢に見えこそ　（三二八三）

の歌のように、せめて夢に逢瀬を期待するというのではなく、実際に逢うことへ意識が向かっているのである。われわれが今に見る万葉集の東歌が、歌垣の歌ではないとしても、強く直接的に相手に向かって投げかけられる歌垣の場面にふさわしい呼び掛けの言葉が特徴となっている。「子」とか「汝」の使用例が多い東歌にも「妹」「背」と歌う恋歌はあるが、それらは官人の歌そしてまたその相手をした遊行女婦の歌であると思われる。

さらにこのイモ・セの呼称のうち都辺においては、「背」の語は「君」へと代わっていった。東歌でも「君」と詠む歌は二〇首ある。高野正美「社交歌としての恋歌」(22)では、妹背の「背」が、万葉の時代には急激に「君」

に代わってゆくことについて、次のように述べている。すなわち、「キミはもともと首長などの尊称であり、人間の序列化を基本として成り立っている階級社会の言語であった」から、「これは単に呼称の変化などという単純なことではなく、兄妹始祖に淵源するイモ・セの神話的関係の崩壊を告げるものであった」と。妹背もまた神話的な語ではなく〈歌ことば〉であることは既述のとおりであるが、妹《いも》―君《きみ》の呼称による恋歌は、律令制下の官人と遊行女婦を含めた女たちとの間に交わされた社交歌として広がり、一般化していった、と述べる高野正美説は当たっているだろう。

3　古代以前のヤマトに歌垣をさかのぼる

兄妹始祖神話を共有する地域は閉じた共同体であり、歌垣の男女関係がそれを規範にすると考えると、歌垣が行なわれた範囲も狭く閉じられた地域だったと考えないわけにはゆかなくなる。しかし、たとえば『常陸国風土記』に、筑波山の歌垣には、「坂より已東の諸国の男女」が集ったとあって、その記事からすれば、そこに多少の誇張はあっても、幾つもの共同体にまたがる広範囲の人々が筑波山の歌垣に参加したと考えるのが自然である。また、同じく『常陸国風土記』の香島郡の歌垣記事、童子女松原（童子松原）の伝説でも、歌垣に参加した那賀の寒田の郎子と海上の安是の嬢子とは距離にしてほぼ二〇キロメートルも離れた土地に住んでいたし、那賀と海上もそれぞれの国造が支配する異なる共同体と考えていいであろう。雲南省の少数民族の場合も、かなり遠くから集まってくることはこれまでの調査で知られている。（筆者が確認した甘粛省岷県の花儿会の例では、岷県のとなりの宕昌県の新寨村でも、二郎山の花儿会の当日には村の若い人はほとんど二郎山に出かけていて、村には年寄りと子どもしかいないとのことだった。この新寨村と二郎山とは三〇キロメートルも離れている。ただし、これも現代の事例ではあるが。）

また恋歌における「妹背」の呼称についても、万葉集の東歌をみるかぎり、畿内貴族の和歌世界から遠く離れた東国辺境の恋歌では使用の頻度が相対的に低く、むしろ児《こ》（子）とか汝《な》と呼び掛ける歌が目立っていることは、古代日本の和歌文芸を形成しはじめた都周辺の歌垣とは違った歌垣のあり方が東国辺境には残っていたことを思わせる。『常陸国風土記』の香島郡の記事にウタガキを「燿歌之会」と書いてカガヒとも言うとあり、また万葉集・巻九の高橋虫麻呂の筑波山の歌垣を詠んだ歌（一七五九〜六〇番）には「燿歌は東の俗語にカガヒといふ」と注する。この漢語については、『文選』巻六の「魏都賦」に、巴人の野蛮な風俗の一つとして、「明発而燿歌」、すなわち夜明けまで燿歌することだとあり、李善注では、「蜀記」を引いて「燿は謳歌、巴の土人の歌なり」と注し、また「何晏曰く」として、「巴の人は謳歌して相引牽し手を連ねて跳歌するなり」とある。ちなみに巴は今の重慶のあたりというから長江流域に当たる。そのような歌をうたう集いが「燿歌会」と書いて歌垣という習俗の意味になる。ここから知れるように、常陸国の民衆がうたう歌は、その歌詞を含めて都の和歌とは違っていたのである。すなわち、「香島郡や筑波の山の行事の表記にこの語を用いた風土記編輯者や虫麻呂に、それが辺境の奇妙な風習であるという意識があったことは間違いないであろう(23)」。ただし、歌垣そのものは都辺にも行なわれていたし、日本書紀の天智紀の歌謡に、「打橋《うちはし》の　集楽《つめ》の遊びに　出《い》でませ子　玉手の家の　八重子の刀自《とじ》……」と、主婦（家刀自）を歌垣に誘う歌があり、また万葉集の巻十六の、「住吉《すみのえ》の小集楽《をつめ》に出でて現《うつつ》にも己妻《おのづま》すらを鏡と見つも」（三八〇八）という歌は、里の男女が野外につどって野遊びをしたときの歌垣に夫婦で参加した男の歌らしいから、虫麻呂が歌った「人妻に我も交らむ我が妻に人も言問へ」という風俗も東国の奇妙な風俗ではなく、すでに過去のものとなっていた風俗であろう。しかもまた、妹背のロマンをうたう歌と違って、前述のように東国には次のような直接的な肉体関係を指向する歌がうたわれていた。

人妻とあぜかそを言はむしからばか隣《となり》の衣《きぬ》を借りて着なはも　（三四七二）
安可見山《あかみやま》草根刈り除《そ》け逢はすがへ争ふ妹しあやに愛《かな》しも　（三四七九）
麻苧《あさを》らを麻笥《をけ》にふすさに績《う》まずとも明日《あす》着せさめやいざせ小床《をどこ》に　（三四八四）
子持山若《こもちやまわか》かへるでのもみつまで寝《ね》もと我《わ》は思ふ汝《な》はあどか思《も》ふ　（三四九四）

など、これら「我々を歌い手の心情の深奥へ誘い込」むことのない、つまり「歌い手の主情に求心的に収束しない歌いぶりや内容は……万葉の一般の恋の歌とは決定的に異なる表現の質を持つ、と言わねばならない」[24]。そこにはいわば「歌の原生的な情熱」があり、都ぶりの和歌を詠む高橋虫麻呂の関心は、筑波山に残っていた、より古い素朴な歌垣に対してであると思われる。彼の長歌の右注では自ら歌垣に参加したように書かれているが、虫麻呂が現地の人間ならばともかく、都で育った者となれば、とつぜんその地の歌掛けに参加することは無理だったはずである。

　歌垣の習俗が、神を迎える素朴な村落共同体から自然発生した始原的な祝祭の一環であった、とは考えられない。筑波山に残った歌垣がいかなるものであったかは、恐らく『魏志』の「倭人伝」にいうところの倭国（ヤマト）

の時代までさかのぼって、日本の古代文化の基層から考える必要があるだろう。たとえば東国の辺境を、畿内から遅れた地域としてのみ見るのではなく、西から移住したヤマト民族が東北の異民族と接する先端の地域だという見方もありうる。

そう考えるとあまりにも大風呂敷を広げることになるけれども、その点、力づけられるのは、「日本古代文化の基層という場合、少なく見積もっても縄文時代、弥生時代、古墳時代の、約一万数千年間を視野に入れる必要がある。どれほど少なく見積もっても、水田稲作技術が伝わった縄文晩期から弥生時代を経て古墳時代末に至る約一千年間くらいは視野に入れなければならない」という工藤隆の言葉である。(25) ただし彼は、その時間差を越えるためには東アジア、とりわけ日本列島のヤマト民族と交流があると考えられる中国長江以南の諸民族の文化圏に注目する必要があるとするのだが、その調査から知りうることも、じつは近・現代の情況であり、その時代差はいかんともしようがなく、けっきょくは想像によって推論を重ねてゆくしかない。

4　村落共同体と外部世界

ところで日本の村落の閉鎖性には根強いものがあった。そのことは、しばしば語られてきた。近代のことではあるが、佐渡では、「そのころの風習として、若い衆は、村の娘が他村の者との交際を厳重に監視していた」(26)といわれ、琉球宮古島辺の習俗については、「かの地では近代まで、大体僻遠ほど、各部落内では家関係の拘束なしに男女間で自由に通婚し得たが、異部落間の通婚には大きな障碍があって難渋不自由を極めた。……夜間密通に来た他部落の男を取り押へ、若者連がよってたかってとげのある葉やつるをまきつけた棒などにつりあげ、宇内を引きまはしたあげく、水の中に投げなどして半死半生の目にあはせた(27)」とも報告されている。こうした閉鎖性は、日本書紀の大化二年の条に、「役《つか》はるる民有りて、路頭に炊《かし》ぎ飯《は》む。是に於いて、路頭の家すなはち謂《いひ》て曰く、『何の故か、情の任《まま》に飯を余が路《あたり》に炊ぐ』と、強《あなが》ちに祓除《はらへ》せしむ」とある記事を見ると、古代までさかのぼると思われる。

万葉集の「草を詠む」と題された巻七の歌、

妹《いも》らがり我《わ》が通ひ路《ぢ》の細竹《しの》すすき我れし通へば靡《なび》け細竹原《しのはら》（一一二一）

これは村落生活での村外へ通う男の歌ではない。語感からして都びとの歌であろう。古代都市のほんのわずかの距離であっても、今とは違って細竹《しの》ススキの道があったことは想像に難くないし、そこを通って行くのが風流なのである。また巻十二の、

他国《ひとくに》によばいに行きて太刀《たち》が緒《を》もいまだ解かねばさ夜ぞ明けにける　（二九〇六）

の歌も、八千矛の神が高志国の沼河比売に求婚した神話による歌と考えられるから、これもまた村外者との婚姻が自由であった証拠にはならない。

しかし全般的にいえば、原始古代であっても、村落共同体だけでは現実の生活は成り立たなかった。じっさいに縄文時代から遠隔地の集落との交易が行なわれている。『魏志』「倭人伝」に「国国有市、交易有無。使大倭監

之。」（国々に市有りて、有無を交易す。大倭を使はして之を監せしむ。）とあって弥生時代後期には小国家それぞれに市が有った。ただし「使大倭監之」とあることから、邪馬台国の監督のもとに、その配下にある諸国が海運を通じて朝鮮半島諸地域と行なった外国交易、および配下の諸国間の交易のことであるとする水野祐の説(28)がある。『魏志』「倭人伝」の市はそうであろう。しかし、自給自足の生活が中心だった民衆もまた古くからそれぞれの地域の「有無」を融通し合って交易をしてきたことは、地域を越えた考古学的遺物の流通の広がりから見て言うまでもない。

中国少数民族の歌垣調査をする研究者たちは、市と交易から説く西郷信綱の歌垣論をそれほど重視しない傾向にある。雲南省白族自治州洱源県の西山地区の歌垣を調査した岡部隆志は、その地域に住むほとんど同じ文化を持つ白族《ぺー》であっても、歌の旋律が違えば歌掛けはしないし、また通婚圏にもなっていないことから、西郷信綱等の歌垣論は再検討が必要だと説く(29)。また手塚恵子は、チワン族の調査事例から、物品の交換が行なわれる市は、共同体の外側の他の共同体と接触するところに開かれ、そこでは物品だけでなく歌垣における男女の歌も交わされたと考える西郷信綱説は、「地域や民族を超えて有効である」が、しかし「その外部の外延はどこまでも伸びていくものではなく」、やはり「ある範囲」のうちにあり、そのなかでのみ歌の掛け合いは可能で、その範囲は通婚圏などの、いうならば「別の形の共同体を形成している」地域であるという(30)。歌の掛け合いは、おのずから通婚圏のようなある範囲でのみ行なわれるということは理解できるが、しかしまた手塚恵子は、広西壮族自治区のチワン族の場合、歌の掛け合いは直接的には結婚に結びついてはいないし、また特別な儀礼も行なわれない(31)とも報告している。つまり、結婚に結びつかない例があるならば通婚圏は問題にならないとも言えるのではないか。

チワン族の事例で、手塚恵子がいうところの通婚圏とは、広西壮族自治区の武鳴県東部地域人口20万余人の地域を指している[32]ことからすれば村落共同体を遙かに越えた圏域でもある。高橋虫麻呂の筑波山の歌垣の歌に「人妻」の参加が詠まれるのはそうした（通婚圏とは無関係な）一例と考えられ、それが坂の東の諸国から大勢参加した事実とも一致する。

ただし『常陸国風土記』の筑波山の歌垣記事にある「筑波峯《つくはね》の会《つどひ》に娉《つまどひ》の財《たから》を得ざれば、児女《こ》とせず」の諺によれば、工藤隆がいう「結婚という実用的な目的を持つ即興的な掛け合い」がもっとも原型的な歌垣だったかも知れない。本書第七章の〔資料7〕雲南省白族対歌演唱歌詞例の、単なる歌友だちによる歌掛けや、甘粛省岷県の花儿会の既婚者たちによる歌掛けなどは、この原型から離れた後世の「歌掛け遊び」の様態であるかも知れない。しかし、どんなに歴史をさかのぼっても、男女が集って恋歌を交わす場では、伴侶を得るという実用的な目的のほかに「歌掛け遊び」が行なわれることは自然ではなかっただろうか。たとえば卑近な比喩で言えば、同じ米から飯を炊き、また腹の足しにならない酒を醸すように、つまり柳田国男が、「人が生命をつなぎ養って行くための食物と、人のよろこび楽しみを深くするための食物と、二つははじめから二通りのものであったかと、わたしなどは考えている」（『母の手毬歌』）と述べたようにである。たとい歌掛けの遊びであっても、否、歌掛けの遊びであれば、既婚者が参加することも可能になり、歌掛けする男女は日常ではできない村外の者とのしばしの恋愛を楽しむことが可能になる。（ただしここでの結婚を、婚姻制度としてではなく肉体関係を結ぶこととすれば話は少し別になる。）

推測ではあるが、「人妻」の参加は、筑波山の歌垣だけが例外であったわけではなく、より原生的な歌垣では普通にあったことと思われる。それは村落共同体と異和の問題からも言えるのではないだろうか。いつの時代、いつの社会でも、人類が歴史のある段階で共同体を形成して以来、その内部には必然的に人間関係の矛盾対立を抱え込まざるを得なかった。どんなに平和な共同体においても、具体的な個人と個人は利害対立を起こす可能性を持っているからである。たとえば相思相愛の一対の男女の場合でも、ふたりは共同体の他の構成員に対して、彼等の関係の強さに見合った排他性を持たざるをえないだろう。万葉の昔から恋歌は人目や人の噂といった障害物を歌うものだった。我々の社会は常に人間関係の矛盾対立、即ち異和を抱え込まざるを得なかった。いわゆる神婚との関係から考えて、たとえば始祖神の結婚は理想的な結び付きと考えられても、共同体の構成員の恋愛は（近親婚ではない通常の場合でも）その排他性ゆえに反共同体的な要素を持つ。また具体的な構成員は反共同体的な排他性を持たなければ理想の恋愛はできない。個人の反共同体的要素は、共同体の成立した未開社会からずっと大なり小なり構成員のだれもが抱えていた問題である。

万葉集・巻十四の東歌に、

ま遠くの野にも逢はなむ心なく里のみ中に逢へる背なかも　（三四六三）

という歌がある。また、『常陸国風土記』の歌の、

筑波嶺《つくはね》に逢《あ》はむと言ひし子は誰《た》が言《こと》聞けばか嶺逢《みねあ》はずけむ

という男も、里の真ん中では人目があるからわざわざ筑波山の歌垣で逢おうと娘に約束したのであろう。このよ

うに村内の男女であっても人目を避ける意識に、共同体と対立する男女関係をみることができるだろう。中国甘粛省の花儿にも駆け落ちしようと歌う例があるし、また都びとの大伴家持の歌とはいえ、「人も無き国もあらぬか我妹子とたづさひ行きて副ひて居らむ」（七二八）という、先に引用した万葉集の歌もあった。恋する男女の結びつきが強いほど、兄妹の理想婚を歌垣で反復するのではなく、むしろ自分たちの結びつきを理想化して彼ら自身が新たな始祖となって村建てする幻想へと傾くだろう。

恋する者が「人目」を気にする万葉歌については、かつて村内婚の習俗との関連で捉えようとする説があった。高野正美は、「この種の万葉歌の多くは村落の段階を離れたところで成立っているのではないかと思われる。村落と外部との接触、交流が深まった時点でこれらの問題は先鋭化したのではなかろうか。人目、人言等の抒情が東国圏には少なく、逆に近畿圏の作者未詳歌に多いという事実はそれを暗示していよう」(33)と述べた。彼は、村内婚の習俗に端を発した人目・人言の抒情は、藤原京など都への人々の移動集住という社会変動のなかでも恋の障害として詠まれ続けていったとする。

たしかに万葉集のころは大和朝廷の中央集権化による畿内への人々の移動集住の時代であったし、それによる歌の表現の変化は考えられるが、しかしそれ以前の日本列島が村落共同体的社会であり、ようやく七世紀ごろから急激に「村落と外部との接触、交流が深まった」時代だったとみていいだろうか。古墳時代には畿内だけでなく、九州、吉備、上毛野など列島の各地に大きな前方後円墳が築造されていて、各地に小国家が形成されていた。そこではすでに村落共同体を越えた人々の接触交流が必然のこととして考えられる。

少なくとも、歌垣は以下に述べるように広域な人々の接触交流によって成り立つ行事であったし、同じく後述するように東国の歌に人目、人言を恋の障害として詠む歌が少ないのも、それが歌垣の歌の世界と近い関係にあったからで、歌垣においては歌い手を取り囲む人々の目のまさに真ん中で歌が歌われるのである。

5　渡来民の歴史

歴史をさかのぼれば、日本列島において歌垣はいつから始まったのであろうか。少なくとも縄文時代人の習俗ではなかったと思われる。狩猟・漁撈・採集を生活の基盤として、かなり広域に分散居住し、言語もまた後の倭歌の表現をになった日本語祖語との連続性を確認できない縄文時代人の習俗としては、歌垣は想像しがたいところがある。工藤隆「声の神話と文字の神話—古層モデルで古事記を読む」(34)は、日本列島の古代以前のヤマト民族の文化を知るためには、「日本列島に伝わった水田稲作の源となったと思われる長江の南部・西部に居住してきた民族」との間の共通点、雑穀栽培の農耕を生業とし、より厳密には水田稲作を生業とする定住民族であることや、母音で終わる語尾そのほか何らかの点で言語的に共通する部分をもつことなどの共通点を手がかりにすべきだと説く。一般に受け容れられる考え方としては、現在も歌垣の習俗が残っている、広く言って中国南部の少数民族との、農耕民族としての共通性をもつ弥生時代人の習俗であったとみていいだろう。

今日では、かつて日本列島に住んでいた人々は、大陸方面からいくつかのルートで渡って来た渡来人であったことが知られている。斎藤成也は、日本人が成立する以前、旧石器時代から縄文時代にかけてこの弧状列島に渡ってきて居住していた人々を、島尾敏雄の提唱にしたがってヤポネシア人と呼んだ。[35] そこへ弥生時代以降の渡来人が新たに入ってきて混血し、日本列島の中心部に広がったが、列島の北と南には古いヤポネシア人の形質が残されたという「二重構造モデル」は、遺伝学上の研究結果でも有効であり定説であるという。この弥生時代以降の、列島の人口の大多数を形成した渡来民がすなわちヤマト人であると述べて、「二重構造モデル」にもとづきながら、次のような「ヤポネシアへの三段階渡来モデル」を提唱している。

第一段階（第一波の渡来民）　旧石器時代から縄文時代

ユーラシアのさまざまな地域からヤポネシア全域へ渡来してきた人々の時代。

第二段階（第二派の渡来民）　縄文時代後期から晩期にかけて（紀元前二四〇〇年〜紀元前一〇〇〇年頃）

朝鮮半島、遼東半島、山東半島に囲まれた沿岸部周辺の「海の民」が、西日本の中央部に渡来し、第一派の渡来民の子孫と混血しながら、九州北部から西日本の中央部にかけて人口を増やしていった時代。

第三段階（第三派の渡来民）

前半　弥生時代（紀元前一〇〇〇年〜紀元三〇〇年頃）

朝鮮半島を中心とするユーラシアから、水田稲作の技術をもった渡来民が、九州北部から西日本の列島中央部の中心軸にそって東へ居住域を拡大し、急激に人口を増やしていった時代。[36]

後半　古墳時代以降（紀元三〇〇年〜現代）

引き続き朝鮮半島を中心とするユーラシアから渡来民が移住し、また現在の上海周辺にあたる地域からも少数ながら渡来民が来るようになった時代。

（以上、斎藤成也著『核ＤＮＡ解析でたどる日本人の源流』より）

斎藤成也によればアイヌ人は、古墳時代に大部分が北海道へ移った東北地方における第一派の渡来民の子孫が、北海道北部に渡来したオホーツク文化人との遺伝子的交流によって形成されたものであり、またオキナワ人はグスク時代前後に、九州南部あたりから第二派の渡来民のゲノムをおもに受け継いだヤマト人の集団が多数移住し、さらに江戸時代には第三派の渡来民も加わって形成されたものだという。

そこで、弥生時代以降、九州北部から西日本の列島中央部の中心軸にそって東へ居住域を拡大し、急激に人口を増やして、列島の人口の大多数を形成した渡来民がヤマト人だという斎藤説に立ち、その人々の末裔が生み出した歌集万葉集に歌垣の痕跡が残っていることを考えれば、歌垣の習俗は第三派前半の渡来民の文化だと推測することができる。この渡来民に続く時代に渡来した第三派後半の高度な文明を持った渡来民によって、ヤマト人の国家連合の形成が推進され、古墳時代が到来することになる。しかし、たとえば西日本の、列島中央部の中心軸から外側にずれると、第三派の渡来民およびその子孫との混血は少なく、第二派の渡来民のＤＮＡがより濃く残っているという。その人々は、第一波の縄文系渡来民と混血してゆるやかに人口を増やしていった人々で、縄文系の遺伝子を多く残した人々であったろう。つまりこの弧状列島に住む倭国の人々は、文化的に均質な人々ではなかったのである。

たとえば東国ではどうであったか。篠田謙一によれば、東京都日野市と三鷹市の横穴墓群から出土した七世紀の人骨のミトコンドリアＤＮＡの示すところによれば渡来系弥生人よりも在来の縄文系の割合が多いことが分かったという。ただし、データ数は九体しかなくこれによって関東地方全体の情況を知るには無理があるともいうが、おおまかにいえることは、「七世紀の関東地方には渡来系弥生人の遺伝的な影響が強く伝わっているわけではなく、在来の縄文系の人びとが主体をなしていたことを示しているようにも思えます[39]」と述べている。

6　民族接触による歌掛けの発生説

だいぶ過去の学者であるが、高野辰之は、奈良時代まで歌垣が廃せられなかったのは、たんに求婚逞恋（「逞恋」は異性と奔放な恋愛をする意）のためだけでなく、「他に多くの価値を有するが為」だったのではあるまいかと考えて、そのひとつに異民族との接触における衝突の緩衝材の役割があったと推定した。すなわち、「按ずるに、上代天孫人種の東進は常陸が終点であつた。即ち筑波嶺あたりが東北土民と天孫人種との接触地点であつた。闘諍は此処に絶えず起るべきであつたが、此の逞恋の為に解放された歌垣が、両人種の間に、現代の吾人には理解出来ない程の調和作業であつたことが想像される。又大和の海石榴市の歌垣も、古くは天孫人種と土着民、後には三韓や漢からの帰化人種と我が在来のものと、又肥前の杵島岳の歌垣は熊襲と天孫人種との間の融和剤として重要なものであつたのではあるまいか[40]」と述べた。また、松村武雄はその著『神話学論考』（一九二九年）の「日本神話と民族文化」の項において、この高野辰之の説に賛同して、異民族との通婚を語る神話との関係から考えれば、「相異なる社会集団の接触を平滑にする手段の説話化として、吾人の注意をひくものに、また歌垣、嬥歌《かがひ》がある……これが社会的使命として、先づ考へられるのは、歌垣、嬥歌が物資交換の市場の役をつとめたであらうといふ（ふ）或る一派の学徒の解釈以外に、社会的秩序の保持に少なからぬ役割を演じたらしいといふことである」（二六五頁）と述べ、「低い文化階層に於て、異人種が相接触した場合、歌舞が感情融和の機関となることは、自然民族の間にその事例が乏しくない。異なる二つの種族の交通に於ては隠れたる要件として、若い女と音楽とが参与してゐたかと思ふと云はれた柳田国男氏の言説は、実に含蓄に富んだ言葉でなくてはならぬ。かくて高野辰之博士が、この行事を目して、天孫系民族と他の先住異民族との間の人種的感情融和の手段ではなかつたらうかとなした推断には、大きな蓋然性率が含まれてゐると思ふ」（二六六頁）と述べた。

「天孫人種」とか「天孫系民族」という今日では死語になった言葉が使われているけれども、歌垣が古代原始の日本列島の先住異民族と新渡来民との間の接触交流の役割を果たしたという見方には興味を引かれる。もちろん、その民族間に共通の言語があっての話ではあるが、先の章で述べた中国甘粛省の〈花儿会〉はそのような異民族間の交流にもなっているからである。右の高野・松村説は古事記や日本神話にもとづいたきわめて漠然としたものではあるが、一面においては、文献に顕著に残る古代の歌垣習俗の地域すなわち常陸の筑波山と肥前の杵島岳が、大和朝廷の勢力範囲の東端と西端である事実と、先の日本列島の住人の「二重構造モデル」とがぴったり一致するのである。いやまた都城に近い大和の海石榴市の場合であっても、そう遠くない山地に吉野国栖といった異民族もいたのである。

松村武雄は、さらにそのような観点に立てば、「嬥歌《かがひ》が最も盛んに行はれたらしい地方は常陸であり、而して古代天孫系民族の東進の終点が同じく常陸であつたらしく、従つて筑波山地方が、この民族と蝦夷人との接触地点でなくてはならぬといふことを併せ考へると、同博士の言説が太だ意味深くなつて来る」（同上）とも指摘した。しかもまた、現代の遺伝子研究によって日本列島の渡来人を論じる斎藤成也までが、古代の日本神話が西暦ゼロ年頃を象徴すると見れば、「日本神話に登場する国津神と天津神は、それぞれ第二段階と第三段階の渡来人の象徴的呼び方であるといえるのではなかろうか」(41)とも言っている。斎藤成也説では、弥生時代に朝鮮半島を中心とするユーラシアから水田稲作技術を持った第三派の渡来民が、九州北部から西日本の列島中央部の中心軸にそって東へ居住域を拡大していった、というものであった。一方でまた、篠田謙一の前掲書によれば、それより時代は下って、万葉集の東歌の時代を少しさかのぼった七世紀ごろの関東地方では、縄文系と弥生系の人々が同じ地域で混血しつつ共存していたらしいという。ただしまた縄文系の遺伝子を持つ人々の割合が弥生系よりも高いようだというから、七世紀であっても、東国は第三派渡来民が進出した東端であり続けている。（ここでの縄文系については、とりあえず斎藤成也説の第二派渡来民が先住民の第一派渡来民と混血した子孫と理解しておきたい。）

篠田謙一はまた、弥生時代の稲作農耕民の渡来移住も、かなり長い間にゆるやかに行なわれたものであり（上記の斎藤成也によれば紀元前一〇〇〇年～紀元三〇〇年頃の一三〇〇年間）、縄文的な生業を持つ人々の集団と農耕主体の渡来系集団は長期間にわたって列島内部で並立していた可能性があり、それらの集団の融合は、争いをともなったものではなく、自然なかたちで行なわれた、とも述べている。これは斎藤成也説によれば、第一派と混血した第二派渡来民と、第三派前半の弥生系渡来民との融合についてのことになるだろう。なお、第二派の渡来民は、斎藤によればすでに稲作農耕を持ち込んだ可能性もあるというから、第一派と混血して狩猟採集のほかに稲作を含む畑作の雑穀農耕も行なう縄文系の人々を形成した可能性があり、第三派弥生系渡来民とは農耕文化という点での共通性があった可能性がある。

民族接触や交流ということになれば、この段階の話にはなろうが、じつは縄文系と弥生系の二つの民族の間で歌垣が行なわれた事実を確認するすべはない。

第三派前半の渡来民によって急激に人口が増えた時代の末期、邪馬台国の時代に近くなると、日本列島は対立抗争の時代となり、さらに第三派後半の渡来民の移入によって吉備・上毛野などの地域国家形成の時代となる。これが古墳時代である。ふたたび考古学に学ぶと、弥生時代末期以降、初期大和政権の政治力によって、日本列島西部から東国への短期間の人々の移住が、発掘された土器の研究から明確に確認されている。すなわち古墳時代初頭の関東には、東海系土器、北陸系土器が出土するという考古学的現象があり、この「非在地系土器の検討から、弥生時代末から古墳時代の初頭にかけて、東海地方西部をはじめとして、畿内、北陸、山陰地方からかなりの人が関東地方に移動・移住していることが判明した」[42]。そのようにして、東国には移住者の村々ができていった。発掘によって確かめられた具体的な村の遺跡として、高橋一夫は、千葉県柏市戸張一番割遺跡、同市原市南中台遺跡、東京都北区赤羽台遺跡、同北区豊島馬場遺跡、神奈川県綾瀬市神崎遺跡、茨城県野方台遺跡などをあげている[43]。こうした移住者のなかには「低地の開発を得意とした」人々もいたということから、東国への移住者は第三派前半の渡来民（もちろん水田稲作農業の技術を持ちながらそれ以前の住民と混血して生まれた子孫を含む）であった可能性が高い。この時期における、列島の西から東国への人々の移住について、高橋一夫は「かつて、これほど短期間での集団移動や移住はなかった。いずれにせよ、古墳時代という新しい時代に向けてダイナミックな動きがあったことだけは確実である。そして、時代を問わず移住した人々は在地の人びとと融合し在地化していった」（同上書）とも述べている。

また日本神話の話になるが、古事記・日本書紀に語られるヤマトタケルの東征物語には現地勢力を征服するための本格的な戦争場面がないことから、そこには「近畿・東海の人びとがくり返した移住の体験をもとにした可能性もある」[44]と言えるかも知れない。前述のように、七世紀ごろの関東地方でも、縄文系と弥生系の人々が同じ地域に、場合によっては同一地域で混血しつつ共存していたらしい。

そうすると東国に歌垣の習俗をもたらしたのは弥生系のこの人々であったのだろうか。九州北部から東漸してゆく弥生文化を担ったであろう顕著な集団に、環濠集落を形成した人々がいる。彼らの「直接的な祖形としては韓国南部地域を源流とする」[45]という。彼らもまた弥生人であった。これについては、「弥生時代の諸集団の中には環濠集落を軸として成立する集団と、環濠を営まない集団とが並存していたものの、環濠集落を営んだ集団はむしろ少数派を占めるものであったと評価することができる。農耕文化が定着する過程では各地へ各小集団が拡散や移動を行ったと考えられるが、それぞれの集団には様々な系統や文化的背景が存在して」[46]いたと考えられることから、弥生系もまた単一の地域から渡来した人々ではなかった。

大まかに言えば、歌垣の習俗は第三派前半の渡来民の文化だと考えられるが、その渡来民が多様な由来であったことは、歌垣の習俗がそのうちの一部の渡来民がもたらした習俗であったことを思わせる[47]。そして、環濠集落の研究から、藤原哲が、「日本列島の弥生社会では農耕文化そのものを受け入れない地域、農耕文化と環濠集落の両方を受け入れる地域、農耕文化は受け入れても環濠集落を受け入れない地域など、様々な地域差が想定できた」[48]と述べているように、列島社会の文化は一律ではなかったのであり、歌垣の習俗もすべての地域で行なわれたものではなかったと考えられる[49]。

7　筑波山の歌垣と市

歌垣に参加する人々は、まず第一に言語が共通でなければならない。古代以前の言語はどのようなものか、かろうじてうかがえるのは古墳時代初期の西暦三世紀、邪馬台国の時代の言語であろう。第三派前半の急激な人口増加を考えればヤマト人（倭人）の言語はこの期の渡来人がもたらし、かつそれ以前の渡来民と交流しながら形成されていったと考えられる。しかもその期に朝鮮半島およびユーラシアから渡来した弥生系渡来民の由来は単一ではなかった。長田夏樹は、「おそらく稲作技術を含む新しい文化を携えた人々によって、日本列島に日本語[50]ないし倭語がもたらされた時点において、すでに日本語には方言の相違があった[51]」だろうと推測した。また、「倭人伝中の固有名詞と官名を検討すると、原則として語頭に濁音とr音が立たないとか、子音＋母音の開音節であるとか、言語学的にみて日本語の特徴と思われる要素をかねそなえていることがわかる。つまり邪馬台連合諸国では、今日とはかなり相違があるものの、日本語の原形が話されていたと考えて誤りないのである[52]」とも述べた。安本美典も、『魏志』の「倭人語」がかなりの程度「万葉仮名の読み方」で解読できるという。また「邪馬台《やまと》」の用字は、「ト」の甲類乙類の違いを含めて、記紀万葉の時代のヤマトと同一発音だともいう[53]。

古代日本語形成以前の倭語の段階では、各地に大きな差のある方言が存在したであろうけれども、ある範囲の地域ではそれぞれに共通の倭語方言が話されていた。万葉集の時代の東国方言もそうした倭語の方言の一つであろう。関東地方には、弥生時代末から古墳時代の初頭にかけて、短期間での集団移動や移住が行なわれたと考古学者が推測していることは既述のとおりである。また七世紀ごろであっても、関東地方では縄文系と弥生系の人々が同じ地域に共存あるいは混血して暮らしていたらしいことも既述のとおりである。それらの多様な人々のうちに、共通の言葉として倭語方言が定着していたのではないか。また東国は大和朝廷の勢力の東漸の果てであり、異文化と接する地域であった。移住者が異文化と接するところ、そのような地域においては物資の交易も盛んに行なわれたと思われる。

筑波山の歌垣はそのような人文地理的条件のもとに行なわれていた。そうとすれば、その行事は閉じた村落共同体のものではなく、それとは別の形態があったと考えられる。そして人々が集う場は、何かの祭礼ではなく、交易を目的とした市《いち》を想定するのがもっとも自然であるように思う。

『常陸国風土記』では「筑波峯《つくはね》の会《つどひ》」を次のように記す。

筑波《つくは》の岳《やま》は、往《ゆ》き集《つど》ひて歌ひ舞ひ飲《さけの》み喫《ものくら》ふこと、今に至るまで絶えず。（以下略す）

夫《そ》れ筑波の岳《やま》は、高く雲に秀《ひい》でにたり。最頂《いただき》の西の峰は崢嶸《さが》しく、雄《を》の神と謂《い》ひて登臨《のぼ》らしめず。但《ただ》、東の峰は四方《よも》に磐石《いはほ》あれども、升陟《のぼ》るひと坱圠《かぎりな》し。その側の流るる泉《いづみ》は、冬も夏も絶えず。坂《さか》より已東《ひむがし》の諸国の男も女も、春の花の開く時、秋の葉の黄《もみ》たむ節《をり》に、相携《たづさ》ひ駢闐《つらな》り、飲食《をしもの》を齎賚《もちき》て、騎《うま》より歩《かち》より登臨《のぼ》り、遊楽《たの》しみ栖遅《いこ》ふ。その唱《うた》に曰はく、

筑波嶺《つくはね》に　逢はむと　言ひし子は　誰《た》が言《こと》聞けばか　嶺逢《みねあ》はずけむ

筑波嶺に　廬《いほ》りて　妻《つま》なしに　我《わ》が寝《ね》む夜《よ》ろは　はやも明けぬかも

詠《うた》へる歌甚多《いとさは》にして載筆《の》するに勝《た》へず。俗《くにひと》の諺《ことわざ》に云《い》へらく、筑波峰の会《つどひ》に、娉《つまどひ》の財《たから》を得ざれば、＊児女と

為《せ》ずといへり。

＊末尾の「児女」は二字でコと読まれているが、「ヲトコ・ヲトメ」と読むべきだという西郷信綱の説もあり、ムスコ、ムスメ両方の意味がある。）

「筑波峰の会」も、すべての事象を神によって説明しようとする古代的思惟から語られることが多いのだが、春秋の二季に関東一円の男女が飲食を持参して示し合わせてやって来て、筑波山に登り、歌い舞い、飲んだり食ったりして楽しく過ごすとあって、この行事が人々の遊楽を中心とした飲食・歌舞・恋愛にあったことが強調されている。その要素は土橋寛説の農耕予祝儀礼と矛盾するものではないけれども、村落共同体の歌垣が展開した第二段階の、広い地域で信仰の対象となる高山が出現したことによる変化形態とみるには、今まで検討してきた東国の新開地性を考えると無理ではないだろうか。

同じく『常陸国風土記』の久慈郡には、次のような記事もある。

高市《たけち》と称《い》へるあり。此より東北のかた二里に、密筑《みつき》の里あり。村の中の浄き泉を、俗《くにひと》、大井《おほゐ》と謂ふ。夏は冷《すず》しくして冬は温かく、湧き流れて川と成る。夏の暑き時には、遠迩《をちこち》の郷里《むらざと》より、酒と肴とを齎賫《もちき》て、男も女も会集《つど》ひ、休《いこ》ひ遊び飲み楽しめり。

これは西郷信綱が市と歌垣の関係で注意した記事で、「この「男女集会」が歌垣であるらしいとの見当はつく。とくに「遠近の郷里」からとあるのを見逃すべきではない」(54)と指摘したとろである。『常陸国風土記』は、右の記事に続けて、この地は、東南は海浜に望み、西北は山野を帯びて、それぞれに物産の豊かな土地であることを記す。これは海の民と山の民との交易を示唆する記事であり、また「高市」とある地名にも市の立つ小高い丘の意味があるのだろう。そして、市の立つ場所と歌垣をする場所とは少し離れているが、『釈日本紀』（巻十三）の注に引用する摂津国風土記の歌垣山の記事、「摂津国風土記曰、雄伴郡波比具利岡。此岡西有二歌垣山一。昔者、男女集二登此上一、常為二歌垣一。因以為レ名。」（同巻十三）でも、波比具利岡《はひぐりのおか》とは離れたところが歌垣を行なった山であった。その丘に市が立ったかどうかは不明であるが、丘があってその丘の近くで歌垣が行なわれている点は、筑波山にも当てはまりそうである。筑波山でも山麓の筑波山神社のあるあたりは丘といってよい地形になっている。歌好きの男女は歌を掛け合うために、遠い道のりを厭わず遠くから集まるだろうが、中には歌えない者もとうぜんいたはずである。村落共同体を越えて遠近の村々から集まる男女の目的は、歌垣よりも第一に生活に密着した市での交易のためだったと考えるのがもっとも自然であろう。

　万葉集巻九、高橋連虫麻呂歌集の長歌中の句、「筑波の山の　裳羽服津《もはきつ》の　その津の上に　率ひて　娘子壮士の　行き集ひ」（一七五九）の「裳羽服津」は、山にそぐわないことから、『常陸国風土記』筑波郡の条にいう、山の側に流れる泉のことだともいわれてきた。しかし「津」は河川の船着き場ととるのがいちばん自然ではないだろうか。たとえば利根川の船着き場を、「埼玉の津に居る船の」（三三八〇）と詠んだ歌もある。それでは筑波山にそのような津はあるのかという問題になるが、筑波山の西側には霞ヶ浦へ流れ込む桜川がある。これは小河川ではあるが、物資の運搬に川舟を使用することもできたのではないか。筑波山の歌垣に集う人々は、霞ヶ浦を桜川の河口まで舟で来て、そこから舟を引いて川を遡上することもできたであろう。そのように考えると「裳羽服津」は、人々が誘い合って大勢やってくる場所であり、そこで物資の交易を行なう市も立ったと想像することはかたくない。春秋の二季とあるのも、豊穣予祝と収穫への感謝ではなく、春の農耕開始時に必要となる農具の買い出しや、秋の収穫物の売買といった実利的な問題がまずあったであろう。市には人が大勢集まるから歌垣も行なわれた。そしてまた、歌垣があるから、歌の掛け合いを楽しむために人々がおおぜい集い、人々がおおぜい集うから市も立つ。「筑波峰の会」で交わされる「娉《つまどひ》の財《たから》」も、市との関係からきているのであろう。そこではまた、形の無い恋歌も交わされる。言語による歌は、その言語圏に留まるもので、たしかに商品のように地域を越えて広範囲で普遍的な価値を持つものではない。市には縄文系も弥生系も参加したであろうが、しかしそれらすべての人々が歌掛けをしたと考える必要はない。その地で倭語方言を共有し、歌の文化（修辞など）を共有する人々の間に歌掛けは成立する。歌が、市に集うすべての人々の交換品である必要はなかったのである。

8　歌掛けの歌の自由さ

『釈日本紀』（巻十三）は、歌垣について、「兼方案レ之、歌場《うたがき》者、男女集会、詠二和歌一、契二交接一之所也」と実に単純に解説する。これは案外歌垣の本質を言っているのではないか。少なくとも歌垣はそれだけで充分に成り立つ。小川学夫もまた、「折口信夫が、歌掛けの発生としてみた、巡り来る神と、村の巫女たる乙女たちとの問答であったとする見方も、奄美の歌掛けには適用される部分はないのである。歌遊びや、まつりの場に男女が集い、そこで歌を歌えば対立感情と、さらには恋愛感情が起きることは自然のことではないか。つまり、諸々のことは、歌掛けにとっては単に付帯的な事柄ではなかったのかと私は考えている」[55]と述べた。

弥生系渡来民が持ち込んだ水田稲作農耕は、農具の使用や単なる耕作技術として継承されるものではなかったであろう。そこには神話叙事詩的な歌や語りがあったと考えられる。なぜなら、水田稲作農耕には集団による共同作業がともなうからである。かつて小野重朗は「生産叙事歌をめぐって」等の論文の中で、創世神が人々にものの生産を教えさとす「生産叙事歌」を琉球の歌謡形態として指摘した。そのひとつに「稲作の叙事詩」もあるということは、初期稲作農耕の段階でも稲作にかんする何らかの観念による言語表現があったと推測される。そのような叙事詩はまた、現代中国の少数民族のうちにもあった。星野紘は、「例えば雲南省のイ族の阿細先基と梅葛（神話史詩と呼称されている）には、天地創世が成って後、日月星辰の運行や暦が制定され、人類の生活の始まりが語られるが、家造り、衣服製作、狩猟をはじめ、農耕、漁撈などなどの生業の開始やら、結婚や葬式のことなどが述べられている」(56)と指摘し、「神話叙事歌として稲作その他の生業労働過程を内容とした創世神話が実は中国西南域の少数民族が居住している地帯に多く伝承され、今でも祭りの折りなどに語られているらしい」(57)と述べた。そしてそれがベイマ、ビーモなどと称する男性宗教的職能者によって歌い語られる場合のほかに、「歌垣の場などの民間において男女二組に分かれて交唱しながらその内容が歌い交わされている場合」もあって、歌の掛け合いの初めに、そうした神話が男女の間で歌い交わされることでお互いの知能や素性が確認されるのだとも報告する。

しかし、一般的に言えば、神話や神事とかかわる歌と、歌垣の歌の掛け合いとは不可分のものではない。ふたたび小川学夫の言を引けば、「歌掛け」と不可分な関係にある奄美民謡の世界には、神事的な歌謡が伝統的に強く残ってはいるけれども、伝承される神事祭式歌謡に比べて、歌掛けのような楽しみの歌は、移り変わる歌であって後世に残されるものではないことを考えれば、祭式歌謡と歌掛けの歌ははるか昔から併存してきたとみるべきだ、と述べている。(58) 少なくとも市と歌垣の関係を重視する観点からは、歌の掛け合いと神事あるいは神事的な歌謡との関係が不可分だったと考える根拠はない。

歌掛けはまた、市とは違って通婚圏などおのづから範囲が制限されるのではないかとの見方もある。しかし逆に、市は歌垣の文化そのものをも流通させる力を持っているのではないか。ある程度の広域圏に倭語方言が通じるのは、まずもって交易を通してであろう。言語だけではない。歌の節や歌掛けの方法もまた流行することを否定できない。歌垣が第三派前半の渡来民の文化だったとすれば、それはそうした文化を持たない第二派の縄文系渡来民との交易交流を通して広がった可能性がある。

『網野善彦著作集』第十二巻所収「補論」の「市の立つ場—平和と自治」によれば、市の立つ場には世界的な共通性があって、「死者の世界との境界、神々と関わる聖域、交易・芸能の広場、自治的な平和領域、王権との関係」、「共同体をこえた境界領域」を要素にするという。また、「そうした場では「高声」をあげることが許され、「男女は歌声をあげて自由に遊び、各地から集まった商人は高声をあげて客を呼ぶことができたのであり、芸人たちも死者の霊を鎮める意味をこめて芸能を演じた。市は、普通の領主たちが私的な支配下に置くことのできない「庭」—広場であった」と述べる。ここでとくに、市では「高声」をあげることが許され、男女は歌声をあげて自由に遊ぶことができた、という点に注目したい。市と明確な関係があるかどうかは別として、中国甘粛省岷県の花儿会でも、山の斜面や川原で、できるだけ声を遠くに飛ばすように、片耳に手を当て、男女ともに甲高い声で歌掛けする。風土記に記された歌垣の場所が山になっているのも、歌掛けする男女が思いっきり声を張り上げて歌うことのできる場だったからであろう。

たしかに、歌の節や歌掛けの形式が合わなければ歌掛けはできない。しかし多少の違いであれば問題なく歌掛けが可能だった例を花儿会では確認しているし、小川学夫も奄美の歌掛けについて、「日常性」に果てしなく近いものであり、「きょくたんにいえば、日常の言葉に、曲節と韻律が付加された段階である」[59]といい、また奄美のシマウタを「誰かに話しかけるような歌い方をする古老がかなりいた」という事実、また徳之島の「ちゅっきゃり節」の古い文句に、以前は素朴に日常会話風に歌われていたと思われる例があるともいう。[60] 中国の花儿について、そのホワールとは「話し」（中国語で花 hua と話 hua とは四声は違うが発音が同じである）という意味だといっていた岷県の景氏の言葉を民間語原説に過ぎないと思っていたが、おそらく真剣な歌掛けになるほど歌の形式が軽視されることもあったのであろう。恋の相手を得るという実用的な歌掛けにおいては、節や歌詞の形式は二の次になる自由さがあったらしい。ただしそれは極端なことであって、掛け合いにおける歌の旋律やリズムは不可欠なもので、掛け合いの言葉はむしろ歌の形式があってこそ紡ぎ出される。つまり「歌」の形式を持っていることが即興性を支えているのである。

また、歌垣の場の集団性からは、人々に口ずさまれ伝承される定型的な歌も生まれた。杵島曲《きしまぶり》とか筑波の雅曲と言われるのがそれで、それは固定した節で歌われたものであろう。右に引用した『常陸国風土記』の筑波山の歌垣で「歌ひ舞ひ」とあるのも、一定の節回しによる伝統的な定型歌を皆で歌いながら踊ったのであり、一対一の歌掛けの場合は集団で踊ることなどできない。

注

(1) 遠藤耕太郎『古代の歌　アジアの歌文化と日本古代文学』瑞木書房、二〇〇九年
(2) 折口信夫「鬼の話」、『折口信夫全集』3（古代研究・民俗学篇2）中央公論社、一九九五年
(3) 折口信夫「口承文学と文書文学と」、『折口信夫全集』5（大和時代の文学・風土記の古代生活）、中央公論社、一九九五年
(4) 折口信夫「万葉集の解題」、『折口信夫全集』1（古代研究・国文学篇）、中央公論社、一九九五年
(5) 折口信夫「古代生活に見えた恋愛」、『折口信夫全集』1（古代研究・国文学篇）、中央公論社、一九九五年
(6) 以上、木本通房「歌垣考」『国語と国文学』一九四〇年九月。日本の祭礼神事の解釈では、男女の性的な結びつきを五穀豊穣を祈る類感呪術的な行為に結び付ける考えが強いが、中国の花儿ではむしろ女性が子どもを産めない悩みを神に訴える求子歌が目立っている。比較の問題にはならないけれども、事実として指摘しておきたい。
(7) 森朝男著『古代和歌と祝祭』有精堂、一九八八年
(8) 土橋寛「短歌用語「歌垣」」『短歌』36-1、一九八九年一月
(9) 木本通房「歌垣の歌謡について」（『国語と国文学』15-12、一九三八年一二月）。第四段階の踏歌と類似した宮廷行事については、『旧唐書』巻七の睿宗紀に唐の都長安の宮廷における踏歌の催し、「上元日夜、上皇御安福門観燈、出内人連袂踏歌、縦百僚観之、一夜方罷」ときわめて類似することから、唐風文化の受容であって、ヤマトの歌垣の自然な展開ではないと思われる。
(10) 土橋寛著『古代歌謡と儀礼の研究』岩波書店、一九六五年、第六章第二節
(11) 注（8）と同じ。
(12) 西郷信綱「市と歌垣」『文学』一九八〇年四月
(13) 工藤隆「日本古代―神話・歌と〈国家〉の共存」『アジア民族文化研究』（4）、二〇〇五年
(14) 工藤隆「歌垣と踏歌・嬥歌・遊部の関係について」『アジア民族文化研究』（15）、二〇一六年三月
(15) 遠藤耕太郎著『古代の歌　アジアの歌文化と日本古代文学』瑞木書房、二〇〇九年

(16) 手塚恵子「中国少数民族の掛け歌―チワン族・うたは誰に向かって歌いかけられるのか―」『歌の起源を探る歌垣』三弥井書店、二〇一一年、二一〇頁

(17) 工藤隆「中国雲南省白族歌垣調査資料」『アジア民族文化研究』(2)、二〇〇三年三月

(18) 古橋信孝著『万葉集を読みなおす』日本放送出版協会、一九八五年、など。

(19) 日本書紀・仁賢紀六年条に、飽田女なる女性が夫との別れに、「母《おも》にも兄《せ》、吾《あれ》にも兄《せ》。弱草《わかくさ》の吾《あ》が夫《つま》はや」と悲しく嘆いたとある割注に、母と夫が同母兄弟だったためにこう言ったとあり、また「古者不レ言二兄弟長幼一、女以レ男称レ兄。男以レ女称レ妹。」とある。兄弟姉妹間のイモ・セの呼称は「古《いにしへ》」とことわるまでもなく日本書紀が書かれた時代でも変わらなかったので言わずもがなではあるが、母と夫が同母姉弟、自分と夫が異母兄妹だったことから、飽田女が言った「吾にも兄」が通常いうところの「吾《あ》が夫《つま》」の意味ではないことを注したものである。すなわちイモ・セが二重の意味を持つことがこの注の前提になっている。

(20) 西郷信綱『古事記研究』「近親相姦と神話」、未来社、一九七三年

(21) 国文学研究資料館作成、日本古典文学大系本文データベースをもとに集計した。

(22) 高野正美著『万葉集作者未詳歌の研究』笠間書院、一九八二年所収

(23) 森淳「高橋虫麻呂と筑波の山の歌垣」『國学院大學紀要』55、二〇一七年

(24) 森朝男『古代和歌と祝祭』有精堂出版、一九八八年

(25) 工藤隆「歌垣と踏歌・嬥歌・遊部の関係について」『アジア民族文化研究』(15)、二〇一六年三月

(26) 山本修之助『佐渡の伝説』佐渡郷土文化の会、一九八六年

(27) 奥野彦三郎「性的結合の自由とミソギ」、柳田国男編『沖縄文化叢説』中央公論社、一九四七年

(28) 水野祐著『評釈魏志倭人伝』雄山閣、一九八七年

(29) 岡部隆志著『アジア「歌垣」論』三弥井書店、二〇一八年

(30)手塚恵子「中国少数民族の掛け歌―チワン族・うたは誰に向かって歌いかけられるのか―」『歌の起源を探る歌垣』三弥井書店、二〇一一年

(31)手塚恵子「坂の向こう―壮族の歌墟と日本の歌垣―」『声の古代―古層の歌の現場から―』武蔵野書院、古代文学会叢Ⅱ、二〇〇二年

(32)真下厚・手塚恵子・岡部隆志・張正軍著『歌を掛け合う人々―東アジアの歌文化』三弥井書店、二〇一七年

(33)高野正美著『万葉集作者未詳歌の研究』笠間書院、一九八二年、一五三頁

(34)工藤隆編『声の古代―古層の歌の現場から―』(古代文学会叢Ⅱ、武蔵野書院刊、二〇〇二)所収。

(35)斎藤成也著『核DNA解析でたどる日本人の源流』河出書房新社、二〇一七年

(36)水田稲作の技術をもった弥生時代の渡来民が、九州北部から西日本の列島中央部の中心軸にそって東へ居住域を拡大していったらしいことは、環濠集落遺跡の分布からも裏付けられるようだ。すなわち、「環濠集落は北部九州に受け入れられたが、貯蔵穴専用環濠を除いて環濠集落の数は少なく、前期後半に岡山県、香川県、兵庫県など瀬戸内東部に濃厚に分布し、そこから大阪府、和歌山県、奈良県、京都府など近畿地方の範囲に拡がっている。その後は三重県、愛知県など東海地方を経由して関東南部に広まっているなど、かなり偏った分布を示している」(藤原哲「弥生社会における環濠集落の成立と展開」『総研大文化科学研究』第七号、二〇一一年)という。

(37)「ヤマト人」また「倭人」と言う場合、斎藤成也説にしたがって、第三派前半の渡来民によって紀元三〇〇年頃までに形成され、畿内から東国へと進出していった主流の人々を指し、「ヤマト」と言う場合は、その人々が半島・大陸とも積極的に交流を続け連合国家を作ってゆく範囲と時代を指すことにする。またそれを「倭国」とも称する。「ヤマト」の時代の終わりは漠然としているが七世紀中ごろまでとし、朝鮮半島の百済滅亡後、律令制がととのってゆく七世紀末以降を古代日本と考えておくことにする。

(38)より厳密に言えば、万葉集を生み出したのは文字を使用する第三派後半の渡来民である。

(39) 篠田謙一著『DNAで語る日本人起源論』岩波書店、二〇一五年
(40) 高野辰之著『日本歌謡史』春秋社、一九三三年
(41) 『核DNA解析でたどる日本人の源流』河出書房新社、二〇一七年、一七一頁
(42) 高橋一夫著『古代東国の考古学的研究』六一書房、二〇〇三年、八〇頁
(43) 同『古代東国の考古学的研究』二六九頁
(44) 原島礼二著『古代東国の風景』吉川弘文館、一九九三年、七六頁
(45) 藤原哲「弥生社会における環濠集落の成立と展開」『総研大文化科学研究』第7号、二〇一一年三月
(46) 藤原哲、同右
(47) 朝鮮半島からは歌垣の習俗が報告されていないが、たとえば近接する対馬には後世まであった可能性がある。宮本常一の対馬調査体験によれば、かつて対馬には男女間で節のよさ、文句のうまさで、勝敗をあらそう歌合戦の風習があり、その勝敗によって女が男に身を任せることもあったという老人の話から、明治の終り頃まで「対馬の北端には歌垣が現実にのこっていた」(『忘れられた日本人』)という。それではもう少しさきの朝鮮半島にも残っているのではないかと思われるのだが、朝鮮半島に歌垣があるという報告はない。『魏志』に記載する「韓」の項は、「常に五月を以て種を下ろし訖りて、鬼神を祭る。群衆、歌舞飲酒すること昼夜休み無し。其の舞、数十人、倶に起ちて相随い、地を踏み、低く昂く、手足相応じ、節を奏でるに鐸舞に似ること有り。十月、農功畢りて亦復之の如くす」と、季節祭として農耕の節目に歌舞飲酒する習俗を記す。踏歌の習俗に近いようだが、男女の対歌があったようには見えない。歌垣は中国の南方方面から渡来した人々の文化だったらしい。
(48) 藤原哲「弥生社会における環濠集落の成立と展開」(同上)
(49) 北條勝貴は、日本列島社会はそもそもが平地民の定住農耕民社会ではなく、焼畑農耕や狩猟を行なって移住する人々の心性によった社会だったのではないか、と述べている(『日本文学』二〇一六年五月、北條勝貴「民族表象における記録/記憶/忘却」)。たしかに日本列島に色濃く残ってきた焼畑農耕は狩猟をともなっていた。縄文人が弥生人化してゆく過程では、縄文晩

期の農耕文化を携えた第二派渡来民との通婚があった。さまざまな食料を得て生きてゆかなければならない原始人にとっては、農耕だけでなく海や山川原野の獲物も大事な食料であった。湿地の水稲耕作は高度な技術をともない、かなり集団的な労力が必要な作業であったが、これに比べれば焼畑農耕は行ないやすい作業である。縄文系の人々との混血融合は農耕文化においてもみられる。

(50)「日本語」という用語を使用する場合は、古代日本語の成立時期を考える必要があるが、ここでは漠然と中央集権化をとげてゆく大和朝廷中心部の言語を日本語としておきたい。また、それ以前の、大和政権が連合政権だった時代の言語は「倭語」と呼んでおきたい。

(51) 長田夏樹著『邪馬台国の言語』学生社、一九七九年

(52) 同『邪馬台国の言語』

(53) 安本美典著『「倭人語」の解読』勉誠出版、二〇〇三年

(54) 西郷信綱「市と歌垣」『文学』一九八〇年四月

(55) 小川学夫著『歌謡《うた》の民俗―奄美の歌掛け』雄山閣、一九八九年

(56) 星野紘『歌垣と反閇の民族誌―中国に古代の歌舞を訪ねて―』創樹社、一九九六年

(57) 星野紘、同右。また、岡部隆志著『アジア「歌垣」論』に、イ族の梅葛に似た神話的内容の物語を問答で歌う打歌と呼ばれる歌が雲南省の白族大理自治州にもあると報告されている。

(58) 小川学夫著『奄美民謡誌』法政大学出版局、一九七九年

(59) 同『歌謡《うた》の民俗―奄美の歌掛け』

(60) 小川学夫「奄美の歌掛け」『歌の起源を探る歌垣』三弥井書店、二〇一一年

六　万葉集の相聞歌と歌垣

古墳時代から七、八世紀の万葉集の時代にかけては、第三派後半の渡来民の時代に当たる。とりわけ朝鮮半島の動乱による百済滅亡後、百済遺民が大挙して渡来した七世紀後半に、民間で歌われていたヤマトの歌は文字を媒介として和歌になってゆく。民衆の歌垣では、歌は声で歌う身体表現であり、和歌とは違っていた。また多少の定型があったとしても、歌垣ではさまざまな歌体でかなり自由な掛け合いが行なわれたと推定される。ただし、多くの人々が集まって歌うという行為に踊りを想定しないわけにはいかない。逆に言えば、集団の歌舞には一定の形式と旋律を備えた歌が必要である。歌垣では一人と一人の掛け合いだけでなく、人々が一緒に歌って集団舞踏を誘う歌も同時に歌われた。さらには男女の掛け合いでも、必ずしも伴侶を得るためだけでなく、歌掛けじたいを楽しむ遊戯性も持っていたと想像され、そのような歌の掛け合いでは、〈歌掛け〉と呼ぶよりも〈歌継ぎ〉といった性格の歌がうたい交わされたと考えられる。

また、声の歌で育まれた歌の技法は和歌に受け継がれていったが、[1]ほかにたとえば和歌表現における虚構性も、すでに歌垣のなかで男女の虚構の物語が創り出され歌われ続けた伝統と無関係ではない。万葉の恋歌によく詠まれる人目の関なども歌垣のなかで生まれた和歌の技法であった。

1　第三波後半の渡来民と和歌の成立

倭の五王の時代、中国の史書『宋書』夷蛮伝の、倭王武の上表文（四七八年）に、「自二昔祖禰一、躬環二甲冑一、跋二渉山川一、不レ遑二寧処一、東征二毛人五十五国一、西服二衆夷六十六国一、渡二平海北九十五国一……」とあるのは、当時の第三派後半の渡来人がもたらした武具・馬具・甲冑のいわば近代兵器による支配権の拡大が、いわゆる古墳時代の三世紀後半から五世紀後半の、わずかの期間に遂げられたことを表わしている。また宋王朝から「安東大将軍倭王」の称号を得たことは、拮抗する列島内の諸勢力からぬきんでて権力を確立したことを意味するとともに、倭王と戦った豪族諸勢力のなかにも第三派後半の渡来人の大きな活躍があったことを想像させる。

この倭王武の時代の考古学的遺物として知られているのが、埼玉県行田市の稲荷山古墳出土の鉄剣であり、熊本県菊水町江田船山古墳出土の大刀である。前者にはワカタケル大王と読める「獲加多支鹵大王」の銘があり、後者にも「獲□□□鹵大王」（□は不明分）の銘があり、倭王武の倭名を刻んだものと推定されているこれらは、当時のわずかな言語資料の一つである。ワカタケルは固有名詞にすぎないけれども古代日本語として読める語句であり、しかも江田船山古墳出土の大刀銘に「書者張安也」とあるように、それらは文字と渡来人との密接な関わりを示す。そしてまたこれらの文字資料が、武の上表文にある「東征毛人五十五国」の地域に相当すると思われる東国埼玉県と、「西服衆夷六十六国」の地域に相当すると思われる西国熊本県から出土していることには少なからぬ必然性があるのであろう。つまり第三派前半の渡来人よりも、より高度な文明を持った第三派後半の渡来人の勢力が、日本列島の東西に拡がっていたことを意味している。倭王武が異民族として強調する「毛人」「衆夷」の人々が住む本州の東端・西端の地は、奈良時代の文献に、筑波山、そして杵島岳と、山地における歌垣の習俗が残る地域でもあった。

　江田船山古墳の被葬者は、「五世紀後半から六世紀の初頭に、ほかに例を見ない見事な朝鮮半島系（百済系）の装身具を副葬」(2)した人物で、ヤマト政権とつながりを持つ在地豪族、または中央豪族の首長と考えられている。東国においても、六世紀初頭に大噴火した榛名山の火砕流の下から発掘された群馬県渋川市の金井東裏遺跡からは朝鮮半島との交流を示す遺物が多く出土していて、さらに家族と思われる成人男女と乳児・幼児の四体の遺体も発掘されているが、調査した田中良之によれば、そのうち朝鮮式の鎧をまとった成人男子は、その頭蓋骨が「いわゆる渡来的形質、あるいは韓半島の住民の形質をもっている」こと、つまり「古墳時代においては近畿および北部九州（筑前・北豊前）古墳人にみられるものであり、これまで報告されている関東・東北古墳人とは大きく異なる」という。また、成人女性の方は鼻が広く顎が水平でがっしりした顔立ちから「東日本の在地の人」と考えられるという(3)。おそらくこの成人男性は在来の縄文系と婚姻関係を結んだ第三派後半の渡来民と考えられる。つまり異民族間の通婚が行なわれていた具体例である。

　こうした第三派後半の渡来民は、北九州から西へ徐々に広がっていったのではなく、吉備地方、畿内、上毛野地方など、大きな政治勢力が存在した地域に、拠点的に多く渡来して来たらしい。彼らの多くが文字に通じた朝鮮系の人々であり、朝鮮語を漢字音で表わす工夫を知っていたから、倭語も彼らの耳で聞いた音に近い文字を当てて記録した。しかし、稲荷山古墳出土鉄剣の銘文の人名等に使われている倭語の音仮名は「八世紀の記紀や万葉集などから復元できる上代語の仮名遣いとは大差があり」、むしろ「日本書紀に引かれた古代朝鮮固有名（人名、地名、または日本語）等の表記に用いられた音仮名に極めて良く一致するのである」[4]という小林芳規の研究結果から考えれば、古墳時代後期までに文字を使用した渡来民は、声によって歌われた民衆の歌の文字化にまでは関心が及ばなかったらしい。

列島内で広範かつ日常的に文字が使用されるようになったことを示すのは、役人の業務用文書である木簡の出土であった。木簡がおもに役所や都城の遺跡からの発掘に限られるのは、木簡の用途が政治的支配にかかわる文書だったからである。木簡は六世紀の遺跡から発掘された例は報告されず、七世紀中頃の難波宮跡から発掘されるのが古いほうで、さらにその後藤原京跡や平城宮跡などから大量に出土しているが、このような木簡の使用の急激な広がりについて、馬場基は、「社会全体での受容の展開は、実務レベルでの木簡運用の経験とノウハウをもつ百済遺民が、大量に日本列島に渡来したことで可能になった、と考えている」[5]と述べている。百済遺民の大挙した渡来は、西暦六六〇年の百済滅亡によるもので、大和朝廷の政治制度がこれをきっかけに整えられてゆくことはよく知られているが、同時に近江朝の漢詩文の隆盛に見られるように、文芸面でも大きな変化の時代であり、ヤマトの歌が文字を媒介にして和歌になってゆく時代でもあった。

声で歌われたヤマトの歌が音仮名で書かれた最も早い発掘例は、今のところ大阪市の前期難波宮遺跡から出土した七世紀中頃と推定されている「はるくさ木簡」である。その後、七世紀後半以後には難波津の歌が書かれたいわゆる「歌木簡」と呼ばれる木簡が相継いで発見され、朝廷の典礼に使われたとする説が有力になっている。[6]木簡が行政文書として多く使われはじめた七世紀中頃、同時に下級役人は声で歌われたヤマトの歌も一字一音で文字化していた。[7]「はるくさ木簡」は「皮留久佐乃皮斯米之刀斯□（春草の始めの年…）」（奈良文化財研究所、木簡データベース）と続く賀歌と思われる歌で、歌垣の恋歌ではないけれども、木簡の書記を担った〈刀筆の吏〉と呼ばれた下級の役人たちは、大和の海石榴市などの市に出かけて歌垣も見たであろうし、倭国の歌文化の知識も当然あったであろう。

万葉集には、「たらちねの母が形見《かたみ》と我が持てる真澄鏡《まそみかがみ》に蜻蛉領巾《あきづひれ》負《お》ひ並《な》め持ちて馬買《か》へ我が背《せ》」（三三一四、長歌の一部）といった妻の愛情歌もあるが、少なくとも市は渡来民やその関係の役人たち、またその家族にとっても生活に必要な物資を購入するために出かけなければならない場所であった。また、次の歌、

西の市《いち》にただ独り出《い》でて目並《めなら》べず買ひてし絹《きぬ》の商《あき》じこりかも　（巻七・一二六四）

は、市場での買い物で、よく吟味しないで粗悪品をつかまされた苦い経験を男女の恋歌の譬喩にしている歌であるが、これはまた市が物資を購入するだけでなく、そこが古くから男女の出逢いの場であったこと、さらに歌とも関連が深かったことを思わせる歌である。歌垣が廃れたあとも、じっさい市場は男女の出会いの場だったことは、平安時代の『大和物語』（第一〇三段）に、「平中《へいちゅう》が色好《いろこの》みけるさかりに、市《いち》に往《ゆ》きけり。中ごろは、よき人々市に行きてなむ、色好むわざはしける」とあることで知れる。これらは都市近郊の市であるが、もちろん市は各地方にも存在したことはいうまでもない。

一九九八年九月、明日香村の飛鳥池遺跡から次のような表記の漢詩木簡が出土している。(8)

（表）白馬鳴向山　欲其上草食　（白馬は山に向いて鳴《いなな》き、その上で草を食《は》まんと欲す）

（裏）女人向男咲　相遊其下也　（女人は男に向いて咲《わら》い、相《とも》にその下《もと》に遊ばんとす）

写真 25：馬と歌垣（参考）

中国雲南省剣川石宝山宝相寺入口付近（2006.08.21）

（奈良県高市郡明日香村大字飛鳥、飛鳥池遺跡北地区奈良文化財研究所木簡データベース、木簡番号２４８より。）

これは西暦七〇〇年前後に書かれた木簡らしい。この木簡に使用されている語句は文字学習テキスト『千字文』の「鳴鳳在樹白駒食場化被草木頼及万方」によったものと考えられていて、新川登亀男によれば、とりわけ表面の句は「『千字文』の「鳴鳳在樹、白駒食場」（鳴きて鳳は樹に在り、白き駒は場《には》に食《は》む）をもじって創作してみたものであるが、お世辞にも上手な漢詩文とは言えまい」と述べ、裏面の句についても同様に『千字文』を参照しながら「『遊仙窟』まがいの作文をねらったものであろうか」という[9]。また犬飼隆は、文字数としては五言詩の形をとっているが押韻もなく対句表現も稚拙であることから「漢字学習もしくは漢詩習得の一端を示すもの」か、あるいは「千字文の儒教的な内容に触発された戯れ文かなどと想像するが」とことわりながらも、しかしまた「字句全体の内容に嬥歌を想わせるところがあるのも否定できない」と指摘する[10]。たしかに裏面の句などは歌垣（嬥歌《かがひ》）を思わせる。そう考えると「馬」を詠んでいるのも市の歌垣に遠くから参加する者たちの乗り物を思わせはしないだろうか。もしこの木簡の筆記者が『詩経』などの知識を持っていればその歌垣の知識に拠ったものかも知れないが、初学者の『千字文』を学習テキストにする類の役人と考えれば、これは身近な見聞として山地における歌垣を詠んだものとみていいであろう。

万葉集に引用される「柿本人麻呂歌集」には作者未詳の多くの恋歌が載る。人麻呂は七世紀末から八世紀初頭に宮廷歌人として活動しているから、七世紀中頃には声の歌が文字で記載される時代がすでに始まっていたと考えることは自然であろう。では文字を何に書いたか。その書記媒体としては木簡がもっとも考えやすい。しかし、「はるくさ木簡」は賀歌であることを思えば、難波宮跡のような公的施設から見つかるべくして見つかった木簡であり、手すさびに歌を書き、公的目的を持たない木簡は、後世に残る可能性が非常に低かったのではないだろうか。なぜなら、習書の場合でも筆を使って文字が上手く書けるようになるためには、たとえば一人分であったとしても、今日発掘されている何十倍もの手習いの跡が必要だったはずだからである。

日本書紀の天武紀四（六七五）年に、朝廷が大和・河内・摂津・山背・播磨・淡路・丹波・但馬・近江・若狭・伊勢・美濃・尾張等から「百姓の能く歌ふ男女、及び侏儒・伎人を選びて貢上」させたとある。その記事は、同天武紀十四（六八五）年の、「凡そ諸の歌男・歌女・笛吹く者は、即ち己が子孫に伝へて、歌笛を習はしめよ」という詔につながっていて、これは宮廷歌謡を管理する雅楽寮の前身大歌所関係の記事と考えられている。また、右の天武紀四年の条に出てくる国名は、「催馬楽の歌詞に含まれる国名とほぼ一致する」[11]との指摘もある。平安時代の記録ではあるが、催馬楽の一例、

　　貫川《ぬきがは》の瀬々のやはら手枕《たまくら》やはらかに寝《ぬ》る夜《よ》はなくて親離《さ》くる夫《つま》

親離《さ》くる夫《つま》はましてるはししかさらば矢矧《やはぎ》の市に沓買ひにかむ(12)

などの民衆の恋歌に由来する歌が宮廷に集められたと思われる。それらの歌は文字化されてまた記紀歌謡としても残っている。

歌が、修辞を意識し、定型を意識して、和歌になってゆく過程は、百済滅亡による大量の渡来民によって近江朝の漢詩文が興ったことと無関係ではないだろう。歌が文字で書かれた場合、たとえそれが書き捨てられたとしても、見直しや推敲の機会を持つわけで、民衆が口頭で歌った歌とは異なる。そして和歌となったそのような歌は文字を使いこなす人々が形成していったもので、和歌はそうした人々の文化であった。それゆえ東国辺境の、口頭による歌掛けの歌は「嬥歌」（野蛮な異民族の歌）なのである。つまり「嬥歌」という語は和歌との対比で使われた言葉であった。

2　歌垣の歌の形式――清寧記・武烈紀に見る歌垣――

文字で記載された物語として構成されたものではあるけれども、古事記の清寧記と日本書紀の武烈紀に語られる「歌垣」（武烈紀では「歌場《うたがき》」）は、古代の歌垣における歌の掛け合いの様態をよく想像させる事例として貴重である。

次に古事記の文章を引用してみる。

かれ、天の下治めたまはむとする間《あひだ》に、平群臣が祖《おや》、名は志毘臣《しびのおみ》、歌垣に立ちて、其の袁祁命《をけのみこと》の婚《よば》はむとしたまふ美人《をとめ》の手を取りき。其の嬢子《をとめ》は、菟田首《うだのおびと》等が女《むすめ》、名は大魚《おふを》ぞ。しかして袁祁命も歌垣に立たしき。

ここに、志毘臣が歌ひしく、

大宮の　をとつ端手《はたで》　隅傾《すみかたぶ》けり　（五・六・七音）

かく歌ひて、その歌の末を乞ひし時に、袁祁命の歌ひたまひしく、

大匠《おほたくみ》　拙劣《をぢな》みこそ　隅傾けれ　（五・六・七音）

しかして、志毘臣、また歌ひしく、

王《おほきみ》の　心を緩《ゆら》み　臣の子の　八重の柴垣　入り立たずあり　（五・七・五・七・七音）

ここに、王子、また歌ひたまひしく、

潮瀬《しほせ》の　波折《なを》りを見れば　遊び来る　鮪《しび》が端手《はたで》に　妻立てり見ゆ　（四・七・五・七・七音）

しかして志毘臣いよいよ忿りて、歌ひしく、

王《おほきみ》の　御子《みこ》の柴垣《しばがき》　八節結《やふじま》り　結《しま》りもとほし　切れむ柴垣　焼けむ柴垣　（五・七・五・七・七・七音）

しかして、王子、また歌ひたまひしく、

大魚《おふを》よし　しび突く海人《あま》よ　しが離《あ》れば　心恋《うらごほ》しけむ　しび突く志毘　（五・七・五・七・六音）

かく歌ひて、闘《かが》ひ明かして、おのもおのも退《しりぞ》きぬ。

（西宮一民校注『古事記』新潮日本古典集成、一九七九年）

古事記では、大魚という女性をめぐって、大和政権を支える実力者であったシビノオミ（志毘臣）と袁祁命（後の顕宗天皇）との間の悪口の掛け合い歌になっているが、日本書紀では少し違って、影媛という女性をめぐるシビノオミ（鮪臣）と太子《みこ》（後の武烈天皇）との、同じく悪口の掛け合い歌になっている。

これは、もちろん歌垣の実態をそのまま記録したものではない。男女の歌掛けではなく男性同士の悪口歌の応酬になっているのだが、そのことをもって実態ではないと言うのではない。歌垣でも男女が悪口歌の掛け合いを行なう例が中国南西部の少数民族モソ人に見られることを遠藤耕太郎の詳しい調査が明らかにしている。(13)ヤマトのじっさいの歌垣でもそのようなことが無かったとは言えない。(14)古事記と日本書紀を比較すると、太子と政権の実力者が一人の女をめぐって悪口歌の応酬をするという大枠は共通するが、登場人物の相違や歌謡の小異だけでなく悪口歌を応酬する二人の男の立場が大きく違っている。(15)つまり古事記と日本書紀ではそれぞれが別の物語に構成されていて、これらの記載された歌垣は、明らかに物語の編纂主旨にそって再構成されていることは疑えない。

遠藤耕太郎は、この歌垣の物語について、まずは古事記以前の段階の在地首長による記載レベルで、在地首長の権力の正当性を保証する物語として構成され、さらに古事記におけるそれの読み換えによって大和王権の権力を保証する国家レベルの神話の中に記載されたものだと推測した。(16)また居駒永幸は、より具体的に、これらの歌群が民間の歌垣に淵源をもつとしても、成立したのは宮廷歌謡・歌曲の場であろうとし、とりわけ短歌体を中心としていることから、七世紀後半の王権儀礼の確立のなかで、宮廷歌曲を管理する雅楽寮の前身機関において編成されたものだろうと述べる。(17)

右の清寧記の対歌の歌群は三組六首からなっている。最初の一組は片歌に近似する歌体（五・六・七音）、五首目は末句の一部を少し替えて繰り返す仏足石歌体（五・七・五・七・七・七音）であるが、そのほかは字足らずもあるがほぼ短歌体である。日本書紀では片歌が一首、そのほかはやはりほぼ短歌体になっている。折口信夫は、片歌が問答の原初的な形式であった、と言ったけれども、しかし片歌、仏足石歌体、短歌体の混在は、すなわち「民衆の歌垣の〈うた〉の世界は本来さまざまの歌形を抱えて成り立っていた(18)」ことを表わしているのではないか。中国の花儿の対歌でも、七音二句から八句の間でさまざまに歌われている例がある。

原生的な民衆の歌垣では、もともと歌の形式はさまざまだったと思われる。しかし、歌垣が「歌」の掛け合いである以上は、歌い手が旋律やメロディをおおまかには共有しているはずで、後の和歌形式を思えば倭語のヤマトの歌の基本は五音七音の形がもっとも安定した形と考えられ、五音（短）・七音（長）の繰り返しを基本とし、末尾に七音を繰り返すことで終息感をもたせて一首とする形式が自然であるし、もちろん最初の五音を歌い捨てれば、次からは七五調にもなる。ただし声で歌う場合は延ばしたり縮めたりすることが可能だから、言葉の音数に過不足があってもかまわないのである。

そのような条件のもとで歌の形式は自由であった。ただしその条件もまたかなり緩やかなものだったと想像される。中国の花儿会での対歌事例を引き合いに出せば、実際に歌掛けの旋律とリズムを大きく乱して句余り・字余りで歌うこともある(19)。また、たとえばわれわれの近代の庶民の日常会話でも、少し前の時代の、方言で話す年配の女性などは、言葉に抑揚を付けて、いかにも歌うように物を言うことがあったし、無文字社会の場合は「歌う」ことと「話す」こととの間に大差がなかったことは前章の「歌掛けの歌の自由さ」で述べたとおりである。

念押しに奄美地方の具体例を引けば、小川学夫が次のような徳之島の二句体（八八／八八）の歌詞例、

▽大道端《ふみちばた》ぬさしや　袖振れば付かる

（大きな道端のサシ草が、袖を振って通ればくっつく）

▽吾《わ》きゃむさしなとて　付かり欲《ぶ》しゃやしが

（私もサシ草になって好きな人につきたい）

をあげて、「昔はこのような歌詞が次々即興的にだされていたことは間違いない」と述べているとおりである。(20)

また、古事記・下巻に、仁徳天皇と建内宿禰とが、次のように歌で問答する箇所がある。

歌を以ちて鴈《かり》の卵《こ》生みし状《かたち》を問ひたまひき。其の歌に曰《の》りたまひしく、

たまきはる　内《うち》の朝臣《あそ》　汝《な》こそは　世の長人《ながひと》　そらみつ　倭《やまと》の国に　鴈卵生《かりこむ》と　聞くや

とのりたまひき。

是に建内宿禰、歌を以ちて語りて白《まを》ししく、

高光る　日の御子　諾《うべ》しこそ　問ひたまへ　まこそに　問ひたまへ　吾《あれ》こそは　世の長人　そらみつ　倭
の国に　鴈卵生《かりこむ》と　未だ聞かず

建内宿禰はこう語って、続けて琴を弾きながら、

汝《な》が御子《みこ》や　終《つび》に知らむと　鴈《かり》は卵生《こむ》らし

という寿歌《ほきうた》の片歌をうたった、とある。一、二首目の問答は、枕詞の使用や繰り返しなど、まさに修辞的な「歌」の様式を持った言葉ではあるが、音楽性豊かにうたった片歌部分を除けば、これは歌による二人の会話にほかならない。

3　嬥歌

民衆の原生的な歌垣における掛け合いには、本来定まった定型の歌はなかったとは言ったが、第五章の末尾で述べたように、歌垣の場では同時に一定の節回しによって歌われる定型の伝承歌もあったし、また『常陸国風土記』の筑波山の歌垣に「歌舞」とあったようにその歌を皆で歌いながら踊ったものとも想像される。

万葉集・巻十二の海石榴市の歌垣の歌に、

海石榴市《つばいち》の八十《やそ》の衢《ちまた》に立ち平《なら》し結びし紐《ひも》を解《と》かまく惜《を》しも（巻十二・二九五一）

とある「立ちならし」の語について、西郷信綱は、続日本紀の宝亀元年の歌垣の歌、

乙女らに男立ち添ひ踏みならす西の都は万世《よろづよ》の宮

との類似から、「これは歌垣の踊りの様態をあらわす句に違いない」と推測し、歌垣と集団舞踏（輪踊り）との関

係を重視して、「男女二人の歌のかけあいが、そのまま歌垣であるわけではない。歌垣では大勢の男女が踊りつつ歌をかけあうのであって、この踊りの要素をとり払ったら、それはもう歌垣とはいえない」（前掲「市と歌垣」）と述べた。古事記の清寧記に「歌垣に立ちて」、日本書紀の武烈紀に「歌場の衆に立たして」とあることから、たしかに歌垣に参加することを「立つ」とは言った。しかしながら、「立ちならし」については、

勝鹿《かつしか》の真間《まま》の井《ゐ》を見れば立ちならし水汲《く》ましけむ手児奈《てごな》し思《おも》ほゆ（巻九・一八〇八）
青柳《あをやぎ》の張《は》らろ川門《かはと》に汝《な》を待つと清水《せみど》は汲《く》まず立ち処《ど》ならすも（巻十四・三五四六）

など、水を汲む女性たちの様子を詠んでいる例もある。女たちは日々の日課として水汲み場に行ったであろうことを思えば、一首目は「慣らす」か、あるいは「地を踏み平《なら》し」（土屋文明著『万葉集私注』）とも思われる。また二首目も、清水も汲まずにそこで歩き回っている意とみれば、やはり踏みつけて平らにする意味になるし、さらにまたそこにしょっちゅう通っている意味も含まれるだろう。そう考えると、海石榴市の歌も「踊りの様態をあらわす句」ではなく、市場にしょっちゅう出かけていったととるのがよい。ただし他の観点からは、歌垣と集団舞踏の関係はたしかに推測される。

『常陸国風土記』でも、万葉集・巻九の高橋虫麻呂の歌でも、辺境の歌垣を「嬥歌」と呼んでいる。第五章に引用したように『文選』巻六の李善注では、嬥歌について「何晏曰、巴子謳歌相引牽連手而跳歌也」と注する。歌いながらともに手を連ねて飛び跳ねるというところに集団で歌舞する人々の姿が髣髴とする。一定の節を持った歌が、身体のリズムを誘発することは自然である。右は、むしろ宝亀元年三月の「男女相並びて行《つら》を分けて徐《おもむろ》

に進む」とある渡来系の人々が中心となって行なった都の風流としての歌垣に似るが、肥前国風土記の逸文に、杵島の習俗を説明して、

郷閭士女提レ酒抱レ琴。毎レ歳春秋、携レ手登望、楽飲歌舞。曲尽而帰。

とある「携レ手登望、楽飲歌舞」とも共通し、そこでは節と歌詞の定まった「杵《き》島曲《しまぶり》」に合わせて各地の「郷閭《むらざと》」から集まった「士女《をとこをみな》」による集団舞踏が行なわれたことを思わせる。筑波の歌垣でも「往《ゆ》き集《つど》ひて歌ひ舞ひ飲《さけの》み喫《ものくら》ふ」とあって、舞踏には歌が付きものだったし、歌えばまた踊り出すのが身体の自然であった。

中国の花儿会を取材に行ったとき、民間の花儿研究者である岷県の景生魁氏から次のような話を聞いた。

昔の花儿は、男女が手をつないで歌ったものだ。たとえば採録された歌詞にも「踏歌」とあるのが証拠だ。輪になって手をつなぐときもあり、列になって手をつなぐときもあった。自分の経験からも、花儿を歌うときには足拍子をとりながら行なった。花儿の研究は踊りと一体のものとして行なわなければならない。耳に手を当てて歌う男女対歌の形式は、踏歌とは別に親しくなった男女が行なう形式である。

（二〇一二年七月三日、景生魁氏宅にて）。

現在、花儿には踊りながら歌う形式は残されていない。[21]しかし景生魁氏によれば、男女が対歌するほかに、昔は男女が手をつなぎながら足拍子をとって集団舞踏する形もあったという。それは期せずしてヤマトの歌垣と似た形式であった。景氏はこれを踏歌と言っているのだが、日本の場合、奈良時代の都の歌垣が踏歌に似て、男女列になって静かに進み、「歌の曲折毎に袂を挙げて節を為す」と、優雅な振りによって踊られるのに対して、野外における民衆の集団舞踏には、村落の規制から解放され、「高声」をあげることが許される市の近くであるこ

とから、エネルギッシュな喧騒があったと思われる。それはまさに都の者から見れば辺地の野蛮な「嬥歌」であった。

4　歌垣の歌

日本書紀の武烈紀には、「太子《ひつぎのみこ》の期《ちぎ》りたまふ所に違《たが》はむことを恐りて、報《かへりことまう》して曰《まう》さく、『妾《やつこ》望《ねが》はくは、海柘榴市の巷に待ち奉らむ』とまうす」とあって、太子に求婚された影媛は、太子の権力に恐れて逢うことを契ったが、その場所を海石榴市の巷に指定した。市の歌垣は不特定多数の男女が出会いを求める場であり、身分差や性別をこえて対等な人間関係に立つことが前提となる。あたかも商品の価値が、市における売り手と買い手の交渉と合意だけにもとづくように、そこでは歌い掛けられる歌だけが価値を持つ。影媛は、身分差や男女差を越えて対等な関係に立つ歌垣の場で求婚されることを選んだことになる。しかし物語では、影媛にかわって太子の対歌の相手になったのは鮪臣であった。

武烈紀に、「歌場の衆《ひとなか》に立たして」とあることから、彼らの歌掛けは、取り囲む群衆の中で行なわれたこと、また清寧記に「闘い明かして」ともあることから、夜通し長時間にわたって歌の掛け合いを続けたことが知れる。これはまさに歌垣のあり方であった。男女の歌掛けが何時間にも、あるいは夜間に及ぶことは実際の中国少数民族の事例によって報告されているとおりである。また、この物語では一人の女性をめぐる男同士の歌掛けであるが、海石榴市の歌垣では男女の掛け合いもあったことは、万葉集・巻十二の前掲歌（二九五一番）や、同十二巻

の問答歌、

紫《むらさき》は灰《はひ》さすものぞ海石榴市《つばいち》の八十《やそ》の衢《ちまた》に逢《あ》へる子や誰《た》れ　（巻十二・三一〇一）

などから明らかである。

前掲の古事記・日本書紀の物語には、二人の歌が六、七首しか載っていないが、相手の歌に即興的に返歌するのであるから、実際の歌垣では当然かなりの量の歌が歌われたはずである。そのとき、果たして一首一首に言葉の工夫をこらした歌を作って返すゆとりがあったであろうか。もちろん、中には巧みに工夫された歌を返す者もあったに違いないが、やはり前述のように、「日常の言葉に、曲節と韻律が付加された」ような歌が延々と掛け合わされたのではないだろうか。そう考えると、万葉集中にあって、歌垣の歌ではないかと推定されている歌も、それらはすべて歌垣の伝統のうえに立ちながらも即興歌ではなく文字で書くことで作られた創作歌だとみていいだろう。少なくとも歌垣で歌われたままの自然な即興歌ではない。

それでも、清寧記の物語の、歌垣の歌は抒情的な万葉歌とは違っている。たとえば、

王《おほきみ》の　御子《みこ》の柴垣《しばがき》　八節結《やふじま》り　結《しま》りもとほし　切れむ柴垣　焼けむ柴垣

大魚《おふを》よし　しび突く海人《あま》よ　しが離《あ》れば　心恋《うらごほ》しけむ　しび突く志毘

これらの悪口歌は、対歌する相手にぶつけられた直接的な言葉である。歌体は文字を媒介にした和歌の短歌形であるが、そこには和歌とは違う直接的に相手を攻撃する実用性がある。

このことは、日本書紀の同じ物語にある影媛に歌い掛けた太子の歌と、影媛に代わって鮪臣が返歌した次の贈答歌と比較すればよくわかるだろう。

太子、影媛に歌を贈りて曰はく、
琴頭《ことがみ》に来居《きゐ》る影媛《かげひめ》玉ならば吾《あ》が欲《ほ》る玉の鰒白珠《あはびしらたま》
鮪臣《しびのおみ》、影媛が為《ため》に答歌して曰《まう》さく、
大君の御帯《みおび》の倭文服《しつはた》結び垂《た》れ誰《たれ》やし人も相思《あひおも》はなくに

一首目の太子の歌は詠嘆を含んで相手を賛美する叙情性があるし、二首目には三句目までを序として「垂れ」―タレ―「誰やし人」と同音からの意味転換の工夫による雅な和歌的表現がある。日本書紀の歌がより創作性を濃くしているからであろう。

万葉集・巻十四の東歌については、収録する歌が恋歌を中心とすること、そしてそれらは性愛を直截的に歌うことが特徴となっていること、これらは既述のとおりである。東歌は、万葉集の和歌世界に取り込まれながらも、まだ民衆の歌垣の世界のにおいを持っている。前章に引用したように、かつて森朝男は、東歌には万葉歌一般の風流化、文芸化した和歌とは異なる「歌の原生的な情熱」があると述べた。つまり異性に向けられた挑発的で直接性愛に誘い込むような掛け合いの歌が東歌の特徴になっている。これは前掲の古事記の物語の、歌垣の掛け合いに通ずる実用性本意の歌の在り方であり、歌掛けの場の歌がどのようなものであったかをよく思わせる歌である。

じっさいの歌垣では、既述のように歌体すら自由であったとも考えられるが、万葉集・巻十四に収録された東歌は、そのほとんどが和歌形式になっている。辺境の人々の嬥歌と見られていた歌が、このように整っているはずはない。これは歌垣で育まれた歌の表現をもとにしてはいるだろうが、やはり文字を使う者によって都びとにも鑑賞可能な和歌に作り替えられたものであろう。万葉集は、朝廷の貴族・官人にとって彼らが読める歌でなければならなかったから、そこに方言のまま記載されることはありえない。ただし、なかには次ような歌もあるにはある。

うべ子《こ》なは我《わぬ》に恋ふなも立《た》と月《つく》のぬがなへ行《ゆ》けば恋《こふ》しかるなも（巻十四・三四七六）

或本歌末句曰、ぬがなへ行けど我行《わぬゆ》がのへば

都の言葉では「子なは」→「子らは」、「我ぬ」→「われ」、「恋ふなも」→「恋ふらむ」、「立と月」→「立つ月」、「ぬがなへ」→「長らへ」となる。とりわけ、或本の「我ぬ行がのへば」などは分かりにくい言葉である。万葉集の編者は或本歌があまりにも分かりにくいので、本歌のほうを採ったのであろう。言葉の違う一風変わった歌はまた、それはそれとして表現の意外性を楽しめる点では価値がある。だが、このような歌ばかりでは都びとにとって歌の意味がない。

たとえば、巻十三の長歌三二六〇番とその反歌三二六一番について、長歌が「吾妹子に我が恋ふらくは」と男

の立場の歌であるのに、その反歌が女の立場の歌になっていることを矛盾とみた万葉集の編者が、「今案、この反歌の「君に逢はず」と謂ふは、理に合はず。宜しく「妹に逢はず」と言ふべし」と批評している。これは、たまたま編者が直接顔を出した例に過ぎないが、これから推測できるように、民衆の歌垣に由来する嬥歌が、それを文字化した者によって和歌に作り替えられた例は、万葉集中に幾首もあると思われる。そもそもが、歌垣の現場では膨大な歌が歌い捨てられたのであり、われわれ現代の研究者とは違って、それをある程度忠実に記録することに興味を示す者などはいなかったし、どだい無理なことでもあった。

居駒永幸は、奈良時代の文献に記載された歌垣の歌の、そのほとんどが短歌体になっていることについて、「七世紀後半から八世紀初めにかけて、国府・郡衙の官人と民衆の歌垣世界との接触、交流による文化変容があり、そこに歌垣の発想をもつ短歌体和歌が生成されていく状況」（六九頁）があった、ともいう。嬥歌すなわちヤマトの歌が文字の媒介によって和歌となったことについては、七世紀後半に百済遺民が大挙して渡来したことと無関係ではないことはすでに述べたとおりである。

なお、中国南西部の少数民族の調査事例から、歌垣における歌の掛け合いは「対立と協調」という正反対の機能をもって行なわれるものだとか、あるいは歌垣において歌を掛け合うことは「協調と対立」を演じることだとされる。(23)たしかに両者の対立だけでは歌の掛け合いは持続しないであろう。とりわけ恋歌の掛け合いではそうである。しかしながら、志毘臣と袁祁命の掛け合いについて、「志毘臣いよいよ忿りて歌ひしく」とか、「鬪ひ明かして、おのもおのも退きぬ」という古事記の記述が、歌垣の実態を知らない者の虚構ではなく、なにがしかの実態をふまえていると考えるならば、協調の無い対立だけでこの掛け合いは持続しているのではないだろうか。

古事記では、志毘臣がますます怒って次のように歌ったという。

王《おほきみ》の　御子《みこ》の柴垣《しばがき》　八節結《やふじま》り　結《しま》りもとほし　切れむ柴垣　焼けむ柴垣

これに対する袁祁命の返歌は次のようなものであった。

大魚《おふを》よし　しび突く海人《あま》よ　しが離《あ》れば　心恋《うらごほ》しけむ　しび突く志毘

前者が「柴垣」を三回繰り返して攻撃してくるのに対して、後者は「しび」の語を三回使って返している点では詩句の協調があるといえるかも知れないが、前者が怒りの気持ちを込めて末尾七音を言葉を少し変えて繰り返す歌体であるのに対して、後者は短歌体である。これは、歌垣における歌の技法の一つである意図的な「はぐらかし」とも考えられるが、前者の「柴垣」の話題に対して、後者ではまったく別の、相手の名前「志毘」を、魚の「鮪」に重ねて悪口を言っている点にも協調性はない。

なぜこのような対立の要素が強い掛け合いが夜通し可能なのか。それは衆人環視のなかで行なわれるからであろう。歌垣はたった二人か三人では行なわれない。中国の少数民族の歌垣でも、ごく少人数のグループで出かけてきた人々の中の二、三人の男女が歌掛けを始めることがある。しかし、そのまま同行した人々から離れて掛け合うのではない。逆に言えば、野辺で出会った二人がその場でふたりだけの空間で歌掛けをすることはない。まして「歌垣」の語が示している意味の一つは「人垣」とも考えられ(24)、取り囲む人々は応酬する歌のおもしろさを

写真 26：ツービー湖の漢族の若者の歌掛け

山の斜面にかたまってくつろいでいた男性五人、女性三人のグループの中にいた一番若い二人の男女が歌を掛合っていた。他の同行者は草むらに座り込んだり寝転んだりしながらリラックスして歌掛けする二人の歌を聞くともなく聞いていた。(2002 年 8 月、中国雲南省洱源県の茈碧（ツービー）湖々畔の竜王廟の縁日にて)

鑑賞しているのである。歌掛けする者たちはこの期待に応えなければ、歌掛けする資格が無い。志毘臣と袁祁命の掛け合いでは、歌掛けの後で、二人の対立が武力によって解決される話になるが、しかし歌垣ではそのまま腕力や武力に訴えることはなかった。歌垣は、歌によって攻撃することは許されるが、権力者であってもそこで直接的に暴力による解決がはかられることはない、という場の了解があったからであろう。それを保証しているのは、歌の表現における微発、揶揄、悪口、はぐらかしなどの歌の技術を楽しむ歌垣習俗を共有しているその場の人々の目であった。歌掛けする者たちはその期待に応えるべく応酬を続ける。そこにこそ歌掛けの持続性があると考えられる。(25)

5　万葉集の相聞と歌垣における遊戯性

歌垣の歌は、後世の連歌と同じく一首一首では価値のないもので、次々と歌われて行くその移りに興味の中心がある。しかも、現代の研究者でもないかぎり、それをそのまま文字に写して歌集にするなどといったことはかつて無かった。多くの歌を収録する万葉集の中にも、具体的な一連の歌掛けの歌は収載されていない。ただし、歌垣の現場での歌の掛け合いの可能性を仮に想像してみると、掛け合いの展開におけるそれぞれの場面にふさわしい歌を万葉集の中から見つけることはできる。

たとえば、よく知られた次の贈答歌は、男の誘い歌と女の撥ねつけ歌になっている。

紫《むらさき》は灰《はひ》さすものそ海石榴市《つばいち》の八十《やそ》の衢《ちまた》に逢《あ》へる子や誰《た》れ　（巻十二・三一〇一前掲）

たらちねの母が呼ぶ名を申《まを》さめど道行《みちゆ》く人を誰《た》れと知りてか　（同・三一〇二）

一首目は女に呼びかけた歌であるから、この二首は歌掛け開始後の比較的早い段階での贈答と考えられる歌である。しかし、この一組の「問答歌」は、このあとに続く歌が無い。現場の歌掛けであれば、男は、たとえば次のような歌で、さらに女の返歌を引き出さなければならないはずである。

春日山朝居る雲のおほほしく知らぬ人にも恋ふるものかも　（巻四・六七七）

万葉集で、何首か続けられた男女の歌掛けの例は、せいぜい巻二の久米禅師と石川郎女が交わした五首の歌群である。

み薦刈る信濃の真弓我が引かば貴人さびていなと言はむかも　（九六　禅師）
み薦刈る信濃の真弓引かずして強ひざるわざを知ると言はなくに　（九七　郎女）
梓弓引かばまにまに寄らめども後の心を知りかてぬかも　（九八　郎女）
梓弓弦緒《つらを》取りはけ引く人は後の心を知る人ぞ引く　（九九　禅師）
東人《あづまひと》の荷前《のさき》の箱の荷《に》の緒にも妹は心に乗りにけるかも　（一〇〇　禅師）

しかしこれも実際の恋歌の贈答にふさわしくない僧と女性との「歌掛け遊び」であり、歌巧者の男女が交わした問答歌で、五首は一連の歌にはなっていない。男（禅師）—女（郎女）、女（郎女）—男（禅師）の二組の問答歌を並べて、最後に禅師の歌を加えた構成になっているだけである。

万葉集以外の例を引けば、秋田の「かけ唄」には七七七五の近世歌謡の歌体による次のような一連の歌掛け例がある。

（男）　さても美くしあのさくら花
　　　ならば一枝折てみたや
（女）　折りに来たとて折られぬわたし
　　　わしも主ある妻じゃもの

（男）　たとえ主ある花にもしょが
　　　　風が吹いたら何とする
（女）　風は毎日吹いてもいよが
　　　　固く柴垣身をつつむ
（男）　風というやつ大樹も倒す
　　　　まして柴垣何のその
（女）　とうとあなたに言い負かされて
　　　　固い私も承知する

（中仙町の民謡・にがた節『中仙町史』文化編、一九八九年）

これは、やはり最初は男の誘い歌、次が女の撥ねつけ歌だが、男はさらに負けじとたたみかけて切り返している点では歌垣の掛け合いになっている。しかしこれも現場における真剣な歌掛けではなく模範的な例で、三回だけの掛け合いで決着を付けてしまっている。

万葉集は和歌、つまり原則的に一首一首が自立した古代詩、またはせいぜい二首一組の問答歌になっていて、歌垣の現場から切り離しては意味をなさない相手に直接向かう闘争性を持った歌とは異なる。ただし古代以前の歌垣がすべて伴侶を得るための真剣なものだけではなかった。現代中国の歌垣にあるような、楽しみとしての歌掛け、つまり「歌掛け遊び」も、古代以前からあったと考えられる。『常陸国風土記』などに、野外において男女が連れだって集い、「楽飲歌舞」する歌垣の記事がある。舞踏は定型的な歌によるもので即興的な歌の掛け合いとは違うことを述べたが、既述のようにこのような遊楽の機会に楽しみとしての歌掛けも行なわれていたと想像することは難くない。高橋虫麻呂の筑波山の歌垣の歌に詠まれる「人妻」との掛け合いも、必ずしもじっさいの男女関係に及ぶものではなく、遊戯性を持ったものであったと考えてもいいだろう。(26)

恋の相手を得るという実用性をもった即興歌よりも、掛け合いじたいを楽しむ歌の方がゆとりを持った表現を生み出すし、周囲の人々の歓心を買う言葉の工夫を練ることができる。またそう考えないと、万葉集に載る相聞の由来が説明できない。つまり、品田悦一が歌垣について、「相手の気持ちや人柄を探りながら、なおかつ事を有利に運ぶための、〈うた〉の技術というべきものが必ず存在したはずである。それは、相手の歌に対していかに巧みに切り返すかという点を主眼とするものであったろう。そして、そうした歌掛けの技術は和歌に引き継がれ、くだんの機知的応酬のうちに脈打っているのだと考えられる」(27)というときの、相聞の「歌掛けの技術」が育まれた場が、遊戯性を持った歌垣にはあったのではないか、ということである。歌掛けにおける「対立と協調」あるいは「対立と親和性」がもっとも効果的にあらわれるのもそのような場においてであろう。

ところで、歌垣の歌には、揶揄、からかい、撥ねつけなどによる、相手に対抗する歌掛けのほかに、協調的な〈歌継ぎ〉があるのではないだろうか。とりわけ遊戯性を持った歌掛けの場合、場の空間を共有し持続させようとする強い意思が働くとき、そこには〈歌継ぎ〉の要素が当然生じる。また、ずらしや、はぐらかし、また悪口の歌掛けがなければ、おもしろさも緊張感も生じない。小川学夫もまた、奄美の歌掛けには問答の形のほかに歌い継ぐ形があることを述べ、島で「カエシ（返し）」とか「ツギ歌」といっているその返し方、継ぎ方の例を五例あげている。(28)また、折口信夫は、「片歌が二つ並んで一首をなしているのは、皆問答の形である」(29)と述べたけ

れども、たとえば次の旋頭歌、

春日すら田に立ち疲る君は悲しも若草の妻なき君が田に立ち疲る（巻七・一二八五）

息の緒に我れは思へど人目多みこそ吹く風にあらばしばしば逢ふべきものを（巻十一・二三五九）

がよく示しているように、上句に気の利いた下句を付けることで一首を完成させようとする意識は、問答ではなく〈歌継ぎ〉である。古事記の倭建命の東征物語でも、倭建命の、

新治　筑波を過ぎて　幾夜か寝つる

の問いに対して、

かがなべて　夜には九夜《ここのよ》　日には十日《とをか》を

と、御火焼《みひたき》の老人《おきな》が「御歌に続《つ》ぎて歌《うた》曰ひしく」とある。

6　歌掛けのなかの虚構の恋歌

隠《こも》りのみ恋ふれば苦し山の端《は》ゆ出で来る月の顕《あらは》さば如何《いか》に（巻十六・三八〇三）

万葉集には、恋する男女ふたりの関係が世間に知られることを極端に嫌う歌が多い。ところがその歌じたいは公開されているという矛盾を持つのが万葉集の恋歌である。その矛盾を抱えながら成り立っている、ということは、恋歌とはこう詠むべきだという観念によっているからであろう。恋心はもちろん障害があってこそ高まる。その障害として万葉集に多く詠まれているのは「人目」の関である。現実的には多様にあるはずの障害が、かなり特定されているのである。

うつせみの人目を繁み石橋《いはばし》の間近《まちか》き君に恋ひわたるかも　（巻四・五九七）

かくばかり面影にのみ思ほえばいかにかもせむ人目繁くて　（巻四・七五二）

心には千重に百重《ももへ》に思へれど人目を多み妹に逢はぬかも　（巻十二・二九一〇）

なぜこのように人目が多く詠まれるのか。それについては、お互いに「妹《いも》」と呼び「背《せ》」と呼ぶ呼称のなかに、近親相姦（妹背婚）へのおののきがあるとする西郷信綱の説など、さまざまな解釈があるのだが、歌垣を参考にして考えられるのは、恋歌がむしろ逆に人目に包まれた、衆人環視のなかで詠まれるからであろう。ふたりを取り囲む人々は、公開された場で堂々と秘め事が歌われるその落差を楽しんでいる。つまり「人目」の関は、人々を楽しませる諧謔性を持った表現なのである。取材した中国の花儿には、聞き耳を立てて取り巻いている人垣のなかで次のように歌う男の歌詞がある。

君が好きだけれども周りに人が多いのでとても口に出せない

（二〇一〇年六月二六日、岷県の洮河左岸の河川敷、麻石頭での対歌）

歌い手は、周りに人が多いので「口に出せない」と言うのだが、人々が見ている前ですでに「君が好きだ」と歌っているのである。しかし、このように歌っても周りの人々は少しも矛盾を感じない。それどころか、公然の秘密にむしろおかしみを感じて楽しんでいるのである。万葉集の東歌でも、

上つ毛野乎度《をど》の多杼里《たどり》が川路《かはぢ》にも子らは逢はなもひとりのみして　（巻十四・三四〇五）

と歌う。好きな人にたった一人で逢いたいと歌うのは、これも歌い手がかえって衆人環視の中にいるからなのではないだろうか。花儿のような山歌は、村の中や家の中では絶対に歌わないのが原則だという。それに対して、野外の花儿会では、男女の愛情表現の歌が気兼ねなく歌えるのだが、それでも実生活の倫理をそこに持ち込むことで、歌の表現におかしみを出しているのである。(30)

万葉の恋歌は、あたかもプライベートな場面で歌われたかのごとくであるが、じつは他人の目にさらされる公開性を持った虚構である。その虚構の源流をたどれば、歌垣の対歌のなかで想像された物語的な場面の歌に至り着くであろう。その虚構の歌を聴く周りの人々は、現実的にはあり得ない落差を楽しみながらも、物語のなかに感情移入することでそれを矛盾とは感じなくなる。

次に、歌垣で虚構の物語が歌われる実際の例を、取材した中国の花儿から日本語訳であげてみよう。

（女）　私はお宅にうかがったところ、奥さんが地面に膝をついたままオンドルの穴に薪を入れていた、あな

たがオンドルの上で算盤を弾いているのを見た。

（男）僕は君の家の裏へ行った、旦那さんがカンフーのできる人だと聞いた。それで背負い籠《かご》いっぱいの石を用意したんだ。


――（略）――


（男）僕は君を西固の両河口に連れて行く、君は甘酒を、僕はお酒を売る、二人は貧しい日々を我慢して過ごす、西固の市内を回って、柿が赤く実るのを見た、急に家族が恋しくなった。

（女）あなたの話の続きを言ってあげる、あなたは西固の市内を回って、唐辛子が赤くなったのを見たら、なぜか急に置き去りにした家の嫁さんのことを思い出した。それで私をごまかしてどうしてもそこに居ようとしないんだ。

（男）君を内《うち》モンゴルへ連れていこうと思う、人に聞かれたら兄の僕が妹の帰省に付き添うという。

（女）他人が近くにいたら二人は別れて歩く、いなかったら手をつないで歩く。

＊〔資料3〕洮岷花儿演唱歌詞例（迭藏河二〇一一年）。岷県の洮河の支流迭藏河河畔での取材歌詞から衬詞を除き分かり易い部分を抜き出した。

花儿は既婚者同士の歌掛けだから、相手に連れ合いがいることを前提に歌っている。しかし女性の夫の素性は歌い手にも聴衆にもまったく分からない。そのためにかえって想像でさまざまな話題を作り出すことができる。時には男が相手の女と駆け落ちした話を作り出し、相手の女はその話に乗って返歌する。駆け落ち先でどんな生活をするかなど、まったく虚構の物語が冗談を交えて聴衆の笑いを誘いながら紡ぎ出されてゆくのである。しかもまた、〔資料2〕洮岷花儿演唱歌詞例（麻石頭二〇一〇）の例などは、駆け落ちするには二人の子どもがまだ小さすぎると訴えるなど、いかにも現実的なスリルのある展開になっていて、相手を「妹」と呼び「背」と呼ぶ近親相姦同様のおののきがある。

このような、男女の掛け合いの持続を考えると、誘い歌から始まって、恋仲になり、さらにふたりの恋の障害や相手の女の家に男が逢いに行く場面、朝帰りのときの情況、その後の男の心変わりと女の恨み、などなど、ふたりが創り出す一連の恋の物語場面を、われわれは想像することができるだろう。ひるがえって万葉集を見たとき、集中には一連の恋愛の過程が、出会いから別れまで、まとまって収録されているわけではないけれども、求婚、夜這い、朝の別れなど、各場面を思わせる歌が断片的に収録されている。それらの淵源をたどれば、歌掛けにおける虚構の恋歌に至るのではないだろうか。

現代の花儿会では、年若い少女も含めて、人々がわれもわれもと熱心に歌掛けを録音している姿を見かける。こんなデジタル機器が無かった昔は、歌掛けで歌われた歌のなかで、気の利いた興味のある表現の歌は、聴衆の耳に留まり、人々の口の端にのぼって伝承歌詞となったであろう。それはまた文字を知っている者たちによって書き取られることもあった。文字による支配が日本列島に広がり、倭語を漢字で書き取る技術の普及とともに、倭語の歌は文字化されることが多くなっていったであろう。とりわけ七世紀後半の律令制に向かってゆく時代には、都の官人たちが地方へ旅する機会が増え、それとともに各地に発生した遊行女婦たちが、それぞれの土地にいて官人に招かれ、その宴席で賀の歌を歌い、また社交的な恋歌も歌ったと思われる。前章に述べたように、万葉集では恋歌の相手の男性を「背」ではなく「君」と呼び掛ける例も多い。高野正美によれば、それは遊行女婦と官人が交わした恋歌だからだろうという。(31) 遊行女婦が歌う恋歌は、歌垣から生まれて人口に膾炙するようになったと推測する以外に由来を想像することはできない。そのようにして交わされた歌は、官人の記憶に残って都へ持ち帰られ、文字になることもあったと思われる。

都近くの市における歌垣に直接ふれる機会から学んだ歌とともに、そうした歌も文字化されて万葉歌のもとになったと推定される。また都の貴族社会においては、男性間の社交手段であれば漢詩があるが、宴席などでの男女間の社交にとっては、歌垣の歌掛けこそまたと無い社交の手段を与えるものであった。歌垣の現場を離れた相聞歌がそうして多く生まれたのである。

注

（1）声の歌からの発想であることをもっともよく示しているのは、次のような音の類似によって続ける万葉集の序詞の例である。

春さればまづ三枝の幸くあらば後にも逢はむな恋ひそ我妹　（巻十・一八九五）

右は、さきくさ（三枝）に「咲き」の意味を掛け、さらに「さきく（幸く）」という同音の語に続けている。この歌では、春になったら再び咲く花という意味を、来春にはまた逢おうという人事に掛けている点で、さらなる言葉の工夫があるが、次の歌などは無関係な上句と下句を、ただユキ（雪→行き）の同音だけで繫げている。

上つ毛野伊香保の嶺ろに降ろ雪の行き過ぎかてぬ妹が家のあたり　（巻十四・三四二三）

（2）白石太一郎監修『東アジアと江田船山古墳』雄山閣、二〇〇二年

（3）よみがえれ古墳人東国文化発信委員会編『国際シンポジウム「よみがえれ古墳人」記録集・資料集』二〇一五年

（4）『稲荷山古墳出土鉄剣金象嵌銘概報』埼玉県教育委員会編、一九七九年

(5) 馬場基著『日本古代木簡論』吉川弘文館、二〇一八年
(6) 栄原永遠男著『万葉歌木簡を追う』和泉書院、二〇一一年
(7) よく知られた難波津の歌の木簡に関連してであるが、「律令官人にとって「歌」を書くのが職務の一環」だったとみる説もある（犬飼隆著『木簡による日本語書記史』笠間書院、二〇〇五年、二三八頁）。識字層における歌の文字表記が一般化し、多くの歌が、いわば書き捨てられなければ、七世紀末以降の万葉集の歌は生まれなかった。渡辺晃宏によれば、木簡文化が中国ではすでに衰退していたとみられる時期に百済遺民によってもたらされ、漢字を使った独自の木簡文化が七世紀に確立していったという（渡辺晃宏『平城京一三〇〇年「全検証」—奈良の都を木簡からよみ解く』柏書房、二〇一〇年）。
(8) 髙橋宏幸「飛鳥池遺跡出土「音義木簡」の依拠原典について」（都留文科大学国語国文学会『国文学論考』48、二〇一二年）
(9) 新川登亀男「「天皇」木簡を考える」『月刊しにか』二〇〇〇年九月
(10) 犬飼隆著『木簡による日本語書記史』笠間書院、二〇〇五年、二一一頁
(11) 岩波日本古典文学大系『日本書紀』下、一九六五年
(12) 恋人に逢えないならば市に沓を買いに行こうと歌うのは、前述のように市では男女が自由に逢えたことを意味しているし、男女の自由な出逢いが許されるのは、やはり市が歌垣の場だったからだと考えられる。
(13) 遠藤耕太郎著『モソ人母系社会の歌世界調査記録』大修館書店、二〇〇三年
(14) すでに土橋寛著『古代歌謡と儀礼の研究』第七章で「悪口歌とはねつけ歌」の存在が指摘されている。日本書紀の歌謡の「向つ嶺に　立てる夫らが　柔手こそ　我が手を取らめ　誰が裂手　裂手そもや　我が手取らすもや」も、悪口歌による女のはねつけ歌である。
(15) 詳細は、北村奏恵「『古事記』袁祁命の「歌垣」考」、お茶の水女子大学国語国文学会『国文』、二〇一六年七月
(16) 遠藤耕太郎著『古代の歌　アジアの歌文化と日本古代文学』瑞木書房、二〇〇九年。悪口歌については飯島奨の漢族の掛け歌調査でも報告されている（飯島奨「歌詞の音数と旋律との隔たり—中国陝西省紫陽県漢族の掛け合い歌を事例に」『アジア民族

文化研究』（8）、二〇〇九年）。

（17）居駒永幸「日本古代の歌垣―「歌垣」「歌場」「嬥歌」とその歌―」『歌の起源を探る　歌垣』三弥井書店、二〇一一年

（18）品田悦一「成立の前史・試論―歌垣と〈うた〉の交通―」『文学』一九八八年六月

（19）拙論「中国甘粛省岷県花儿会調査報告二〇一〇年」（新潟県立大学国際地域研究学会会誌『国際地域研究論集』第2号、二〇一一年三月）

（20）小川学夫著『歌謡《うた》の民俗―奄美の歌掛け』雄山閣出版、一九八九年

（21）白族の海灯会では竜王廟での神祭りが行なわれるとともに、男女の恋歌の歌掛けも盛んに行なわれている。どちらかと言えば、神祭りに参加し集団で舞踏するのは年配者で、歌掛けするのは比較的若い人々であった。

（22）森朝男著『古代和歌と祝祭』有精堂、一九八八年

（23）たとえば岡部隆志「アジアの歌掛け文化」『歌の起源を探る歌垣』三弥井書店、二〇一一年。また西郷信綱も「市と歌垣」で、対立とそれに対する「協同と相互依存と友情」によるとしている。

（24）居駒永幸は、志毘臣と袁祁命の掛け合いを参考に、歌の歌詞の「柴垣」「韓垣」「組垣」等の語句を考え合わせると、「歌懸きと人垣の両義的な関係に成り立つ語が歌垣であった」と述べている（居駒永幸「日本古代の歌垣―「歌垣」「歌場」「嬥歌とその歌―」」『歌の起源を探る歌垣』三弥井書店、二〇一一年）。さらに歌詞の中にでてくる「潮」や「波」を歌垣の群衆に喩えたものともするが、そこまで考えなくとも、「人垣」とみる説には賛同できる。

（25）「原始詩人は独りで創作するのではない。聴衆の刺激と働きかけと呼応がなくては、その霊感を働かす事は出来ない。未開社会の即興歌＝詩にかけ合いの要素の強いのはこの様な事情によつて説明され得る」（山口昌男「未開社会における歌謡」『国文学解釈と鑑賞』25（14）、一九六〇年）と山口昌男が述べたことは、未開人や古代のヤマト人だけでなく花儿で歌掛けする現代の人々にも当てはまるだろう。

（26）高橋虫麻呂が都の者であれば、筑波山の歌垣に参加することはできなかったであろうが、もし参加したと仮定した場合、彼は

歌を得意とする人物であり、恋の相手を得るという目的よりもまず第一に考えられるのは、歌垣で歌う地元のすぐれた歌巧者である女性との掛け合いを楽しんだかも知れない。工藤隆は、雲南省剣川のペー族の歌垣で恋歌を交わす男女の歌に、事実とは異なる虚偽の内容が入るのは、歌い手が作家的な立場で見物人の評価を強く意識するからであり、そこに〈うたのワザ〉が用いられるからだと述べた（工藤隆著『歌垣と神話をさかのぼる』新典社、一九九九年）。高橋虫麻呂が筑波山の歌垣に参加するためには、歌垣の歌のルールをある程度は体得していなければならないが、中国の花儿などから考えると、歌に「人妻」を詠むことなども、実態を離れて慣習化した歌掛けの表現だった可能性がある。そのことについては、森朝男が、「人妻」は歌垣における女歌の「歌語」であったこと、そして「こうした男女の歌の応酬が、無数に、常習的に歌垣ごとき習俗を場として反復されていた」のだろうと述べたとおりである（森朝男『古代和歌と祝祭』有精堂出版、一九八八年）。言い寄られた女性にとって、自分は人妻だと表明することは既婚未婚を問わず、いつの世でも、男を撥ねつけるために有効である。また、恋の相手を得る目的ではなく、歌掛けじたいを楽しむために人妻が参加することは、さまざまな人々が集う市においては充分あり得ることである。

（27）品田悦一「成立の前史・試論―歌垣と〈うた〉の交通―」『文学』一九八八年六月

（28）小川学夫著『奄美民謡誌』法政大学出版局、一九七九年、および同氏著『歌謡の民俗―奄美の歌掛け』雄山閣、一九八九年

（29）折口信夫「万葉集の解題」、『折口信夫全集』1（古代研究・国文学篇）、中央公論社、一九九五年

（30）中国雲南省の白族の歌垣でも他人の目や噂を気にする歌詞が歌われているが、それについて工藤隆は、実際に村の生活の中で生じる非難があることが背景になっていることもあるが、それと同時に白族の歌掛けでは「人々は皆、私の恋人はあなただと言っています」とか「千人もの人たちが私たちの親しさを見ています」とも歌うように、「その場にいる見物人という他者を自分たちの恋愛を支援するものとして位置づける感覚のあるのが特徴である」という。つまり現実の歌垣では、他人の目や噂をむしろ肯定的にとって二人の恋愛の証人にしようとする点で万葉集の表現とは異なるという（工藤隆「歌垣の現場性と万葉恋歌の観念性―証人としての他者と「人目」「人言」」万葉古代学研究所年報（8）、二〇一〇年三月）。相手を説得するために、

見物人を味方に付ける例は花儿にも見られる。たとえば、〔資料2〕洮岷花儿演唱歌詞例（麻石頭二〇一〇年）に、34男「僕も皆の前で君と約束する」とある。

万葉集の恋歌は、もはやそれを堂々と歌う歌垣の場が無いところで創作される。二人を取り囲んで彼らの関係を肯定したり否定したりする周りの人々がいない。それゆえ「人目」や「噂」はどこまでも否定的なこととして詠まれるのであろう。ただし東歌には次のような、衆人を味方につけるような歌もあることはある。

鳴《な》る瀬《せ》ろにこつの寄すなすいとのきて愛《かな》しけ背《せ》ろに人《ひと》さへ寄すも　（巻十四・三五四八）

（31）前掲「社交歌としての恋歌」『万葉集作者未詳歌の研究』笠間書院、一九八二年所収。なお、大木康「馮夢龍『山歌』の研究」（『東洋文化研究所紀要』第百五冊、一九八八年）に述べるところの、民間の歌が、遊女を通して文人に受容されるという中国明代の江南の山歌と、このあり方はよく似ている。参考になるであろう。

七　甘粛省洮岷花儿取材演唱歌詞資料

〔資料1〕洮岷花儿演唱歌詞例（馬燁侖二〇〇八）

〈資料の説明〉

1　取材日：二〇〇八年七月二〇日午後

2　取材地：甘粛省岷県秦許郷馬燁侖

3　歌い手：男性一人に対して女性三人
三人の女性には記号①②③を付けて区別した。女性たちのうち①が積極的に歌っていて、他の②③は①に促されて歌っている。四人の年齢は確認していないが、三十代から四十代の人たちと思われる。（以下、取材した岷県の花儿は、この地で〝阿欧怜儿〟と呼ばれているもので、分類上は南路派に属する。）

4　協力者：
柯　楊（元蘭州大学教授）
戚暁萍（甘粛省社会科学院文化研究所研究員）
張　犇（西安外国語大学日本文化経済学院副教授）
申平雲（岷県馬燁侖で出会った男性の歌い手で年齢未詳。四十歳代か）
李金光（取材歌詞の確認。文字がある程度読める、三十四歳）
劉瑞巧（取材歌詞の確認。文字は読めない、三十六歳。李金光の妻）

5　文字化：
取材の翌日、ビデオカメラにおさめた映像を現地の人に見せながら、当地で花儿のフィールドワークを行なっている戚暁萍氏が文字化した。取材した歌詞は中国語であるがすべて岷県の方言で歌われている。（これは、この資料にかぎらず以下〔資料6〕まですべてそうである。）また、日本語への翻訳は張翥氏が行ない、筆者が表現を調整した。実際の演唱上は句意に無関係な音声が多くあるが、ここには詩句として意味のある文字のみ記載した。

6　衬词（襯詞）：
歌詞の前の（朋友们）（我的人）などは花儿を歌うときに慣用的に付けられる呼びかけの語で「衬词」という。

7　情　況：
岷県の、中心となる花儿会は旧暦五月十四～十九日にかけて行なわれる二郎山のものだが、その前後の月に小規模な花儿会が各地で盛んに催されている。その場合、開催費用の調達が必要で、現在ではおもに篤志家が費用を提供して開催しているらしい。宗教的な施設とはまったく関係のない場所が選ばれて開催される例もあり、今回訪れた馬燁侖《マーイエルン》（馬燁牧場護林駅）もそうで、三～四年前から行なわれるようになった新しい会場だとのことであった。この取材のときは、七月十九日から三日間行なわれていた。

写真 27：花儿会での対唱

①～③の女性たちが右の男性と対唱している。（2008.07.20）

（歌詞原文）

1男

鎌刀割了細叶麻，

外宾□拍去我心上沙。(1)

2女①

六月十八花儿会，

我们就合bu鴿站两队(3)

3女②

（朋友们）

柏木盖盖盖酒缸，

説下连你有指望，

把我撂着干埂上。(4)

4男

为啥我来你没来，

我今儿个骑个摩托者把心灰。

5女①

场里大麻长成柳，

截成轱辘做成斗，

（日本語訳）

1男

鎌で細叶麻を刈り取る、

よそのお客さんが私の映像を撮ってくれて私は嬉しい。

2女①

陰暦六月十八日(2)の花児会で、

私たちは鳩のように二つのグループにわかれている。

3女②

（友だちよ）

柏の木の蓋で酒甕にふたをする、

あなたと付き合うことを望んでいるのに、

私を畑の畔の上に立たせたままだ。

4男

私はやって来たのに、あなたはなぜ来なかったのか、

今日はオートバイ(5)に乗ってやって来たがとてもがっかりした。

5女①

脱穀広場の大麻はすでに柳になった、

その木を伐って車輪や枡を作った、

苍蝇把住斗沿儿走。

6女③
（我的人）
镰刀割了细叶麻。

7女①
把你如比细叶茶，
称上一两手星拿，
一解渴来二解乏，
三解我的心上沙。

8男
（娃阿姨）
四解我的嗑睡心上沙。

9女②
（娃爸爸）
天爷不下阳着呢，
我寒气淹着心着呢。(6)

10男
（娃阿姨）
天爷不下晚晴了，

蝿はその枡の廻りを飛び廻っているよ。

6女③
（私の人よ）
鎌で細叶麻を刈り取る。

7女①
あなたは細叶茶のようです、
そのお茶を一両量って一杯呑めば、
一つには渇きを癒し、二つには疲れが取れる、
三つ目には私の恋心を抑える。

8男
（おばさん）
四つ目は眠気をとるから嬉しい。

9女②
（お父さん）
天の神様は雨を降らせないので曇っている、
私の心は湿っていてあれこれ考えている。

10男
（おばさん）
天の神様は雨を降らせないので今晩は晴れるでしょう、

我今日出了院门了。

11女①
马烨仑的花儿滩呢，
带话叫你出山呢，
腊肉凉粉都酸了，
把那佛爷馍馍都干了。(7)

12男
马烨仑的石墙子，
你带话就叫我来呢。

13女②
（我的人）
天下老鸦沟沟飞，
大会场上我挑一个。

14男
沙木解成一页板，
这么人多你挑着捡。

15女①
斧头剁了李树材，
我端端看下你一个，

私は今日出かけます。

11女①
馬燁侖の花児会に、
あなたが山から出て来るように伝言を頼みました、
燻製肉と涼粉はすっかり腐ってしまいました、
神様へお供えした饅頭はすっかり乾燥してしまいました。

12男
馬燁侖の石墻子、
あなたの伝言を受けて私は来ることにしました。

13女②
（私の人よ）
世の中のカラスは谷を飛んで行く、
私は花児会の会場で気に入った相手を選ぼうと思う。

14男
沙木を伐って一枚の板を作った、
たくさんの人がいますから好き勝手に選びなさい。

15女①
斧で李の木を伐った、
私にとってはあなただけです、

长得好看嘴又乖。
（说话还到理上来）[8]

16男
象牙筷子夹粉呢，
你说日子我等呢。

17女①
原打回是原来了，
象牙筷子夹粉呢，
你说日子我等呢，
日子略在十一营，[9]
大南门上把你行。[10]

18男
镰刀割了绿芹菜，
小南门上行你你没在。

19女①
二郎山的山根呢，
我想你心肺肝疼呢，
就合赖朵儿翻身呢。[11]

20男

あなたはハンサムで話し上手だ。
（あなたの言うことは理にかなっている）

16男
象牙の箸で麺を挟む、
会う日をあなたが決めて下さい、私はいつでもいいよ。

17女①
私はあなたの歌ったことを繰り返しましょう、
（※以下二行、16男に同じ。）
会う日は十一営の市の日にしましょう、
大南門のところであなたを捜します。

18男
鎌で緑の芹菜を刈り取る、
小南門のところであなたを捜したが居なかった。

19女①
二郎山の山の麓、
心臓も肺臓も肝臓もみな痛くなるほどあなたのことを思っている、
ヒキガエルのように寝返りを打っている。

20男

（娃阿姨）
斧头剁了水白杨，
阿么你唱着我没唱。(12)

21女①
你唱我也唱着呢，
就合喊浪浪着呢，(13)
把死气一样胀着呢。

22男
镰刀割了红叶材，(14)
（娃阿姨）
我今儿个专门跟上你的脚印儿来，
你脚印儿在么怜儿没在。

23女①
我把脚印踏着泥后头，
我把脚印丢下人没有。

24男
镰刀割了一根材，
（娃阿姨）
我到大河沟岔里把你行。(15)

（おばさん）
斧で水白楊を伐った、
どうしてあなたは歌っているけれども私は歌っていないのか。

21女①
あなたも歌っているし私も歌っているよ、
私は牛追いのようにあなたに歌いかけている、
腹立たしい気持ちでいっぱいだ。

22男
鎌で紅叶材を伐った、
（おばさん）
私は今日わざわざあなたの足跡についてやって来た、
足跡は残っているけれどもあなたは居ない。

23女①
私は足跡を泥の中に残している、
足跡は残っているけれども私はそこに居ない。

24男
鎌で薪を一本伐った、
（おばさん）
私は大河溝岔へあなたを捜しに行く。

25女①
空情抬下一盘盘儿，
（还怕）把实心没拿一点点儿。

26男
斧头剁了桦材了，
我给你全部把实心费上了，
看你还对上对不上。

27女①
斧头剁了香杆了，
拉的人多你没有，
这会把你两耽了。

28男
我先前拉怜儿有指望，
（娃阿姨）
你把哥哥晾着干埂上，
我先前有你着可有指望。

29女①
我拿实心把你哄，
你拿空心把我哄，

25女①
うわべだけの情けを盛った皿を幾皿も私に持ってくる、(16)
あなたの本当の情けは少しも盛られていない。

26男
斧で白樺の木を伐った、
私はあなたにあらゆる誠意を示しました、
私の歌にあなたは答えてくれますか。

27女①
斧で香杆を伐った、
私と付き合う人は多いけれどもその中にあなたは居ない、
これでは二人にとって損です。

28男
私は以前あなたと付き合うことを望んでいた、
（おばさん）
あなたは兄の私を畑の畔の上に放っておいた、
あなたと付き合うことを楽しみに生きてきたのに。

29女①
私は誠意をもって付き合っているのに、
あなたは口先だけで私を弄んでいる、

哄得那嗑睡来又丢盹。

30男
叫你把我哄着半路上。
麻绳扎了条帚了，
（娃阿姨）

31女③
屋里家穷没靠头，
把我引上逃难走，
把难逃着两河口。(17)

32男
河里杨柳夹线柳，
你跟上哥哥逃难走。

33女①
月亮出来筛子大，
那是你哄我的话。

34女③
枇杷开花四瓣红，
摩托骑上耍了人。

あなたの巧みな言葉にまるめ込まれて私はうとうと眠くなった。

30男
（おばさん）
麻の縄で箒を作った、
あなたに弄ばれて中途半端な状態になってしまった。
31女③
家は貧しくて誰にも頼れない、
私を連れて駆け落ちしてください、
私を連れて両河口へ逃げてください。

32男
川端の楊柳と夾線柳、
兄の私と一緒に逃げましょう。

33女①
篩（ふるい）のような丸い月が出た、
そんな話は嘘でしょう。

34女③
枇杷の花は赤い四つの花びらを開く、
オートバイに乗っている恰好いいあなたに騙された。(18)

注

（1）この句の三字目の一字不明。
（2）取材日七月二〇日は、旧暦六月十八日に当たる。
（3）bu…漢字不明。なお、ここで女①が次の女②を引っ張り出して無理矢理に歌わせている。
（4）干埂…田辺不長草的高台。
（5）男たちの交通手段としてバイクが普及している。
（6）「寒气」は「瞌睡」とあるべきところだと地元の人は批評する。
（7）「佛爷」は「白面」とあるべきところだと地元の人は批評する。
（8）说话还到理上来…実際の演唱では歌われていないが、この句があるべきところだと地元の人は批評する。
（9）十一营…岷阳镇。
（10）行…尋找。
（11）赖朵儿…指頼蛤蟆（方言）。
（12）阿么…为什么。
（13）喊浪浪…喊牛的一種声音。
（14）红叶材…柳樹的一種。
（15）大河沟岔…指処地方。
（16）これに似た表現は、〔資料2〕洮岷花儿演唱歌詞例（麻石頭二〇一〇）の21女にもあり、一種の慣用句である。
（17）両河口…今の宕昌県にある地名。西固は宕昌県・舟曲県一帯の歴史上の行政区名。この地に駆け落ちする話は、〔資料3〕洮岷花儿演唱歌詞例（迭藏河二〇一一）にもある。
（18）相手に騙されたといって終わる例は、次の〔資料2〕洮岷花儿演唱歌詞例（麻石頭二〇一〇）にも見られる。

〔資料2〕洮岷花儿演唱歌詞例（麻石頭二〇一〇）

〈資料の説明〉

1　取材日：二〇一〇年六月二十六日午後

2　取材地：甘粛省岷県麻石頭（洮河左岸の地）

3　歌い手：男性一人と女性の姉妹
女性の姉妹は西寨鎮の坎鋪塔から女性三人で連れ立ってやってきた人たちである。

4　協力者：戚　暁萍・張　螽（二人の職位は〔資料1〕に掲げたとおり。以下、同じ。）

5　文字化：
音声からの文字化は戚　暁萍が担当し、日本語訳は張　螽が担当した。取材した音声を漢語に起こす作業は次のような方針をとった。
女性歌手は一首*ごとの歌い出しに、声を長くして〝哎――〟あるいは〝哎欧――〟という呼びかけの語（呼喚語）を発し、そのあとで意味のある詩句を歌う。また、この〈呼喚語〉に続けて「远亲戚」などの〈称呼語〉を発して歌詞の本文に入る。例えば、「哎――　远亲戚　砂石河滩磨一盘」といった具合にである。また、相手が次の一首を歌い出すときには、前の歌の末尾三字を「衬词（襯詞）」として繰り返してから、次の歌に入る。例えば、「哎――　远亲戚　砂石河滩磨一盘」→「磨一盘　我有心连你做一天」→「做一天　我把心病上的话说完」というふうに。ただし、これらを置かずに本文の詩句だけ歌うことも通常なので、この取材記録ではこれらを省略してある。
＊　第二章の注に記したように歌い手が歌うそれぞれ一区切りの詩句を「首」と呼ぶことにする。

6　情　況：

当日、三人のうち歌の上手な一人が木立の間で花儿を歌い始めると、その歌声を聞きつけて、女性の歌い手が現われ、歌掛けが始まったが、これは長続きせず数回で終わった。その後、男性が現われ、いかにも自分と対歌しようという態度で歌いかけた。このときの歌掛けでは、二人の姉妹のうち妹がおもに歌っている。句の末に（姉）とある以外はすべて妹が歌った句である。歌の掛け合いは四十～五十分続いた。

7

その他：（戚暁萍解説）

（1）漢語歌詞中の傍線部について

阿欧怜儿すなわち南路花儿は、一句七字で三句からなる詩型が基本であるが、この資料の男性はかなり破格の歌詞で歌っている。これは岷県の北小路地区の花儿の特徴で、句中に多くの「衬词（襯詞）」を入れ、また当地の言語習慣による字句を加えているため各句の字数が多く複雑な構成になっている。さらに一句の字数だけでなく、句数も三句をおおはばに越えて、二首三首分をまとめて歌ったものもある。この資料では次の例のように、一句のなかで歌の主意以外の部分に傍線を引いて、「衬词」や言語習慣による付加部分を示した。

例句　我也向观众给你说一挂，

只要你成了我把你引着马坞的新寺下。

（2）岷県の方言について

写真 28：麻石頭の花儿会場

林の中の歌い手の周りに人垣ができる。

対歌している言葉はすべて岷県地方の方言である。例えば次の句の場合、

木匠做下柜着呢，

傍点の語は中国語普通語の発音と違って次のように発音している。

做 zù
下 hà
呢 ni

このため、現地の方言が分からないと中国人でも歌の意味を理解することができない。

（歌詞原文）

1女
水打磨了自滚呢，（姐）
人没心了自哄呢，（姐）
把我心思不懂呢。

2男
骡子驮了细香了，
把不见的亲戚遇上了，
把屋里去的路忘了。

3女

（日本語訳）

1女
水力で動く引き臼が自動的に動いている、（姉）
やる気がなくて自分をごまかしている、（姉）
私の気持ちをわかってくれない。

2男
騾馬《らば》が線香を背負っている、
久しぶりに親戚[1]のあなたに会った、
家に帰るのを忘れてしまった。

3女

山里那边路岔了，
人家把好的行下了，
把我一眼不瞭了。

4男

门上园儿呢美如画，
我把新行的冤家气逗下，
我把实心给你一个拿。

5女

镰刀割了草细细，
就合蜜蜂采新巢，
旧巢门儿上不照了。

6男

手拿斧头剁红桦，
唱花儿行里没实话，
我的心思七股八棵杈，
你把实心扯着阿一下。

7女

剪子铰了纸样了，
把心扯着你下了。

山の向こうで道を間違えてしまった、
私よりいい女ができて、
私に目もくれなくなった。

4男

家の前にある菜園は絵のように美しい、
僕は新しく知り合った君を怒らせたのか、
僕の心には君しかないよ。

5女

鎌で細細草を刈り取る、
蜜蜂が新しい巣を作ったように、
古い巣には戻らない。

6男

斧を持って紅樺を切る、
君が嘘をつくのではないかと心配する、
僕の心は込み入った木の枝のように乱れている、
君のまごころは誰のところにあるのか。

7女

ハサミで靴の紙型を切る、
私のまごころはあなたのところにある。

8男
园里牡丹园里开，
我今儿个把整园的酸刺给你栽，
就像蜜蜂缠着来。

9女
红铜烟锅蓝丝穗，
你有穗子紧着戴，（姐）
你把过时的旧花儿要使坏。

10男
你像一朵黄菊花，
挖着我的床底下，
一晚夕不见想死恰。

11女
青稞出穗朝天呢，
你合俊花牡丹呢，
长得稀不好看呢，
迟早把你折下呢。

12男
你像一树苹果呢，

8男
花園の牡丹が咲いている、
僕は君のために花園一杯に酸刺(2)を植えてあげる、
蜜蜂が酸刺を飛び回るように僕は君に纏わりつく。

9女
銅製のパイプに青いふさが下がっている、
ふさが手に入るとすぐ使う、（姉）
流行遅れの古いものを壊さないように。(3)

10男
君は黄色い菊の花のようだ、
その花を折ってベッドの下に置いておく、
一晩会わなければ死ぬほど君が恋しい。

11女
裸麦の穂が空に向いている、
あなたはきれいな牡丹の花のようだ、
なかなかハンサムでいい格好をしている、
いつかあなたを折って手に入れる。

12男
君はいっぱい実ったりんごのようだ、

长得多不零落呢，
我到十里路上闻着呢，
迟呢早呢摘脱呢。

13女
西大二寨佛爷庙，
你合一树白葡萄，
看着看着叫人摘了。

14男
莲花山的山道里，
你像一树葡萄呢，
长得多不零落呢，
谁走呢么谁瞭呢，
我迟呢早呢摘了呢。
二两缸么一两缸，
你给下饮料的情不薄，
你的心术太好了，
你给下的饮料我喝不了。

15女
前山魂影儿赛白杨（姐）

たくさんあってほんとうに綺麗に見える、
十里離れた所でもその香りが漂ってくる、
いつか君を摘み取って手に入れよう。

13女
西寨と大寨にある寺院、
あなたはいっぱい実った白葡萄のようだ、
見る見るうちに人に摘み取られてしまった。

14男
蓮花山の山道、
君はいっぱい実った葡萄のようだ、
実がたくさんあってほんとうにきれいだ、
通りがかりの人々は皆君に目が行く、
僕はいつかきっと君を摘み取ろう。
二両入りの油壷と一両入りの油壷、
飲み物をほんとうにありがとう、
君は心が優しい人だ、
いただいたジュースは飲むのが惜しい。(4)

15女
前の山に住むあなたはポプラのようだ、(5)（姉）

生的零落长的旺，
长着万刮石崖上，（姐）
我的手短够不上。

16男
园子角儿里线木香，
你合樱桃树一样，
樱桃尕是味道香。

17女
佛爷殿前刺木香，
你连头茬葱一样，
颜色又俊味道香。

18男
缸二两四两缸，
你连小鸡肉一样，
有心拣着象牙筷子上，
就是不吃瞭起香。
西江桥的王铁嘴，
你们三个像西瓜一包水，
像是我的催命鬼。

格好よくて元気いっぱいだ、
削ったような山崖に聳えたっている、（姉）
私の手ではとても届かない。

16男
庭の隅にある線木香(6)、
君は桜んぼの木のようだ、
桜んぼは小さいけれども味がとてもいい。

17女
寺院の前にある刺木香(7)、
あなたは一番刈りの葱のようだ、
色も綺麗だし味もいい。

18男
油壷二両入りと四両入りの油壷、
君は鶏肉のようだ、
象牙のお箸で一つ挟もうとする、
食べずに見るだけでも美味しそうでよだれが出る。
西江橋の王鉄嘴(8)、
君たち三人は水分いっぱいの西瓜のようだ、
君たちに魅了されて僕は命を取られそうだ。

19女
麻布裤子连的档，
难道你想谁没想，
谁把年轻人没当。

20男
大麻打下一根绳，
我想你人多说不成，
若要不信你问神，
神他不哄唱花儿人。

21女
你把实心没当一点点儿，
你把情话端了一盘盘儿。

22男
镰刀割了细细草，
我黑了一晚夕没睡倒，
我在我们院里跑，
婆娘问我我咋个，
我说我给驴驴儿给点草。
枇杷开花满岭儿红，

19女
お尻の出ない麻のズボンをはいたあなたはもう大人だ、
あなたの思っていることは私だって思わないことはい、
誰だって若い時があったさ。

20男
麻で縄を一本なう、
君が好きだけれども周りに人が多いのでとても口に出せない、
僕の言葉が信じられなかったら神さまに聞いてみな、
神さまは花儿を歌う人を騙さないから。

21女
あなたは私の本当の気持ちをまともに受け入れていない、
旨い話ばかり盛ったお皿を幾皿も私に持ってくる。

22男
鎌で細細草を刈り取る、
僕は一晩中一睡もしなかった、
庭の中を行ったり来たりしてうろついていた、
うちの女房に「どうしたの」と聞かれて、
驢馬に飼料をやっているとごまかした。
枇杷の花が咲いて嶺を赤く染めた、

我连你先前说下在外头耍惹人，
你也给我说说三言四声话，
你去了给我把手机号留下。
这会儿新社会的政策好，
我要是心急了给你打骚扰，
打个骚扰你知道，
耍叫你们娃家老子算帐了。

23女
镰刀割了细叶荞，
我没有手机你知道。

24男
红心柳的一张杈⑨，
没有手机了把信发，
把信发成双挂号，
早夕不到晚夕到，
你想下我的我会知道。

25女
我日天想你物事忙，
我夜里想你夜又长，（姐）

私たちの関係を隠しておこうと以前は二人で約束したではないか、
僕にも一言二言何か喋ってくれよ、
帰る前に君の携帯番号を教えてくれよ。
今は新しい社会で政策がいいから、
君が恋しくて落ちつかない時は電話する、
電話で僕の気持ちを伝える、
旦那さんに知られて夫婦関係を崩すのは悪いけれども。

23女
鎌で細叶蕎を刈り取った、
携帯なんかないよ、知っているでしょう。

24男
紅心柳で作られた二股のフォーク
携帯を持っていないなら手紙をくれ、
配達証明付きの書き留めにすれば、
朝届かなくても夕方には届くはず、
そうすれば君が僕を思う気持ちが伝わる。

25女
昼間は貴方のことを思って何も手に着かない、
夜はあなたが恋しくて長く感じられる、（姉）

我黑了想你没嗑睡，
我手拿长香院里跪，
白霜落了一脊背，（姐）
我这么辛苦为谁来。

26男
我提了镢头挖楞干，(10)
我一直挖到你们房后檐，
月亮亮着没敢挖，
梯子搭着你们房上了，
三挖四挖天亮了，
你们娃家老子骂上了。

27女
尕笼笼里提韭菜，
你要来了来小心，
我们男人把你拉住活抽筋。

28男
天上星星红星宿，
今晚你们窗子连门都覂扣，
我过来的没时候，

夜中でもあなたを思って目が冴えてくる、
私は長い線香を持って庭の中に跪いた、
白い霜が背中いっぱい降りた、（姉）
私は誰のためにこんな苦労をしたのやら。

26男
僕は鍬を手にして、段々畑でがむしゃらに土を掘る、
とうとう君の家の後ろまで掘りつづけた、
月が明るかったから掘るのをやめた、
君の家に梯子をかけておいた、
また掘っているうちに夜が明けた、
旦那さんに罵られた。

27女
小さい籠に韮を入れて提げる、
あなたが来るときは注意しなさい、
うちの人はあなたの筋を引き抜くほど懲らしめる。

28男
空の星　紅星宿、(11)
今晩は君の家の窓もドアも閉めないでおきなさい、
僕がいつ行くかはまだ決まってないから、

你们男人稀不赞，
你阿么叫我来跳狗洞。

29女
月亮亮么月亮黑，
月亮底里耍浪来。

30男
大麻打了一根绳，
我连你们娃家老子不通声，
你把你们娃家老子问去呢，
你要跟上唱花儿人到蒙古去下呢，
去了你就耍害怕，
实心出去一胎化，
我俩养上一个胖娃娃，
要馍馍者我俩心劲大。

31女
镰刀割了细叶麻，
不是就把我引上蒙古下，
我们两个娃还没长大。

32男

旦那さんはきつい人だ、
どうして僕を犬用の穴から入れるのか。

29女
月が盈ちたり欠けたりする、
月の明るい日は遊びに来ちゃだめよ。

30男
麻で縄を一本なう、
僕は旦那さんとは一面識もないよ、
旦那さんに言っておきなさい、
花儿を歌う人と一緒に内《うち》モンゴルへ行くと、
僕について行けば何も心配することはない、
本当にそういう気があれば二人は一人っ子、
とても元気な子どもを作ろう、
たとえ乞食になっても二人は心を一つにして頑張ろう。

31女
鎌で細叶麻を刈り取る、
あなたについて内モンゴルへ行く訳にはいかない、
二人の子どもがまだ幼いからだ。

32男

33女
我把你引上上兰州，
两个娃尕了我们过年走，
你做生意我开店，
把你娃家老子永远常不见。

34男
洮州杨家土儿北山，
我叫荨麻等两年，
现把两个娃么分离难。

红心柳的三张杈，
我也向观众给你说一挂，
只要你成了我把你引着马坞的新寺下。
新寺马坞出大米，

35女
去了耍和拿工资的干部比，
那会儿我多不茶障会养活你。
剪子要铰鞋样呢，
拿上衣裳新疆城下呢，
我的两个娃给谁依靠呢。

33女
それなら君を蘭州まで連れていく、
お子さんが小さくて心配なら来年にしてもいいが、
君が何か小商売をし、僕は店を開く、
旦那さんと絶対に顔を合わせることはない。

34男
洮州楊家の土の北山、
二年間待っていてくれないか、
今はとても子どもから離れることはできない。

紅心柳で作られた先が四本のフォーク、
僕も皆の前で君と約束する、
君が同意さえすれば馬塢か新寺(12)まで連れていく。
新寺・馬塢という所は米が取れる所だ、

35女
そこへ行ったら僕を給料取りの幹部と比べないでくれ、
僕はどんなに苦労しても君をそこで養う。
剪刀で靴の紙型を切る、
着替えを持って新疆まで行こうか、
でも私の二人の子は誰に頼って生きていくのか。

36男
　尕手巾包冰糖，
　我把你引上上新疆，
　我这二年推的光阴不如人，
　我把你引者新疆棉花树，
　去了害怕蚊子咬着招不住，
　浑身咬成疙瘩了，
　你眼前看不见你们阿大阿妈了。
37女
　去时提上布着呢，
　油就倒着住着呢。
38男
　大麻打下一条绳，
　我这二年推的光阴给你说不成，
　我们一没有窗子二没有门，
　进去是土炕泥火盆，
　捡下的酸刺儿扎着吹不成。
　心是郎的当着呢，
　油就倒下凉着呢，(13)

36男
　小さなタオルに氷砂糖を包む、
　君を連れて新彊に行こう、
　僕はこの二、三年生活が苦しくて人には及ばない。
　僕は君を連れて新彊へ棉摘みに行こう、
　ただそこで蚊に刺され君が耐えられないのが心配だ、
　蚊に刺されて体中が腫れたら、
　君が両親のことを思うことができないほど痒くて仕方がないだろう。
37女
　布を持って行こう、
　油も持っていってそこに住み着こうか。
38男
　麻で縄を一本なう、
　この二、三年僕の生活は言葉で表わせないほど苦しかった、
　家には窓もなければドアもない、
　家に入ったら目につくものといえばオンドルと火鉢しかない、
　薪の酸刺儿は刺があるので燃やすために吹こうとしても吹きようがない。
　この貧しさを楽しむほかはないと思うのだが、
　油も切れたほど生活がほんとうに切羽詰まっている、

我们这会儿穷的没处去，
五月还穿毛裤呢，
十里腊月冻着炕上常捂着呢。

39女
没吃没喝你要愁，
谁家富着没喝油。

40男
镢头挖了楞干了，
出门把你们都见了，
人家都活成强汉了，
吃开优等粉的白面了，
青稞面杂粮不见了。

41女
镰刀割下蔞着呢，
我活得稀不茶障呢，
日子阿么过着呢，
活得连娃们要馍馍着呢。

42男
三升胡麻一搾油，

僕の家は貧しくて出掛けることさえできないほどだ、
もう五月だというのにまだ毛糸のズボンをはいている、
真冬にはズボンが薄くてオンドルの上に座って暖まるしかない。

39女
食べ物と飲み物がなくても心配ない、
金持ちの家だって油をそのまま飲む事はない。

40男
鍬で段々畑を掘る、
出掛けてきて皆に会った、
周りの人は皆生活が豊かになって、
質のいい小麦粉を食べるようになった、
裸麦と雑穀は日常生活から消えた。

41女
鎌で蔞[14]を刈った、
私は本当にみっともない生活をしている、
生活は続けられそうにない、
わが子まで乞食生活を強いられている。

42男
三升の胡麻で油を搾る、

穷难日子你耍愁，
谁家富着没喝油。
我们穷人穷是穷惯了，
上户穷了没干了。

43女
二细草帽打软呢，
说下吃穿靠你呢，（姐）
要了是啥见面呢，
这会儿你怕抓空儿呢。

44男
麻把刺儿上雀的挂，
闲里闲话打整过，
先把想下我的说。

45女
我把想人不会想，
见了旧家眼泪淌。

46男
风刮杨柳树摆呢，
我想你头摇身摆呢，

貧しい生活を心配することはない、
金持ちの家だって油をご飯にすることはない。
我々貧乏人は貧しい生活に慣れている、
かえって金持ちが落ちぶれたらどうしようもないさ。

43女
二細の麦藁帽子がとても柔らかい、
着るものも食べるものもあなたに任せ、（姉）
欲しいものは何でも今度会うときに持ってくると約束したのに、
この調子では約束を破る気だろう。

44男
麻把刺儿[15]の上に雀が止まっている、
余計な話は抜きにして、
僕を思う気持ちを言ってみろ。

45女
私はそんな言葉が言えないよ、
腐れ縁のあなたに会って熱い涙が目に溢れる。

46男
楊柳が風になびいている、
君のことで頭が一杯で体もふらふらする、

眼泪像飘洋过海呢。
飘洋过海韩湘子，
先前说下死到死，
你这会大豆结了籽。
大豆结籽结得利，
你把我比是种当归的二亩地，
种上两垄你再去。

47女
洮河沿上水涝洼，
只要你把主意胡要打，
我连你黑头发成白头发，
我俩眼睛仁得蓝花花。

48男
石头打了老鸦了，
我这会儿把你想瓜了，
多脑想成苦瓜了，
头发想成草把了，

49女
茶障得没人找扎了。

涙がぽろぽろこぼれっぱなしだ。
海を渡った仙人の韓湘子(16)のようだ、
前には死ぬまで付き合うと誓ったではないか、
君は今いっぱい実った蚕豆（そらまめ）のようだ、
実がたくさんなっていい収獲だ、
僕のことを当帰(17)を栽培する畑のように扱ってくれ、
二畦ぐらいの畑仕事をしてから去って行ってもいいではないか。

47女
洮河の岸にある冠水した低地、
あなたさえ移り気な人でなければ、
白髪が生えるまで付き合ってあげる、
目の色が青くなるまで付き合ってあげる。

48男
石が烏に当たった、
今は君が恋しくて頭が変になった、
つらくて頭が苦瓜になったかのようだ、
髪の毛もかたまっていて、

49女
皆に馬鹿扱いされてだれも相手にしてくれない。

50男
我这就为你像跑马，
我把地下踏得没长草，（姐）
这会儿多早干不好。
青石碌碡扎场边，
你口口说有我红燃，
我这会儿被困两郎山。
你口口常说你有金两连银珠呢，
我这会儿的身子还道悬住呢。

51女
剪子铰了纸样着，
你连毛毛雨一样，（姐）
我迟早落着你身上。

52男
白杨条框谷子门儿，
只要你把我心上疼，
瞅年青着离婚不可能，
只等老了儿家都走成。

53女

50男
私はあなたのために走り回っている馬のようだ、
草も生えないほど地面を踏みしだいた、（姉）
いつまで経っても仕事がうまくできない。
石のローラーで脱穀場の地ならしをする、
君は僕がもてもてだと言い張る、
実は僕はいま両郎山[18]で苦しい立場に追い込まれている。
君はよく金銀を持っていると言っていたではないか、
このさき僕はどうなるか危《あぶ》なかしいもんだ。

51女
剪刀で靴の紙型を切る、
あなたはこぬか雨のようだ、（姉）
いつかあなたと一緒になる[19]。

52男
ポプラで作られた門の縁に穀物の絵柄が彫刻してある、
僕のことをずっと好きになってくれれば、
若いうちに離婚できなくても、
年をとったらまた二人の恋を続けよう。

53女

枇杷雕了谷子门儿，
我想要丢你万不能，
只等我俩老了走不成。

54男

斧头剁红桦着呢，
我这会儿去是去不下着呢，
单等你一声话着呢。
琉璃瓦上晒花椒，
花椒不晒籽儿不落，
你不开口我难说。

55女

河里淌的烂木头，（姐）
把你不丢不丢万不丢。
若要把你丢了手，
只等河干石头朽，（姐）
山里鹿羔变成狗，
场里大麻长成柳。

56男

手拿斧头剁红桦，

枇杷の木で作った門の縁に穀物の絵柄が彫刻してある、
あなたと別れることはとてもできない、
あなたが言ったように老後にはまた恋を続けよう。

54男

斧で紅樺を伐る、
今は君のもとから去ることはとてもできない、
君の約束を待っている。
琉璃瓦の上で山椒を干す、
山椒は干さないと実がとれない、
君が口を聞いてくれなければ僕はどうも話しづらい。(20)

55女

川の中に朽ちた木が横たわっている、（姉）
絶対あなたと別れはしない。
あなたと別れる日は、
川が枯れて石が朽ちる、（姉）
山の中の子鹿が犬になる、
脱穀広場の大麻が柳になる。

56男

手に斧を持って紅樺を伐る、

唱花儿行里没实话，
这会儿我心里七股八棵杈，
你把实心扯着阿一下。

57女

剪子铰了纸样了，
把心扯着你看了。

58男

大麻打下一根绳，
把你当面不疼背过疼，
想下你的走不成，
擦脸的手巾是干证。

59女

十里五里蜘蛛网，（姐）
想你一日没还阳，
手拄干棍身靠墙，（姐）
想得骁吗想得慢，
含口散汤没心咽。

60男

汽车拉下一车话，

君が言ったのは嘘だろう、
今僕の心は込み入った木の枝のように乱れている、
君のまごころはいったいどこのどいつのところにあるのか。

57女

剪刀で靴の紙型を切る、
私のまごころはあなたに見せたでしょう。

58男

麻で縄を一本なう、
人前では君を可愛がらないふりをしているだけだ(21)、
君が好きでこの場を離れたくないほどだ、
顔を拭くタオルはその証明になる(22)。

59女

十里五里蜘蛛の巣、（姉）
あなたのことを思って死にそうだ、
杖をついて壁に凭れる、（姉）
こんな状態になった私はあなたのことを思っていないと言えるのか、
スープだって口に含んで飲み込む力もない。

60男

君に話したいことは車に載せきれないほどある、

想你日天满炕爬，
三天水含没打牙，
四天喝了一杯茶。

61女
木匠做下柜着呢，
叫你想成病着呢，
想你到炕上睡着呢，
吃不成者喂着呢，
男人急得当下害下病着呢。

62男
叫你把我想成憨病了，
亲戚朋友们都把我看来了，
我说你们都要看，
我是想下我们花儿的三句半。

63女
这会儿阳婆跌下了，
不去不由个家了。

64男
你今儿个去了明早来，

昼間は君のことを思ってオンドルの上を這い回る、
三日間も水を一滴も飲まなかった、
四日目になって初めてお茶を飲んだ。

61女
大工がタンスを作った、
あなたのことを思って病気になってしまった、
あなたのことを思ってオンドルで寝た、
自分では食事さえもできなくなって人に食べさせてもらっている、
旦那も病気になるほど私を心配している。

62男
君のせいで僕は恋煩いになった、
親戚も友達もお見舞に来てくれた、
僕は何もお見舞するほどの病気ではないと言った、
花儿を歌う相手を手に入れることができなかっただけだ。

63女
今は日が沈もうとしている、
帰らなければならない時が来た。

64男
今日帰ってもいいけれども明日ぜひ来てください、

耍等三月桃花开，
你说是来了不来了，
唱花儿行里哄开了。

桃の花が咲く三月まで僕を待たせるな、
君は来ると言って結局来ない、
花儿を歌う僕を騙すのさ。

注

（1）ここに「親戚」とあるのは、凡例にあるように対歌開始の前に「远亲戚」といった呼びかけの言葉を使って女性が独唱していたからである。
（2）「酸刺」は植物名。トゲがある（38男歌詞参照）。
（3）この句は、新しい彼女ができただろうが私のことを忘れないで、の意。
（4）ここで飲料を歌っているのは、このとき側にいた人が男性歌手にペットボトルを差し入れたからである。
（5）ポプラの木で男性の姿勢の良さを喩えている。
（6）「線木香」は植物名。松の枝という。
（7）「刺木香」も植物名。柏の枝という。
（8）この句は、地名。
（9）「杈」は、草や藁などを積み上げる農具。「一张杈」は先が二本になっているもの。
（10）「楞干」は、傾斜地の畑をさすので段々畑と訳した。
（11）二十八星宿の一つ。
（12）「新寺」「馬塢」は、いずれも地名。
（13）「心是郎的当着呢，油就倒下凉着呢」という句は「你们多不攘着呢，金银倒下梁着呢（お宅は豊かな家で、金銀いっぱい持っ

ている)」の誤りだろう。(戚 暁萍)

(14)「葽」は、植物名。

(15)「麻把刺儿」は、木の名前だという。

(16)韓湘子は、中国民間信仰における八仙の一人。〔資料3〕洮岷花儿演唱歌詞例(迭藏河二〇一一)の冒頭にもある。

(17)「当帰」は、薬草の名。岷県の特産品。

(18)「两郎山」は、岷県の二郎山ではない。ここの歌詞は地方劇の台詞を借用している。

(19)いつか畑仕事の途中、突然の雨で、雨宿りを強いられる。それであなたと一緒になれる、という意味。

(20)ここで女性の歌い手に沈黙があったわけではない。男性歌手の創作である。

(21)第二句目は、裏に、二人だけの時は可愛がってやるよ、の意味がある。

(22)このとき男性は実際にタオルで顔を拭いている。

〔資料3〕洮岷花儿演唱歌詞例（迭蔵河二〇一一）

〈資料の説明〉

1　取材日：二〇一一年六月十九日午後

2　取材地：甘粛省岷県の迭蔵河（洮河の支流）河畔

3　歌い手：中年男性二人と老年男性一人、中年女性一人　中年男性二人は回族の男性で仲間であった。

4　協力者：戚 暁萍・張 蠡

5　文字化：

音声資料の文字化は現地方言に通じた戚 暁萍が、日本語訳は張 蠡が、例によってそれぞれ担当し、日本語訳の補正は筆者が行なった。一人の女性に対して三人の男性が歌い掛けているので、男性側を男A、男B、男Cとして区別した。このうち高齢の男Cは花儿の雅号を「毡匠」（毛せん屋）と名のり、現地では歌掛けの巧者として知られている人物である。43番で、歌い手を取り囲む群衆の後方にいた彼が、対歌するようにと人々に勧められて登場したため、女性の44・47番の歌詞が歌われている。なお、この資料では、実際の対唱歌詞に近づけるため、衬詞も（　）に入れて示した。

6　情　況：

例年旧暦五月十七日は甘粛省岷県にある二郎山の祭礼である。二〇一一年、その翌日、太陽暦では六月十九日（旧暦では五月十八日）の午後、二郎山の東を流れる迭蔵河（洮河の支流）河畔で花儿会が行なわれた。当日、河畔ではいくつものグループが人垣を作っていた。そのうちの一つにわれわれが近づいたとき、一人の女性に向かって二人の男性が河州花儿を熱心に歌い掛けていて、現地のひとたち数人がその歌声を録音しようと携帯電話を向けていた。男性たちが女性に熱心に歌いかけていたのは、相手が対歌のできる歌い手であることを知っていたからである。しばらくして洮岷花儿の旋律で対歌の口火を切ったのは女性であった。ここに文字化した資料は、そのとき取材した対歌の歌詞である。夕方に近かったので、対歌の末尾でも、毡匠氏（男C）がそろそろ日が沈むと歌っている。対歌時間は約三十分程度であった。

写真 29：迭蔵河河畔の花儿会

河原には輪になったいくつもの人垣ができている。左手方向が迭蔵河の上流方面にあたる。また、河の中州には馬に乗って放牧している人々も見える。チベット族であろう。（2011.06.19）

写真 30：迭蔵河河畔の歌掛け　―対歌開始時の場面―

男性二人が右側の隠れて見えない女性と歌を掛け合っている。写真左側の白い帽子を被った人が男Ａ、その横に並んで立っている髪の短い人が男Ｂである。最初、女性は白い四角な録音器で男性たちの歌を録音していた。また、周りの人々も歌掛けを熱心に録音していた。（2011.06.19）

（歌詞原文）

1女：（远路上）
把你如比韩湘子，
把我如比林英女，
我俩就空背名声都胀气。
2男A：（远路的怜儿）
打灯蛾儿(2)的黄爪爪儿，
（黄爪爪儿）你是远路的朋友可是我的怜儿。
3男B：（我的怜儿）
想死就可不得到一搭儿(3)。
4女：（远亲戚）
打灯蛾的黄脊梁，
你谁好了就落者谁身上。
5男B：（远花儿）
你是我指甲根里的连心肉(4)，
（连心肉）我疼(5)得还不叫别人动(6)，
别人动了我不成，

（日本語訳）

1女：（遠くからいらした人よ）
あなたを韓湘子(1)になぞらえよう、
私を林英女になぞらえよう、
二人とも虚名ばかりで悔しい。
2男A：（遠くからいらした気掛かりな人よ）
打灯蛾の黄色い足、
（黄色い足）君は遠くからいらした友で、正に僕の気掛かりな人だ。
3男B：（僕の気掛かりな人よ）
心中しようと思ってもなかなか一緒にいられない。
4女：（遠くからいらした親戚よ）
打灯蛾の黄色い背中、
あなたは言い寄ってくる人とすぐに付き合う。
5男B：（遠くからいらした友達よ）
君は僕の心臓に繋がる指の肉のようだ、
（心臓に繋がる肉）心臓に突きささるように痛いけれども人には触らせない、
人が触ったらただでは済まないぞ、

我把他的肋巴掰两根。

6女：（远亲戚）
我一阵一阵想人呢，
肋巴就像关门呢，
肠子就像拧绳呢。

（40秒ほどの中断があってのち再び女の歌から開始。）

7女：（远朋友）
镰刀就割了榆萋(7)了，
（榆萋了）阿么到屋里来的时候就把
一只儿鞋掉了，
没有你那鞋就合窍(8)了。

8男B：（远花儿）
叫你可把毛布底(9)儿的鞋做呢，
（鞋做呢）我给你杀茬(10)犁地呢，
给你们亲戚邻居就灭气(11)呢，
亲戚邻居就把气灭上，
（气灭上）你还要叫我穿那就烂衣裳。

9女：（远亲戚）

その人の肋骨を2本も折るぞ。

6女：（遠くからいらした親戚よ）
私はひっきりなしにあの人を思っている、
木の門をぎゅっと閉めるように肋骨の骨と骨が締め付けられる、
腸が縄をなうようにきりきり痛む。

7女：（遠くからいらした友よ）
鎌で楡の木の皮を切って縄をなう、
（楡萋）どういうわけか家に帰る途中で靴が一足《いっそく》無くなった、
取り替えた靴はあなたと一緒にいた時の靴ほど履き心地がよくない。

8男B：（遠くからいらした友達よ）
丈夫な靴を作ってくれって、
（靴を作って）僕は君の畑の刈り入れをしている、
君の親戚、隣近所を神妙にさせる、
親戚、隣近所を神妙にさせる、
（神妙にさせる）ぼろぼろの服を着せてくれるな

9女：（遠くからいらした親戚よ）

我给你把袜子一双鞋两双，
把你没婆娘的势长上。
10男B：麻杆顶下门着呢，
你给我做下一双鞋着呢，
你到那豆子的柜里可埋着呢，
（着呢）你还[12]怕晚晚等我就可来着呢。
11女：我给你袜子一双鞋一双，
把袜子连鞋齐穿上。
12男B：你给我袜子一双鞋两双，
你给我没婆就娘的势长上。
13女：你叫他有婆娘的到后站，
没婆娘的你瞭我照看。
14男B：月亮出来就镰刀弯，
我就是没婆娘的光棍汉，
（光棍汉）你不就照看就叫谁照看。
15女：纽门儿跌了我缵呢，
凉水渴了者就我灌呢。
16男B：青石崖嘛黄石崖，
你抬上一口凉水来，

靴下を一足、靴を二足作ってあげる、
嫁のいないあなたを着飾らせてあげる。
10男B：麻がらで戸を閉めただけにする、
靴を一足作ってくれた、
豆を盛る食器に埋めて隠してある、
（埋めて隠してある）僕が夜来るだろうと見当をつけたから。
11女：靴下を一足、靴を一足作ってあげた、
靴下と靴を両方とも履きなさい。
12男B：靴下を一足、靴を二足作ってくれよ、
嫁のいない僕を格好よくしてくれよ。
13女：嫁のいる人は後ろに行け、
嫁のいない人の面倒は私が見る。
14男B：月が出て鎌のように曲がっている、
僕こそが嫁のいない独身者だ、
（独身者）君が面倒を見てくれなかったら、誰が見るというのか。
15女：ボタンが取れたらつけてあげる、
喉が渇いたら水を流し込んでやる。
16男B：青い石の崖、黄色い石の崖、
水を一口含んで僕にくれ、

你抬下凉水我不嫌，
（我不嫌）唾沫的渣子可比蜜甜。
17女：（远亲戚）
你把唾沫没心咽，
你把拌[13]汤就连条羹儿灌。
18男Ｂ：我把你如比甜黄酒，
我喝上就一口想两口。
19女：把你缠上就爱死了，
就像皇上得了太子了。
20男Ａ：（尕心疼）
立轮磨的插水板，
（插水板）你看我就来者可就你没管。
21女：（远亲戚）
我到你们大门门上站，
你们婆娘跪下填炕眼，
你到炕上打算盘。
22男Ａ：（路远的怜儿）
我走着你们房背后，
（房背后）听说你们男人是个拳顾手[14]，

君が口に含んだ水を嫌だとは言わない、
（嫌だと言わない）唾の味は蜜より甘いから。
17女：（遠くからいらした親戚よ）
人の唾を飲み込むのは美味しくないから、
それより拌湯をスプーンいっぱい食べたらどうだ。
18男Ｂ：僕は君を甘酒に喩える、
一口飲めばやめられない。
19女：あなたと付き合ってから死ぬほど愛している、
皇帝が皇位を継ぐ太子を得たように嬉しい。
20男Ａ：（可愛らしい君よ）
水車の受け板、
（受け板）僕が目の前に来ているのに、かまってくれないじゃないか。
21女：（遠くからいらした親戚よ）
私はお宅にうかがったところ、
奥さんが地面に膝をついたままオンドルの穴に薪を入れていた、
あなたがオンドルの上で算盤を弾いているのを見た。
22男Ａ：（遠くからいらした気掛かりな人よ）
僕は君の家の裏へ行った、
（家の裏）旦那さんがカンフーのできる人だと聞いた。

那就把石头拾下一背斗。
23女：（远亲戚）
我们男人是好人，
养下的狗娃儿都不咬人。(15)
24男A：（尕心疼）
一把斧头儿砸柴呢，
你们男人是个刽子手，
害怕你外头惹人呢，
把我拉住砸过呢。
25女：（远亲戚）
我们男人是老实汉，
不叫我连别人然。
26男B：缠山跌者倒坑呢，(16)
你连别人然开还要小心呢，
你们男人拉住挑筋呢。
27女：前山林里雾拉雾，
后山林里扳蘑菇，
你们婆娘是个活老虎，
把你就像黑猫踏老鼠。

それで背負い籠《かご》いっぱいの石を用意したんだ。
23女：（遠くからいらした親戚よ）
うちの旦那はいい人だ、
彼が飼っている子犬だって人に噛み付くことはないよ。
24男A：（可愛らしい君よ）
斧で薪を切っている、
旦那さんは人殺しだ、
君が浮気するのを心配して、
僕を掴《つか》み止めてぶん殴った。
25女：（遠くからいらした親戚よ）
うちの旦那はおとなしい人だ、
よその男と付き合うことは許さない。
26男B：山を登る人が穴に落ちた、
ほかの男と付き合うことには用心しろ、
旦那さんは掴みとどめて筋をほじくるぞ。
27女：前の山の林の中は雨で霧が立ちこめている、
後ろの山の林の中は晴れているのでキノコを摘み取る、
お宅の嫁さんはじゃじゃ馬だ、
黒猫が鼠を扱うようにあなたを尻に敷く。

28男Ｂ：把我如比野鹊(17)呢，
飞着你们牛槽呢，
你们公公就还叫抓牢呢，
你们婆婆还要拔毛呢。
29女：打死的家雀儿不出门，
养死的野雀儿不恋人。
30男Ｂ：葡萄开花一骨抓，
你就杀了叫他一挂杀，
杀了就埋着一疙瘩。
31女：（远亲戚）
豁住人头手里提，
豁出心肺肝花摆了席。
32男Ｂ：黄尖柳(18)的糜马桩，
拉你还我把命舍上，
你舍身子我舍命，
我俩个非离两舍(19)不中应。
33女：（远亲戚）
你走前头我跟上，
嫑叫就别人打冲腔(20)。

28男Ｂ：僕はかささぎのようで、
君の家の飼い葉桶を飛び回る、
舅《しゅうと》さんは捕まえろと言い、
姑《しゅうとめ》さんは羽を引き抜けと人に言い付ける。
29女：家で飼う鳥なら死ぬほどたたいても家を出ようとはしない、
野生の鳥なら丁寧に飼っても人になつかない。
30男Ｂ：葡萄の花が咲いて房《ふさ》になっている、
旦那さんは私たち二人を殺す気なら殺せばいい、
殺されたら同じ場所に合葬されるまでのことだ。
31女：（遠くからいらした親戚よ）
頭をぶらさげて、
心臓、肺臓、肝臓を捨てて死ぬ覚悟をしろ。
32男Ｂ：黄尖柳で作られた馬を繋ぐ杭、
君と付き合うのは命がけだ、
君は身を捨て僕は命を捨てる、
二人はこういう捨て身になる覚悟でないとやっていけないんだ。
33女：（遠くからいらした親戚よ）
あなたは先に、私はすぐその後についてゆく、
二人の仲を人に裂かせはしない。

34男Ｂ：我把你引着西固的两河口，(21)
你卖甜醅(22)儿我卖酒，
我俩个把穷难的日子推上走，
走着西固城里了，
瞭着柿子红的了，
（红的了）才知道人想人的了。
35女：（远亲戚）
到你话上原来了，
你走着西固城里了，
瞭着辣椒红的了，
你阿么记起你你们婆娘的屋里了，
（屋里了）你阿么把我原哄着不去了。
36男Ｂ：不是把你引上蒙古下，
人问了就说哥送妹子坐娘家。
37女：有人了我们两个就离开地走，
没有人了我们手托手。
38男Ａ：（尕心疼儿）
豹花儿马的白鼻梁，
我把你引上理发馆里烫多脑，

34男Ｂ：僕は君を西固の両河口に連れて行く、
君は甘酒を、僕はお酒を売る、
二人は貧しい日々を我慢して過ごす、
西固の市内を回って、
柿が赤く実るのを見た、
（赤くなった）急に家族が恋しくなった。
35女：（遠くからいらした親戚よ）
あなたの話の続きを言ってあげる、
あなたは西固の市内を回って、
唐辛子が赤くなったのを見たら、
なぜか急に置き去りにした家の嫁さんのことを思い出した。
（家にいた）それで私をごまかしてどうしてもそこに居ようとしないんだ。
36男Ｂ：君を内《うち》モンゴルへ連れていこうと思う、
人に聞かれたら兄の僕が妹の帰省に付き添うという。
37女：他人が近くにいたら二人は離れて歩く、
いなかったら手をつないで歩く。
38男Ａ：（可愛らしい君よ）
豹柄馬の白い鼻、
君を美容院へ連れて行ってパーマをかけさせる、

皮鞋擦得真个亮，
（真个亮）看把大干部家婆娘像不像。
39女：（远亲戚）
我拉是要拉老板呢，
老板手里那可有款呢。
40女：（远亲戚）
你说下吃穿你管呢，
我们阿么只要了个鞋面你可红脸呢。
41男B：棉花还就搭着席架上，
你就出来站者塄坎上，
只要人把人看上，
（人看上）不在银钱粮担上。
42女：（远亲戚）
我把草帽曲成两檐水，(23)
把你光棍馋的还淌涎水。
43男C：（明白的人）
我把这水地小豆儿透球过，
（我的人）把你好比是一朵牡丹花，
杆杆拧住撇不下，

革靴をぴかぴか磨く、
（ぴかぴかに）地位の高い幹部の嫁さんみたいじゃないか。
39女：（遠くからいらした親戚よ）
付き合うならやっぱりボスのほうがいいよ、
ボスはお金があるからさ。
40女：（遠くからいらした親戚よ）
衣食はあなたに任せようと約束したではないか、
靴の表がほしいって言ったらあなたはなんで怒るんだ。
41男B：棉は蓆の干し棚に置いてある、
君は出てきて畦の上に立っている、
その人さえ気に入れば、
（人さえ気に入れば）お金なんか問題にならない。
42女：（遠くからいらした親戚よ）
顔が見えないように私は麦藁帽子のつばを下げる、
独身者のあなたが私の顔を見たくてよだれを垂らす。
43男C：（物分りのいい人よ）
僕はエンドウ豆の畑の草をきれいに刈り取る、
（僕の人よ）君を牡丹の花に喩える、
牡丹の茎を手に持つとなかなか離せない、

撇下就是我的好冤家。
44女：（叫毡的匠）
锡铁倒了一面锣，
把你唱下啥时没听着。(24)
45男Ｃ：（我的人）
白杨做了轮船了，
你心疼儿得像天上仙女下凡了，
你瞭中瞭不中我缠了。
46男Ｃ：（我的人）
你的膝裤儿没系好，(25)
你那前门的金牙偷着笑。
47女：（叫毡的匠）
镢头挖了柴胡了，(26)
你来得早吗可才来了？
48男Ｃ：（尕妹子）
黄杨木梳梳簪簪，
将是我人穷没打扮，
来得早着到你们伙儿里我没敢钻
（没敢钻）害怕给你丧面面。

手放したら貴女の怨みを買うことになる。
44女：（毛せん屋さんよ）
アルミニウムでドラを作った、
あなたがいつから歌い初めたか気づかなかった。
45男Ｃ：（僕の人よ）
ポプラで船を作った、
君は可愛くて舞い下りる天上の仙女さまのようだ、
君が気に入るかどうかに関係なく僕は君に付き纏う。
46男Ｃ：（僕の人よ）
君のゲートルがよく巻かれていない、
君の金の前歯がこっそり笑っているように見える。
47女：（毛せん屋さんよ）
鍬で柴胡を掘った、
だいぶ前に来たのかそれとも今来たばかりなのか。
48男Ｃ：（可愛らしい君よ）
黄楊《つげ》の櫛で髪を梳かす、
貧しい僕は身ごしらえしていないから、
早く来たけど君のグループに加わるのを遠慮した、
（加わるのを遠慮した）君に恥をかかせるのが心配だから。

49女：（叫毡的匠），
我拉人没到身上看，
（身上看）你穿得单可是个庄稼汉
50男C：（我的人）
提的杆杆儿捣杏儿呢，
我问你到阿搭儿(27)呢，
叫你给我今儿个说个方向儿呢。
51女：（我的人）
我到岷卓两县呢，
脚踏洮河两面呢。
52男C：（尕妹子）
镰刀割了菜籽了，
我坐着你的跟呢，
把我爱死了，
像皇上得了太子了。(28)
53女：（远亲戚）
三根儿马尾绾网呢，(29)
我想你是实想呢，

49女：（毛せん屋さんよ）
私は歌を掛け合う人の身なりに気づいていない、
（身なりに気づいていない）あなたの格好は普通だけれども、勤勉で正直
な農民に見える。
50男C：（僕の人よ）
長い棒を提げて杏《あんず》を取る、
君はどこに住んでいるのか、
だいたいの方向を教えてくれないか。
51女：（私の人よ）
私は岷県と卓尼両県の境目に住んでいる。
洮河の両岸にまたがった所だ。
52男C：（可愛らしい君よ）
鎌で菜の花を刈った、
僕は君の直ぐ目の前に座って、
嬉しくてたまらないんだ、
皇帝が太子を得たようだ。
53女：（遠くからいらした親戚よ）
馬の尻尾三本で網を作る気か、
私は本当にあなたのことが好きだ、

你想我还怕是一句一句给我丢谎呢。
54男C：(我的人)
你把斧头拿来把我上腔停剁开，
你瞭我想下人的来，
心肺肝花黄的来，
把心摆着当桌子，
把肝花就摆着四角子。
55女：(我的人)
我想吃人肉给你喘，
到你的胛骨头儿上削一片。
56男C：(尕妹子)
我瞭是你死了变个虼蚤呢，
趴着我的脊背呢，
还怕要吃我的心肺呢。
57女：原打回是原来了，
我死了变虼蚤呢，
到你的浑身上下跳到呢。
58男C：(我的人)
死了嫑喝迷魂酒(30)，

私を好きだというあなたの言葉は嘘八百だろう。
54男C：(僕の人よ)
斧を持ってきなさい、それで僕の上半身を切ろう、
君を思う僕の気持を見なさい、
心臓も肺臓も肝臓も病気にかかった、
僕のハートをテーブルの真ん中に、
そして肝臓を四つの隅に置く。
55女：(私の人よ)
人間の肉を食べたければあなたに言う、
あなたの肩胛骨《けんこうこつ》からひと切れを削る。
56男C：(可愛らしい君よ)
君は死んだら蚤に生まれ変わる、
僕の背中にへばりつく、
僕の心臓と肺臓を食うだろう。
57女：あなたの話に付け加えよう、
私は死んだら蚤に生まれ変わる、
あなたの体中を跳ね回る。
58男C：(僕の人よ)
死んだら魂を惑わす薬湯を飲んではいけない、

阎王门前我俩个手托手。

59女：（我的人）

我们死了嫑喝迷魂汤，

阎王门上重[31]商量，

商量[32]寻上一个娘。

60男C：（娃的娘娘）

你的人品那是好人样，

心想连你同庄上，

不枉我到阳世来一场。

61女：（叫毡的匠）

你瞭活着四十了，

活人阿么知道有了意思了。

62男C：（我的人）

只要牛走杠铃响，[33]

知道意思的人也广。

63女：（远亲戚），

到你话上原来了，

只要牛走杠铃响，

戴帽帽儿的人也广。[34]

閻魔の庁で二人は手をつなぐ。

59女：（私の人よ）

私たちは死んだら絶対魂を惑わす薬湯を飲まないように約束する、

閻魔大王と相談してみる、

同じ母親のところに生まれ変わる。

60男C：（子供のおばさんよ）

君の人柄は立派だ、

君と同じ村に住んでいたらどんなにいいだろう、

僕がこの世で生きるのも無駄ではない。

61女：（毛せん屋さんよ）

私はもう四十歳になった、

四十歳になってはじめて生き甲斐がわかったんだ。

62男C：（僕の人よ）

牛が歩き出せばその首に吊した鈴が鳴る、

生き甲斐がわかる人が多いだろう。

63女：（遠くからいらした親戚よ）

あなたのおっしゃった通りだ、

牛が歩き出せばその首に吊した鈴が鳴る、

帽子を被っている人も多い。

64男C：（心病的尕妹子）
　镰刀割了荞草了，
　我把你越[35]瞭越好了，
　不吃就不喝可给瞭饱了。

64男C：（恋わずらいをさせるほど可愛らしい君よ）
　鎌で蕎草を刈った、
　君を見れば見るほど好きになる、
　食べなくても飲まなくても君を見るだけでお腹一杯になる。

（ここで女性は返歌をやめた。40秒ほどの中断のあと男Cが以下二首を歌って終了。）

65男C：（尕妹子）
　你瞭阳婆落尽了，
　我们人前就都把心死了
66男C：（我的人）
　锡铁倒了白酒壶，
　我将是连你人生面不熟，
　（面不熟）熟熟我给你丢洋壶。

65男C：（可愛らしい君よ）
　そろそろ日が沈むんだ
　残念ながら人前で花儿を掛け合うのはやめるしかない。
66男C：（僕の人よ）
　アルミニウム製の徳利、
　君と知り合ったばかりなものであまり親しくない、
　（親しくない）親しかったらこの徳利をあげる。

注

（1）韩湘子…中国の民間神話に出てくる人物である。韓湘子は八仙人の一人で、仙人になる前に林英女と夫婦だった。

（2）打灯蛾儿…方言での呼びかたである。体が大きい蛾で、羽を畳む力で蝋燭や石油ランプの火を消せることからこういう名前が付けられた。打灯蛾を歌った例に「打灯的蛾蛾上天了」（甘肅人民出版社『中国花儿曲令全集』二〇〇七年 所引「西吉令五」）などの句もある。

(3)これは男Bが仲間の男Aの歌詞につけ加えた句である。
(4)十本の指のすべてが心臓に繋がっているという意味の「十指連心」をふまえた表現。この句は愛情を歌う慣用句。
(5)疼…方言での発音はtóu。
(6)动…方言での発音はdóu。
(7)榆薆…方言での発音はrúyào。榆の木の皮でなった縄である。
(8)以上二句の裏の意味…あなたと付き合っているうちに、わけのわからない原因で別れた。その後ほかの人と付き合ってみたけれども、あなたとの関係ほどうまく釣り合っていない。
(9)毛布底…靴の底を作るのに使われる布の種類で、普通の布より丈夫である。
(10)杀茬…方言で、農作物の刈り入れをする意。
(11)天气…方言で、君を見下して馬鹿にしている親戚や隣近所の傲慢な態度を挫くという意味。
(12)还怕…方言での発音はhàba。推測する。
(13)拌汤…食べ物の名前である。小麦粉で作ったスープのようなものである。
(14)拳顾手…方言で、武術に練達した人の意。次に多くの石を用意したとあるのは、武術にすぐれた相手の夫に対して、石を投げて対抗しようというのである。
(15)咬…方言での発音はniǎo。
(16)缠山…方言で、山を登ること。
(17)野鹊…かささぎのこと。
(18)黄尖柳…植物名。
(19)非离两舍…方言で、「そうでないと」という意味。
(20)打冲腔…替玉を使う。二人の仲を悪くするという裏の意味がある。
(21)两河口…今の宕昌県にある地名。西固は宕昌県・舟曲県一帯の歴史上の行政区名。

(22)甜醅… 回族の伝統的な軽食。燕麦に麹をまぜ、醗酵させて作る。
(23)两檐水… 建物の屋根が「人」字形であること。麦藁帽を两檐水に曲げるというのは麦藁帽子のつばを下げて顔が見えないようにすること。
(24)以上二句の裏の意味は次のとおり。アルミニウムで作られたドラは脆いので、力強く鳴らすことができない。銅で作られたものと比べてよく響かない。だから貴方がいつ歌の掛け合いに加わったのか気がつかなかったという次の句がある。
(25)膝裤儿…明の時代の服飾でゲートルのことである。
(26)柴胡… 植物名。薬草。
(27)阿搭儿… 方言で、「どこ」という意味。
(28)この比喩は19女にも使われているように慣用句である。
(29)三根儿马尾绾网呢… この歌い出しの句は後ろの二句と呼応している。馬の尻尾三本で網を作ることはできない。だから貴方の口にした「好きだ」という言葉は心にもない嘘に決まっているという意味。
(30)迷魂酒… 迷魂湯とも言う。仏教で人が死んで冥界にゆくと、魂を惑わす薬湯を飲まされて生前のことをみな忘れてしまうと俗に言われる。
(31)重…方言での発音はcòng。
(32)寻…方言での発音はxíng。
(33)只要牛走杠铃响… 男は自分を牛に喩えて、相手の女歌手を鈴に喩える。この句をもって女歌手の前の歌詞に答える。牛即ち僕がいるからこそ鈴の君は生きがいを感じるのだ、の意。
(34)戴帽帽儿的人也广… 男Cはそのとき帽子を被っていた。この句の裏の意味はあなたのような人は多い、あなたは唯一の人ではない、ということ。
(35)越…方言での発音はjue。

〔資料4〕 洮岷花儿演唱歌詞例　神花儿A（二郎山子孫殿二〇一〇）

〈資料の説明〉

1　取材日：二〇一〇年六月二十八日（旧暦五月十七日）

2　取材地：甘粛省岷県二郎山の子孫殿

3　歌い手：老年男性一人と、中年女性一人

4　協力者：戚 暁萍・張 蠡

5　文字化：

現地録音からの文字化は戚 暁萍が担当した。また、日本語訳は張 蠡が担当し、筆者がさらに検討して修正した。下段には詩句として意味のある部分を抜き出し、日本語訳を加えた。歌詞原文には現地の方言で実際に歌った歌詞を採録し、特に普通語と発音や意味が異なる文字には傍点を打ってその拼音と意味を注記した。衬句また衬詞の一部分の訳も（ ）に入れて加えた。歌詞原文の斜体文字は衬句である。また、「哎《āi》，噢《wō》，」といった語は歌い出しの意味のない発声である。

6　情　況：

七〇歳ぐらいの老年の女性たち十数人がほぼ円座になって腰掛けていた。そこに歌い手の老年の男性が加わって花儿を歌い掛けていた（歌詞資料の前半部分）。4男では、立っていた男性歌手に女性の一人が椅子を貸したので、それを歌詞に反映させている。花儿ではその場の出来事が歌詞に取り入れられるのが常である。男性の歌の間にごくたまに円座の女性たちの一人が歌を挟んでいた（5男と6男の間、また6男と7男の間）が、これは聞き取れなかったので割愛した。次に、途中で中年の女性がやってきて円座の人々に向かって歌掛けを始めた（10女以降）。彼女の歌い始めは河州

花儿の節であったが、その後は男性と同じく阿欧怜儿の節で歌っている。資料の男1から女35までの演唱時間は二十三分ほどであった。歌の途中で爆竹が鳴ったり、携帯電話が鳴る点はこの音源でも他と同様である。現場の情況は第三章の写真23参照。

(歌詞原文)

1男：你们一家老小都好着啦，
哎ー，噢ーー，明白的把式听啊，好了咱们
就搭话。

＊白…bei　＊把…bà

2男：哎ーー，叫弟子，
娘娘庙里一颗印，一年一个五月会，
哎ー，噢ーー，会，
一敬神来二为着你来，噢。

＊颗印…因为（原因）。＊五…wǔ。

3男：哎ー，噢ー，远乡的朋友弟子们，
斧头剁了水白杨，
哎ー，噢ー，远路的娃娘娘，
你不叫我站下来呀还叫我坐下唱，
哎ー，噢ー，明白的麻利人，

(漢語普通話表記詩句及び日本語訳)

你们一家老小都好着啦，好了咱们就搭话。

家族の皆さんはお元気ですか。（花児がわかる人、聞いてくれよ。）

準備ができたら歌の掛け合いを始めましょう。


娘娘庙里一颗印，一年一个五月会，一敬神来二来为。

女神様[1]はお墨付きをもらっている。毎年五月の縁日には、霊廟に参詣して花児会に参加するために、私は必ずここへやって来る。


斧头剁了水白杨，你不叫我站下来呀还叫我坐下唱，站下连坐下都一样。

（遠くからいらした友達、弟子の皆さん。）斧[2]で水白楊を切る。（遠くからいらしたおばさん。）立たないで座ったまま歌わせてくれるかね。（てきぱきとして物分かりのいい人。）立っても座っても同じことさ。

站下连坐下都一样。

＊水…shuì　＊下…ha　＊连…和，如同。

4男：哎ㅣ，剪子铰了纸一张，

远路上的娃家娘娘好心肠，

你阿么把你的那板凳儿我坐上。

＊板…bàn　＊凳…tèng

5男：哎ㅣㅣ，远乡怜儿，

一对黄莺落草间，

我把那人人不牵把你牵，

晚晚阴魂儿到你前。

＊牵…牵挂。

6男：哎，远弟子，

镢头儿挖了苿蓝了，

我到佛家的门上三十多年了，

你看我的那工龄也长了。

＊苿蓝…qiè lián　＊了…lao

（携帯電話の通話のため一分以上中断）

7男：哎ㅣㅣㅣ，老志同（4），

斧头剁了水白杨，

剪子铰了纸一张，娃家娘娘好心肠，把你板凳儿我坐上。

　剪刀で紙を切る。（遠くからいらした）おばさんは心がやさしい。

　自分の腰掛けを貸してくれた。

一对黄莺落草间，人人不牵把你牵，晚晚阴魂儿到你前。

（遠くからいらした人よ。）一対のうぐいすがくさむらに舞い降りてきた。気がかりな人は貴女しかいない。私の魂は毎晩貴女に会いに行く。

镢头儿挖了苿蓝了，我到佛家门上三十多年了，我的工龄也长了。

　鍬で苿蓝（3）を掘る。仏教徒になって三〇年あまり経った。ご存じのとおり勤続年数が長い。

斧头剁了水白杨，我阿么可唱你不唱，你把我瞧不起么看不上。

　斧で水白楊を切る。私だけが歌いまくっている。あなたはなんで唱

你看我阿么可唱你不唱，
哎ーー，老联手，
你把我瞧不起么看不上。
＊志…zì　＊老志同…即老同志。
＊上…ràng。
8男：
9男：哎ーー，弟子们，
三根椽椽儿搭架呢，
两个把式就站着我的两下呢，
叫我连阿一个把式搭话呢。
10女：（河州花儿[5]）
哎ー哟ー，蜡架的前面，
给你就可要着补一个呢，
你把那佛家的弟子你再看走你不开恩来。
11女：大红洋缎银红绸，
你入着佛家伙儿里坐。
＊佛家伙儿里…指信徒群体。

和してくれないの。（古い友達、）貴女は私を相手にしてくれない。

（筆者注：この部分は近くで鳴らされた爆竹の音で音声確認ができなかった。）

三根椽椽儿搭架呢，两个站着两下呢，我连阿一个把式搭话呢。

　三本の垂木が枠を組み立てる。二人は二ヶ所に立っているが、どっちと掛け合ったらいいものか。

蜡架的前面，给你就可要着补一个呢，你把那佛家的弟子你再看走你不开恩来。

　神様に供える蝋燭立ての前で、貴方と歌の掛け合いをするから、しばらく歌で付き合ってくれよ。なんで黙ってしまったの。

大红洋缎银红绸，你在佛家伙儿里坐。

　真っ赤な緞子、明るい朱色の絹。あなたは仏教信者の中に交じって座っている。

12女：佛家后头就有神，
你把话讲来讲明。
＊讲…jiàng
13女：这个话要讲明呢，
各位弟子都有神耶呢噢。
有神呢噢，你寻你们真人呢噢。
＊寻…xíng。＊真…zhèng。
14女：你在花儿的会场盘，
你就灵山会上没名唤。
没名唤，叫你上山可不上山。
＊灵…lín，
15女：我渡你回是好心肠，
我叫你走着好路上吱。
＊是…sì　＊回是…意即就是。
16女：你瞭我们佛家的路就这么宽，
越走路路儿就越愿欢。
17女：我们灵山的姊妹这么多，
观音的菩萨笑呵呵。
18女：观音的菩萨瞭得大，

佛家后头就有神，你把话讲来讲明。

私たち仏教信者には後ろ楯の神様がいる。貴方はどういう話《こと》を歌うかはっきり言え。

这个话要讲明呢，各位弟子有神呢，你寻你们真人呢。

そうよ、はっきり言いなさい。弟子の皆には後ろ楯の神様がいるのよ。（後ろ楯の神様がいるのよ。）貴方は後ろ楯の神様を探せ。

你在花儿会场盘，你到灵山会上没名唤。叫你上山可不上山。

貴方はよく花児会の会場で歌うから、名前がよく知られているかもしれないけれど、霊山会(6)ではまだ無名だよ。（無名だよ。）霊山会に加入するように勧めても貴方はそうしない。

我渡你回是好心肠，叫你走着好路上。

私は親切なつもりで正しい道を勧めた。

佛家的路就这么宽，越走路路儿越愿欢。

仏教を信じる人の道はこんなに広い、歩けば歩くほど報われる。

灵山姊妹这么多，观音菩萨笑呵呵。

霊山の姉妹はこんなに多い。観音菩薩はにこにこ笑っている。

观音菩萨瞭得大，保了弟子保天下，只要世间的人平下。

保了弟子保天下。

保天下，只要世间的人平下。
＊天…qin。
19女：吱｜，噢｜，我叫姊妹，
为啥我给你唱来你不对。
20女：你把尕尕怜儿你对不来，
我就一心给你唱得美。
21女：你瞭唱着一声是连一声，
耍叫给佛家志同把人丢了。
＊丢…指丢人。
22男：吱｜，噢｜｜，众弟子，
我把条帚扎了四十把，
我先到那菩萨的铺里擦。
＊菩萨的铺里…指菩萨殿。
23男：吱｜｜，远怜儿客，
我先把杨家店号下，
我把唱花儿把式屋里的路认下。
＊客…kèi

観音菩薩は広い範囲を見守っている。弟子だけでなく天下を守っている。（天下を守っている。）世間の皆が平安であるように。


我给你唱来你不对。

（姉妹のあなた。）私と歌の掛け合いをしようともしないのよね。


你把怜儿对不来，一心给你唱得美。

あなたは花児の掛け合いがうまくできないから、私が思う存分に歌ってあげる。


唱着一声连一声，耍给佛家志同把人丢了。(7)

（私は）ひっきりなしに歌っている。（あなたは）仏教信者同志の前で名折れにならないように。


条帚扎了四十把，先到菩萨铺里擦。

（弟子の皆さん。）私は箒を40本も作った。まず菩薩の堂内を掃除する。


先把杨家店号下，把把式屋里的路认下。

（遠くからいらしたお客さん。）私は取り敢えず楊家店(8)を予約しておく、花児を歌う（あなた）の家へ行く道を覚える。

24女：哎||，叫阿婆，
二细的草帽儿十八盘。
十八盘，我问你草帽儿多少钱。
＊草…cào

25男：哎|，噢||，远乡亲，
娘娘庙里一盆香，
哎|，噢||，远把式，
你们要去要去慢慢儿唱，
我一个把你们都惹上。

26女：剪子铰了黄表了，
我们到神前越唱越好了，
叫你把我们干扰了。
＊黄表…指用来敬神、祭奠用的黄纸。
＊神家…指供菩萨的佛堂前。

27女：哎||，我把花花衬衣穿上呢，
你还说我这会儿家把你收拾呢。
＊收拾…意即惩罚。

28女：收拾呢，不是把你不收拾，
你为啥坐下不开呢。

二细的草帽儿十八盘，我问你草帽儿多少钱。
（おばあさん。）二細の麦藁帽子は十八渦巻いている。麦藁帽子はいくらなの。

娘娘庙里一盆香，你们要去要去慢慢儿唱，我一个把你们都惹上。
（遠くからいらしたみなさん。）女神様の廟にはお盆一ぱいの線香。（遠くからいらした花児歌手たち。）あなたたちは行かないでゆっくり歌おうよ。一人一人に歌の掛け合いをしてあげるから。

剪子铰了黄表了，我们到神前越唱越好了，叫你把我们干扰了。
ハサミは黄表を切る。(9) 私たちは神殿の前で気持よく歌っているところをあなたに邪魔された。

花花衬衣穿上呢，这会儿家把你收拾呢。
私は花柄のシャツを着ている。こらしめてやろうか。(10)

不是把你不收拾，你为啥坐下不开呢。
貴方がそうでなかったら懲らしめることはしないよ。なんで座って

＊开…省略语，意即不开口、不答话。

29男：哎ー，噢ーー，远亲戚，
佛爷坐下轿着呢，
佛家弟子脸上皱皱儿吊着呢，
我唱起稀不爱着呢。
＊皱…chù　＊皱皱儿…皱纹。

30女：剪子铰了绸缎了，
我们弟子越盘越爱了，
弟子越盘越官大，
一盆打脸一边画。
＊打脸…指给神像洗脸的仪式。

31女：〳边画，把蒲团儿拉开就都打卦。
＊都…dóu　＊打…dà

32女：你把你一声来我一声，
我俩个唱得石山就落一层噢。

33男：我说楞坎沿儿上石纸刺，
把式们唱上来么补上去，
远路上的亲戚细细儿听，

いるだけで口を開けようとしないの。

佛爷坐下轿着呢，弟子皱皱儿吊着呢，唱起稀不爱着呢。
（遠くからいらした皆さん。）仏様は駕籠《かご》に乗っている。弟子（の私）は顔がしわだらけだけど、花児を好んで歌っている。

剪子铰了绸缎了，弟子越盘越爱了，弟子越盘越官大，一盆打脸[11]一边画。
ハサミで絹織物を切る。弟子は付き合えば付き合うほど仲良くなり、出世して偉くなった。だから（お礼に）神像の顔を洗って色を付け直す。

把蒲团儿拉开都打卦。
（色を付け直す。）座布団をとってお経を読む。

你一声来我一声，唱得石山落一层。
あなたが歌えば私も歌う。そうすれば、二人の間の山が一層ずつ崩れてゆくように、お互いの距離が近くなる。

楞坎沿儿上石纸刺，把式们唱来补上去，远路上的亲戚细细儿听，万事耍叫长出气。
田畑の周りの土手と畦に生えている石纸の刺。歌手たちが歌で相呼

万事耍叫长出气。
　＊纸…zǐ，＊石纸…一种植物名。
34女：楞坎有个石匣呢，
　路径远者谁拿呢。
35女：岷县的药是串串儿货，
　不是药是兑不过。
　　＊药…yuě，指当归。
　＊兑…指把当归切片加工后出售换成钱。

応している。遠くからいらした皆さん、よく聞いてくれ。どんなことがあっても溜め息なんかつくな。

楞坎有个石匣呢，路径远者谁拿呢。
畑の畦に蓋つきの石の箱があるが、遠くから来た人は持ち帰るものか。

岷县药是串串儿货，[12] 不是药是兑不过。
岷县の漢方薬である当帰は加工して売る。そうしないと高く売れないからさ。

注

（1）女神様は、子孫殿の女神を指す。お墨付きとは、より上位の神または人間の権力者から認められていること。
（2）水白楊は、楊の一種で植物名。
（3）苤蓝も植物名。カラシナのような植物だという。
（4）「老同志」と同じ意味。呼び掛けた相手が自分より年長者なので「老」を付けた。
（5）途中から現われた女性は最初の一首（10女）だけ河州花儿の節で歌った。
（6）霊山会は、岷県民間信仰の組織。また宗教的集まりにおいて経典を読誦する信者グループのこと。（岷县民间信仰中的专有名词，既指民间信仰的信众组织，也指宗教聚会时叙说宗教经典的信众群体。）
（7）恥ずかしい意。

（8）荷馬車を泊める宿の名前。

（9）神様や先祖に供えるのに使う黄色い紙。

（10）私はこの場を重視しているので綺麗な服を着ているが貴方は歌の掛け合いをしてくれない、だからこらしめてやろうか、という意味。

（11）「打脸」は神像・仏像の顔を洗い化粧直しをする儀式。

（12）当帰を薄切りして、貫いて糸に通すこと。当帰を加工するという意味。

〔資料5〕洮岷花儿演唱歌詞例　神花儿B（二郎山子孫殿二〇一一）

〈資料の説明〉

1　取材日：二〇一一年六月十七日（旧暦五月十六日）

2　取材地：甘粛省岷県二郎山の子孫殿

3　歌い手：近くの農村から参詣に来た五十歳の女性

4　協力者：戚 暁萍・張 鑫

5　文字化：

音声資料の文字化は戚 暁萍が担当し、日本語訳は張 鑫が担当した。日本語表現の推敲と全体の編集は筆者が担当した。なお、この歌い手は花儿の終わりのほうで宝巻も歌っているが、それは割愛した。

6　情　況：

歌い手は、家にいたとき神が乗り移ってはやく二郎山へ行けと告げたので参詣に来たという。また、気持ちが悪くて家にいることができなかった、ともいっていた。連れはなく一人で来ていた。その彼女が、子孫殿の入口の庇の下で独唱した。彼女自身が歌で自分の情況を語っている。例によっていつもは低い椅子に腰掛けて宝巻を歌ったり人の歌う宝巻を聞いたりしている周りの老女たちが、彼女の花儿に耳を傾けていた。このときの神花儿の演唱時間は十五分ほどであった。歌の節はこれも阿欧怜儿である。

（漢語普通語表記）

1
二郎山的子孙殿，
菩萨娘娘是大佛家，
保佑叫万人转会都来下，
把黄蜡就给庙里架。

2
黄蜡架在庙里墙上呢，
我们千千万万的人把会浪着呢，
娘娘今儿个把弟子带上唱着呢。

3
带上唱是我高兴，
弟子心上有心病。

4
我的心病我难寒，
我把天云当佛爷。

5
娘娘浪是浪天下，
我抱杨柳瓶水转天下。

（日本語訳）

二郎山にある子孫殿、
その中に祭られている女神(1)はすごい神様だ、
霊験あらたかなのでたくさんの人が花児会がてらお参りに来て、
黄色い蝋燭(2)を供える。

黄色い蝋燭は廟内の壁に供えてある、
われわれ千万人もの人々が花児会を楽しんでいる、
今日は女神様が弟子の私を連れて花児を歌っている。

女神様が連れて来てくれたからとても嬉しい、
弟子の私には心の悩みがある。

私の悩みは生活が苦しいこと、
私は空の雲を仏様と見なす(3)。

女神様は天下の至る所をめぐり歩く、
私は浄水瓶(4)を持って天下を歩き回る。

6
娘娘占下弟子孽障大，
娘娘把心劲打上不害怕，
哪个恶人把我吓。

7
我到二郎山的子孙殿，
我拿起心劲逛会转，
千人万人把我见。

8
我把杨柳抬起观音看不见，
我把杨柳瓶水甩一转，
把四路庄稼长安全。

9
把庄稼长得安全长得好，
把后辈儿孙保护好。

10
娘娘保护天下转，
把大大的路就都修完，
大大路路修完修得大来修得好，
后辈儿孙把车开上跑。

女神様に使者として選ばれた弟子の私はいろいろと苦労するけれども、
力一杯守ってくれるから何も怖いことはない、
私を脅かす悪者はいない。

私は二郎山の子孫殿にやってきた、
私は興味津津に花児会をぶらついている、
たくさんの人が私を見ている。

観音様が見ていなくても、私は楊柳の枝を挙げて(5)（水を撒こうとする）、
私は浄水瓶の水をあたり一面に撒く、
あらゆる作物がよく育つ。

作物がよく育ち、よく実る、
次世代の子孫をよく守る。

女神様は天下を守って各地をめぐり歩く、
広い道の舗装を順調に完成させることができる、
道が広くて綺麗にできたら、
子孫たちはその上で車を走らせる。

11　把路人保佑平安好，
后辈儿孙孝心好。

12　黄蜡架在画画的庙，
把平安就问娘娘要。

13　娘娘要来好的话，
还要给娘娘插香黄蜡架。

14　架起黄蜡插上香，
南天门上往下降。

15　降者南天门开下，
把千人万人保佑挂。

16　娘娘给你好人唱，
弟子的心上难寒过。

17　弟子的心上难寒挂，

道行く人々の安全を守る、
子孫に親孝行の心を持たせる。

絵を画いた廟に黄色い蝋燭が供えてある、
平安を守ってくれるよう女神様に祈る。

女神様がよく守ってくれたら、
（お礼に）また女神様にお香と黄色い蝋燭を供える。

黄色い蝋燭を供え、お香を焚くと、
（女神様が）南天門(6)から下りてくる。

下りてくると南天門が開く、
千人万人の衆生を守っている。

女神様を代表して心のいい人のために歌う、
弟子の私は心が辛い。

弟子の私は心が悲しんでいる、

后头了你就慢慢地查。

18 我的心上牵不下，
叫娘娘把事情重提下。

19 把南天门上的人问一挂，
我的任务都平安，
娘娘的银钱给善人都平摊，
娘娘保佑就平安。

20 我到天空为你转天下，
云头脑里把你挂，
大陆路儿平安大，
尕大庄稼齐收下。

21 收下庄稼路有的人吃饭呢，
黄蜡拿来香点呢。

22 人儿群里保护下，

（女神様）後程ゆっくり調べてくださいませんか。

私はずっとあのことを気にかけている、
女神様、あのことをもう一度調べてくれるようにお願いします。

（女神様）南天門のスタッフに聞いたらわかると思う、
私は任された任務をちゃんと果たしたよ、
女神様はお金をいい人たちに平均に分かち与える、
女神様が守っていれば安全だ。

私は女神様の使者として天下をめぐり歩く、
雲の中で女神様のことが気がかりだ、
大通りが安全だ、
全ての作物が無事収獲された。

作物が収獲されて人々は食べ物に不自由しない、
人々は黄色い蝋燭を持ってきてお香を焚いて（神様に感謝する）。

神様は衆生を守っている、

人人把啥当蜡架。

23
娘娘架蜡真好看，
把四路的庄稼齐保下。

24
牡丹插在善人的门，
保佑叫善人好活人。

25
娘娘保来人活下，
娘娘可叫黄蜡插。

26
娘娘保的平安好，
四路的人都往庙里跑。

27
娘娘可来可看下，
我到子孙殿里我来下，
千人万人都来下，
叫把娘娘话听下。

衆生はあらゆるものを神様に捧げる。

女神様に捧げた蝋燭がきれいに見える、
あらゆる作物の育ちを守る。

牡丹は善人の家の門を飾る、
善人の平安を守る。

女神様のおかげでよく生きられる、
（女神様との約束を忘れないように）黄色い蝋燭を供える。

女神様はよく守ってくれるから、
あちらこちらから人々は廟にお参りに来る。

女神様ご覧の通り、
私は子孫殿に来ている、
千人万人も来ている、
みんな女神様の言うことを聞く。

28
菩萨娘娘大佛家，
画画庙堂坐一挂。

29
带上弟子花儿唱，
画画庙堂大家浪。

30
黄蜡架在地下放，
长香插在天上降，
神仙一挂下凡了。

31
四路八乡的弟子都来了，
把老小们的弟子保平安。

32
娘娘宝瓶抱得大，
叫弟子们把重孙抱一挂。

33
砂石河滩大石头，

女神様はすごい神様だ、
絵(7)が画かれている堂内に座っている。

弟子を引き連れて花児を歌う、
絵が画かれている神廟の中は人で一杯だ(8)。

（台の上に供えきれない）黄色い蝋燭が台の下にもある、
長い線香の煙がゆらゆらと天上から漂ってくる、
神様が下界に下りてくる。

あちこちから弟子がお参りに来ている、
老若男女の弟子たちの平安を守る。

女神様は大きい浄水瓶を持っている、
弟子たちが曾孫を抱いて可愛がるように。

砂石河原の大きい石(9)、

我把我的名字说下，
我是小卧龙的李秀英。

34 娘娘不喘他的话，
我把我的话儿喘一挂。

35 娘娘占我弟子十几年，
我落神是属猪的娃么那一年，
属猪的娃么几岁我几年，
娘娘的功臣阿么办。

36 儿子拉大女儿拉大，
正把钱财挣来下。

私の名前を言っておく、
私は小臥龍(10)から来た李秀英(11)だ。

女神様はうちの主人を相手にしない、
私自身のことを教えてあげよう。

女神様に使者として選ばれて十数年が経った、
女神様の使者になったのは亥年の子が生まれたときだった、
女神様の使者としての勤務年数は亥年生まれの我が子の年齢と同じだ(12)、
女神様の功労者である私はこれからどうする。

息子も娘も苦労して大きくした、
今はお金を稼いでいる。

注

（1）女神の名は子孫娘々（また送子娘々ともいう）。道教的な神で、仏教の「菩薩」ではない。写真19参照。
（2）牛、羊の乳を煮詰めて取った油で作られた蝋燭で、作るのに手間がかかる。神様に供える高級な蝋燭。
（3）神仏は瑞雲に乗って移動することからいう。
（4）水と関係が深い岷県の神々は、それぞれ聖水を入れる瓶を所有している。

（5）柳の枝を持った楊柳観音はまた花瓶を持った姿としても知られる。その観音菩薩にちなんで岷県の神々の巡行でも柳の枝で水を撒く。
（6）南天門は、天にある想像上の門。
（7）子孫殿内部の壁画のこと。
（8）このあたりは、祭礼当日、参詣者でごった返す実際の子孫殿内の様子を歌っている。
（9）33以下は、32を歌ったあと一息ついたので、調査者の戚暁萍が歌い手に質問したとき、自分の素性を歌で答えたものである。
（10）岷県の地名。
（11）調査者戚暁萍の質問に答えて歌で名乗ったもの。歌の内容に個人情報があるので本名を付せ仮名にしてある。自分の夫に関する質問には答えたくなかったようで、その気持ちは「娘娘不喘他的话」にあらわれている。夫のことではなく自分自身について教えてあげよう（我把我的话儿喘一挂）といって、以下のことを歌った。
（12）これに相当する亥年は一九八三年、一九九五年であり、歌い手が五十歳であること、また35の歌詞に「女神様に使者として選ばれて十数年が経った」とあることから、一九九五年を指している。子どもの年齢は十六歳ということになる。

〔資料6〕洮岷北路花儿演唱歌詞例（蓮花山二〇一四）

〈資料の説明〉

1　取材日：二〇一四年六月三十日（旧暦六月四日）午後

2　取材地：甘粛省臨夏回族自治州康楽県の蓮花山中腹

3　歌い手：汪海娥とその夫趙意立ほか男性三人と女性四人
汪海娥は「汪蓮蓮」の芸名を持つ花儿の指導者で、以下の採録歌詞の中では「汪师傅」（汪師匠）と呼ばれている。

4　協力者：戚 暁萍・張 螽

5　文字化：
ここに文字化した部分は、筆者らが一行に同行して録音したときの、比較的録音状態の良かった部分三ヶ所である。それぞれ便宜的に01～03と区分番号を付けた。録音時間は01が七分二十秒、02が九分二十秒、03が四分である。また歌い手を区別するために、男性グループの三人を男A、男B、男Cとし、女性グループの四人を女A、女B、女C、女Dとした。音源から歌詞を文字化する作業は戚 暁萍が担当し、日本語訳は張 螽が担当した。歌詞の注は戚 暁萍が行ない、張 螽が日本語訳したものを筆者が多少調整した。また、中国語注は戚 暁萍が担当した。

6　情　況：
自主的に行なわれた歌掛けではなく、地元のテレビ局が花儿会の番組を制作するために依頼して行なった歌掛けである。男性三人と女性四人、そして女性の側には作詞を担当する串班長が一人付いている。男性側は自分で作詞していた。男女の一行は、蓮花山の中腹の駐車場に建つ娘娘殿の裏の登山道をのぼりながら、ときどき立ち止まって歌掛けを行なった。歌詞の内容は「神花儿」である。

7、その他：

歌詞（02）では、山道を登りながら馬連縄を張って歌うこともあったが、本来馬連縄は村に帰った参詣者を通せんぼして対歌させるためのものである。

写真 31：蓮花山中腹（2014.06.30）

写真 32：蓮花山の歌掛け

山道を登ながら男女のグループで歌掛けしているところ（2014.06.30）

（漢語普通語表記）

01-1

男A：好不过的莲花山，
　　竹竹扎下马着呢。
男B：土牌(1)里的老唱家，
　　莲花山我问你着呢。
男C：娃娃(2)的阿姨土牌的，
　　你看二天门啥神把着呢，
　　手拿什么要着呢。
合：花儿呀，两连叶儿啊(3)。

01-2

女A：俊不过的莲花山，
　　竹竹扎下马着呢。
女B：好不过的莲花山，
　　二天门上马灵官(4)把着呢。
女C：二天门上马灵官把着呢，

（日本語訳）

一番素敵な蓮花山、
竹で竹馬が作ってある。
土牌村のベテラン花児歌手よ、
蓮花山のことについて貴女に聞きたいな。
土牌村から来たうちの子のおばさん、
二天門はなんという神様が見張っているのか、
手にどんなものを弄んでいるのか。
花児よ、繋がっている二枚の葉っぱよ。

一番秀麗な蓮花山、
竹で竹馬が作ってある。
一番素敵な蓮花山、
二天門は馬霊官が見張っているのよ。
二天門は馬霊官が見張っているよ、

　　手提金斗[5]要着呢。
女D：啦儿湾[6]的莲花山，
　　兀[7]在云头要着呢。
女A：兀在云头要着呢，
　　他把天门把着呢。
合：花儿呀，两连叶儿啊。

01-3
男A：原打原的原来了，
　　杆一根两根杆。
男B：有名望的汪师傅，
　　今儿个又把你碰见。
男C：娃的阿姨你听啊，
　　三天门把的什么官，
　　他手提什么要得圆。
合：花儿呀，两连叶儿啊。

手には金の升を弄んでいるよ。
啦児湾の蓮花山歌手（ごらんなさい）、
彼（神様の馬霊官）は雲の上で弄んでいるよ。
彼は雲の上で弄んでいるんだよ、
天門をちゃんと見張っているんだよ。
花児よ、繋がっている二枚の葉っぱよ。

話がもとに戻る、
竿一本と二本の竿。
声望の高い汪師匠、
今日はまた貴女に出会った。
うちの子のおばさん、答えなさいよ、
三天門を見張っているのはなんという神様か、
彼が手で上手に弄んでいるのは何だ。
花児よ、繋がっている二枚の葉っぱよ。

01-4

女B：好不过的莲花山，
　竹竹扎下马着呢。
女A：好不过的莲花山，
　三天门温灵官把着呢。
女C：好不过的莲花山，
　天门把得真威严。
合：花儿呀，两连叶儿啊。

01-5

男A：好不过的莲花山，
　杆一根的两根杆。
男B：杆一根的两根杆，
　我今儿个把土牌就将迎见。
男C：四天门把的是岳灵官，
　他手中是什么空中悬。
合：花儿呀，两连叶儿啊。

一番素敵な蓮花山、
竹で竹馬が作ってある。
一番素敵な蓮花山、
三天門は温霊官が見張っているよ。
一番素敵な蓮花山、
厳めしく天門を見守っているんだ。
花児よ、繋がっている二枚の葉っぱよ。

一番素敵な蓮花山、
竿一本と二本の竿。
竿一本と二本の竿、
僕は今日土牌村の花児歌手に出会ったばかりだ。
四天門を見張っているのは岳霊官だ、
空中に浮かんでいる彼が手に持っているものは何だ。
花児よ、繋がっている二枚の葉っぱよ。

01-6

女A：好不过的莲花山，
　杆两根的一根杆。
女B：俊不过的莲花山，
　四天门上岳灵官。
女C：好不过的莲花山，
　他就精忠报国心一片。
女D：大沟山(8)啦儿湾你看啦，
　他的形象真威严。
合：花儿呀，两连叶儿啊。

01-7

男A：原打原的原来了，
　杆两根的一根杆。
男B：来了唱个莲花山。
男C：土牌里的汪师傅，
　真的他到空中悬。
合：花儿呀，两连叶儿啊。

一番素敵な蓮花山、
竿二本と一本の竿。
一番秀麗な蓮花山、
四天門の岳霊官。
一番素敵な蓮花山、
国のために忠誠と身を尽くす彼（岳霊官）の心。
大沟山啦儿湾の歌手のあなたごらんなさいよ、
彼(岳霊官)の威厳のある格好を。
花児よ、繋がっている二枚の葉っぱよ。

話がもとに戻る、
竿二本と一本の竿。
蓮花山に来たら蓮花山を歌おう。
土牌村の汪師匠、
本当に彼（岳霊官）が空中に浮かんでいるのが見える。
花児よ、繋がっている二枚の葉っぱよ。

01–8
女B：好不过的莲花山，
　杆两根的一根杆。
女A：俊不过的啦儿湾莲花山，
　四天门上岳灵官。
女C：好不过的莲花山，
　五百灵官由他管。
女D：他给莲花山上催香烟，
　就把莲花山的庙宇都修全。
合：花儿呀，两连叶儿啊。

02–1
女B：好不过的莲花山，
　钢二两的四两钢。
女A：俊不过的莲花山，
　我连马莲绳绳堵一挂。
女C：好不过的莲花山，
　你就不唱花儿上不上。

一番素敵な蓮花山、
竿二本と一本の竿。
一番秀麗な啦儿湾蓮花山、
四天門の岳霊官。
一番素敵な蓮花山、
彼は五百もの霊官を一手に司る。
彼のおかげで蓮花山はお参りが盛んで、供えてある線香の煙も後が絶えない、
蓮花山のすべての廟が立派に整えられるに違いない。
花児よ、繋がっている二枚の葉っぱよ。

一番素敵な蓮花山、
油壺二両入りと四両入りの油壺。
一番秀麗な蓮花山、
私は馬蓮縄で山道を塞ぐ。
一番素敵な蓮花山、
あなたが花児を歌ってくれないと通れないよ。

女D：我的姊妹咱们把花儿对上唱，
　我问你对上呢么对不上。
合：花儿呀，两连叶儿啊。

02-2

男A：好不过的莲花山，
　钢二两的四两钢。
男B：土牌里的汪师傅，
　你就把马莲绳堵一挡。
男C：我就跟上山着浪[9]一趟，
　我把花儿还就唱上上。
合：花儿呀，两连叶儿啊。

02-3

女B：好不过的莲花山，
　杆一根两根杆。
女A：好不过的莲花山，
　马莲绳绳堵得宽。

姉妹たちよ、花児を掛け合おうか、
あなたはこの掛け合いに加わることができるだろうか。
花児よ、繋がっている二枚の葉っぱよ。

一番素敵な蓮花山、
油壺二両入りと四両入りの油壺。
土牌村の汪師匠、
貴女は馬蓮縄で登山道を遮る。
僕も後について山遊びに行こう、
もちろん花児を歌いながら登るからさ。
花児よ、繋がっている二枚の葉っぱよ。

一番素敵な蓮花山、
竿一本と二本の竿。
一番素敵な蓮花山、
馬蓮縄で山道をいっぱいに塞ぐ。

女C：好不过的莲花山，
　你把花儿对上我喜欢。
女D：对上了我把马莲绳放开，
　你对不上了底下钻。
合：花儿呀，两连叶儿啊。

02－4
男A：好不过的莲花山，
　从上往下堵着呢。
男B：俊不过的莲花山，
　你连马莲绳堵着呢。
男C：俊不过的莲花山，
　你连马莲绳绳堵啥呢，
　给我还当拦路虎着呢。
合：花儿呀，两连叶儿啊。

02－5
女B：好不过的莲花山，

一番素敵な蓮花山、
私たちと花児の掛け合いができたら何より嬉しいけれど。
ちゃんと掛け合いができたら、馬連縄を放して（通してやる）、
できなかったら、馬連縄の下を潜るしかない。
花児よ、繋がっている二枚の葉っぱよ。

一番素敵な蓮花山、
登山道は上から塞がれている。
一番秀麗な蓮花山、
貴女は馬連縄を引いて立ちはだかっている。
一番秀麗な蓮花山、
馬連縄で何を阻もうとしているのか、
僕の行く手の邪魔物になっているではないか。
花児よ、繋がっている二枚の葉っぱよ。

一番素敵な蓮花山、

　蔞[10]两条的一条蔞。
女A：俊不过的莲花山，
　我连马莲绳绳拦一遭。
女C：好不过的莲花山，
　不是我把这唱花儿的不知道。
女D：（我的娃娃的阿爸），
　这就才把唱花儿的寻[11]着了。
合：花儿呀，两连叶儿啊。

02-6
男A：好不过的莲花山，
　蔞两条的一条蔞。
男B：土牌的你把马莲绳拉好，
　我唱花儿的名声或[12]不小。
男C：沟门上堵你头一道，
　人人把我都知道。
合：花儿呀，两连叶儿啊。

蔞二本と一本の蔞。
一番秀麗な蓮花山、
私はとりあえず馬連縄を引いて道を塞ごう。
一番素敵な蓮花山、
あなたが歌いかけてくれたおかげで、花児を歌うことができた。
（子供のお父さん）
やっと（気持ち良く）掛け合いのできる相手が見つかったんだ。
花児よ、繋がっている二枚の葉っぱよ。

一番素敵な蓮花山、
蔞二本と一本の蔞。
土牌村の貴女よ、馬連縄をちゃんと引け、
花児にかけては、ぼくの名声がたぶん高いといえるだろう。
山の入り口で一回目の通せんぼに遇った、
僕はみんなによく知られている。
花児よ、繋がっている二枚の葉っぱよ。

02―7

女B：好不过的莲花山，
　杆两根的一根杆。
女A：俊不过的莲花山，
　杆两根的一根杆，
　我连马莲绳堵一半。
女C：俊不过的莲花山，
　咱们把这花儿分成两摊摊，
　就像新式钢磨两盘转。
女D：高速公路两条线，
　我的姊妹你喜欢的我喜欢。
合：花儿呀，两连叶儿啊。

02―8

男A：好不过的莲花山，
　镰刀要割沙柳呢。
男B：土牌的你堵我的心有呢，
　你把马莲绳绳放脱我走呢。

一番素敵な蓮花山、
竿二本と一本の竿。
一番秀麗な蓮花山、
竿二本と一本の竿。
私は馬連縄で山道の半分を塞ごう。
一番秀麗な蓮花山、
二つのグループに分かれて花児を歌おうか、
新式のステンレス製の臼の、二つの臼台が同時に回るように。
高速道路は二本の車線が走っている、
姉妹の貴女がそうすれば嬉しいなら、私も嬉しいよ。
花児よ、繋がっている二枚の葉っぱよ。

一番素敵な蓮花山、
鎌で沙柳を切る。
土牌村の貴女、僕をわざと通させてくれない気か、
馬連縄を放して通してくれよ。

男C：土牌里的详细听，
　你把马莲绳绳放脱我走呢，
　我的后头还有呢。
男B：我的后头还有呢，
　还有三朋四友呢。
合：花儿呀，两连叶儿啊。

02-9

女B：好不过的莲花山，
　蔞两条的四条蔞。
女A：好不过的莲花山，
　唱花儿迎上背帮(13)了。
女C：好不过的莲花山，
　我把马莲绳放脱了。
女D：花儿有人对上了，
　唱花儿才有劲涨了。
合：花儿呀，两连叶儿啊。

土牌村の貴女、よく聞いてくれよ、
馬連縄を放して通してくれよ、
僕の後ろには人がいるよ。
僕の後ろには人がいるよ、
友達がたくさんいるよ。
花児よ、繋がっている二枚の葉っぱよ。

一番素敵な蓮花山、
蔞二本と四本の蔞。
一番素敵な蓮花山、
思う存分花児の掛け合いを満喫できるような相手に出会えて本当に助かるわ。
一番素敵な蓮花山、
私は馬連縄を放そう。
花児の掛け合いがうまくできたら、
花児を歌う気持ちが高ぶってくる。
花児よ、繋がっている二枚の葉っぱよ。

02-10
男A：好不过的莲花山，
　　锅两口一口锅。
男B：俊不过的莲花山，
　　你把马莲绳放脱。
男C：三朋四友都过过，
　　不是一个把一个寻不着。
合：花儿呀，两连叶儿啊。

03-1
女B：好不过的莲花山，
　　红心柳(14)杈套杈。
女A：好不过的莲花山，
　　把你好比荷包花(15)。
女C：把你好比荷包花，
　　荷包花开一点点。
女D：好不过的莲花山，
　　荷包花我爱它，

一番素敵な蓮花山、
鍋二口と一口の鍋。
一番秀麗な蓮花山、
貴女は馬連縄を放せ。
友達のみんなを通させてくれ、
はぐれてお互いに探し合うことなどないように。
花児よ、繋がっている二枚の葉っぱよ。

一番素敵な蓮花山、
ギョリュウの枝が交差して絡み合っている。
一番素敵な蓮花山、
あなたを荷包花に喩える。
あなたを荷包花に喩える、
荷包花は小さい花を咲かせる。
一番素敵な蓮花山、
私は荷包花が大好きだ、

　扳着卧室我放下。
合：花儿呀，两连叶儿啊。

03-2

男A：好不过的莲花山，
　鸡一窝的两窝鸡。
男B：土牌的你好像园子里的九月菊。
男C：我想把你折着去，
　到底把你舍不得。
合：花儿呀，两连叶儿啊。

03-3

女B：好不过的莲花山，
　鸡一窝的窝九鸡。
女A：好不过的莲花山，
　阳世上活人有男的有女的。
女C：我的姊妹你听啦，
　牡丹开花时有红的有绿的。

花を折って寝室に飾ってある。
花児よ、繋がっている二枚の葉っぱよ。

一番素敵な蓮花山、
鶏一小屋と二小屋の鶏。
土牌村の貴女は花園に咲いている九月の菊の花のようだ。
貴女を折って持って帰りたいが、
(貴女のためにならないので) やっぱり折るには忍びない。
花児よ、繋がっている二枚の葉っぱよ。

一番素敵な蓮花山、
鶏一小屋と九小屋の鶏。
一番素敵な蓮花山、
この世を渡るのは男もいるし、女もいる。
私の姉妹たちよ、聞いてくれよ
満開の牡丹は赤いのもあるし、みどりのもある。

女D：我的姊妹听下啦，
　　牡丹开花香气还传千里呢。
女D：啦儿湾的大沟山
　　牡丹再好是前头的名声也有呢。
女C：好不过的大沟山，
　　端端蜜蜂采你呢。
合：花儿呀，两连叶儿啊。

03-4
男A：俊不过的莲花山，
　　杆两根的一根杆。
男B：土牌的我今儿个把你将迎见，
　　我像菊花儿颜色浅。
男C：嫌浅呢么不嫌浅，
　　不嫌浅了缠二年。
合：花儿呀，两连叶儿啊。

私の姉妹たちよ、聞いておけよ、
満開の牡丹の香りは千里を走る。
啦儿湾大沟山（の歌手よ）、
牡丹は確かに素晴らしいけれど、今までやけに褒め称えられたのではないか。
一番素敵な大沟山（の歌手よ）、
蜜蜂が（あなたを花と勘違いして）採蜜しようとしているではないか。
花児よ、繋がっている二枚の葉っぱよ。

一番秀麗な蓮花山、
竿二本と一本の竿。
土牌村からの歌手よ、僕は今日貴女に会ったばかりだ、
僕は菊の花のようで、ただしまだ色が浅い(16)。
色の浅い僕が嫌か嫌でないか、
嫌でないなら二年間付き合ってくれよ。
花児よ、繋がっている二枚の葉っぱよ。

注

（1）土牌…地名，在这里是指男歌手B所询问的女歌手的住所所在地。（地名。男歌手Bが歌いかけた女歌手の住んでいる場所。）
（2）娃娃的…相手を自分の家族の一員として、自分の子の目線から親しみを込めて呼びかけたもの。
（3）花儿呀，两连叶儿啊…〝莲花山花儿〟每个段落结尾处歌手们合唱的程式句，结尾处的这一程式句也是莲花山花儿的标志。（蓮花山花儿の段落ごとの終わりに来る歌手たちがみんなで合唱する決まり文句で、蓮花山花儿の特徴ともいえる。蓮花山は蓮花の形をしているが、石山で葉っぱがないことを惜しむ感情から、何とか葉っぱをつけよう、山の植物が生い茂るように、など地元の人々の願いを込めた歌詞だということである。また、蓮花山にある道教、仏教、儒教も繋がっている葉っぱのようにむつまじく付き合っていくようにという深い裏の意味もあるとのこと。）
（4）灵官…是道教的护法天神。莲花山自观音殿向上，曾经依山而立四座建筑，分别是头天门、二天门、三天门、四天门。这四座建筑内分别塑有道教的四位灵官，别是赵灵官、马灵官、温灵官、岳灵官，这四位灵官的原型人物分别是赵公明、马灵耀、温琼、岳飞。（道教の護法天神である。蓮花山では昔観音殿から上に四つの建物が続いていた。それぞれ「頭天門」「二天門」「三天門」「四天門」と呼ばれる。四つの建物内に道教の霊官四人の像が供えてある。それぞれ趙霊官、馬霊官、温霊官、岳霊官で、そのモデル人物は歴史上の張公明、馬霊耀、温琼、岳飛である。）
（5）金斗…斗，盛粮食的器具，金斗即金子做的斗，在本句歌词中是指马灵官的法宝。道教中马灵官的形像是左手持长枪，右手托金砖。金砖和金斗视觉差别细微，也许给歌者造成了误解。（斗とは穀物の分量を量る容器で、金斗とは金で作られた斗である。この歌詞では馬霊官の手に持つ神通力の宝物を指す。道教の馬霊官のイメージ像としては左手に長槍で、右手に金レンガである。金レンガと金斗は見た目で似ているので、歌手の勘違いを招いたようである。）
（6）啦儿湾…地名，在这里是指与女歌手D对歌的男歌手的住所所在地。（地名。女歌手Dが歌いかけた男歌手の住んでいる場所。）
（7）兀…方言，意即第三人称〝他〟。（方言。第三人称の「彼」という意味である。）
（8）大沟山…地名，在这里是女歌手D用与其对歌的男歌手的住所来指称该男歌手。（地名。女歌手Dが歌いかけた男歌手の住所で男歌手自身を指す。）

（9）浪…方言，意即游玩。（方言。遊ぶという意味。）

（10）要…方音读作yáo，即用树皮、树的枝条搓成的绳。（方言の発音では「yáo」で、樹皮や枝で綯う縄のことを指す。）

（11）寻…方音读作xíng，意即找。（方言の発音では「xíng」で、探すという意味である。）

（12）或…方音读作huí，表示推测，意即或许、应该，在这里是歌手的自谦说法。整句歌词的意思是（我想）我唱花儿的名声应该不小吧。（方言の発音では「huí」で、推測を表わすたぶんという意味である。歌手のへりくだった言い方である。歌詞の意味は花儿にかけては、ぼくの名声がたぶん高いといえるでしょう。）

（13）背帮…方言，意即有力的帮助。（方言。力強い助けという意味である。）

（14）红心柳，方言，又称红细柳，即红柳。（方言。また「紅細柳」ともいう。ギョリュウのことである。）

（15）荷包花…是当地人对荷包牡丹的俗称。（地元での巾着牡丹（華鬘草）の俗称である。）

（16）ここでの「浅い」は自分の花児の腕はまだ浅いという裏の意味もある。

〔資料7〕雲南省白族対歌演唱歌詞例（剣川石宝山宝相寺二〇〇六）

〈資料の説明〉

1　取材日：二〇〇六年八月二十一日午後

2　取材地：雲南省剣川県石宝山宝相寺境内

3　歌い手：男性一人（黄四代）と、女性二人（李 銀淑・張 福妹）

黄四代さんと李 銀淑さんは、いわば歌友達であり、恋の歌を交わし合う関係である。また、両人の子どもたちが結婚しているから姻戚どうしでもある。これに加えて張 福妹さんと李 銀淑さんとは姉妹の関係（実際は違うらしいが）であることを前提に歌掛けが進行している。

歌い手三人は、張文・陳瑞鴻主編『石宝山伝統白曲集錦』（雲南民族出版社、二〇〇五年）末尾の「知名芸人小伝及歌手簡介」に載る剣川県の著名な歌い手たちである。次にその説明をもとに三人を簡単に紹介する。

黄四代……一九五〇年二月生、沙溪黄花坪村の人。叙事長歌（本子曲）芸人。雲南省大理州曲芸家協会、剣川本子曲協会会員。二〇〇二年五月、省文化庁・省民委から「雲南省民間音楽師」の称号を与えられた。小さい頃から本子曲を演唱することが好きだった彼は、さらに広く師を求めて芸を学んだ。彼の声は良くとおり、音色も豊かである。

写真33：剣川石宝山宝相寺入口（2006.08.21）

群衆にとても歓迎され、いつも白族の村に招待されて本子曲を歌っている。また、即興で対唱することも得意で、口から出す言葉がそのまま歌となるほど、その才能は人並み以上に優れていて、石宝山歌会の対歌大会および州の三月街民歌演唱大会で何回も一等賞を獲得している。民間歌手たちは、彼と対唱することを名誉と考えていて、彼を「歌王」と尊称し、師と仰いでいる。

なお、彼は茈碧湖《ツービー》の海灯会にも出掛けていって良く歌っているらしく、工藤隆・岡部隆志著『中国少数民族歌垣調査全記録1998』などにも記載されている。

李銀淑…東嶺河南村の女性。有名な歌い手で、石宝山歌会ではたびたび一等賞を獲得している。年齢は不明であるが、すでに結婚した娘があるというから四十～五十歳ぐらいと推定される。

張福妹…沙渓石竜村の女性。三十四歳。有名な歌い手で、大理州の三月街民歌大会および石宝山歌会で多くの賞を獲得している。黄 四代さんの歌の友達としてこの日やってきた李 銀淑さんと一緒に行動していた。男性の対歌中に彼女の夫のことが話題になっているが、既婚か未婚かは不明。

4　協力者：

張 文（剣川県文化館）

張正軍（寧波大学教授）

5　文字化：

筆者の帰国後、現場での対歌の進行に合わせて同時通訳してくれた剣川県文化館の張 文氏に現地で録音した音声資料を送り、歌唱者による白《ペー》語の国際音声記号化と原音からの中国語訳を依頼した。また、現地での張 文氏の同時通訳を、同時にまた寧波大学の張 正軍教授が日本語に通訳してくれたので、各歌にはそれを参考に日本語の大意を付けた。この大意についても張 文氏に依頼して改めて整理してもらった。なお、注は筆者が付けた。

写真 34：剣川石宝山宝相寺境内の対歌

左から黄四代、張福妹、李銀淑（2006.08.21）

6　情　況：

剣川県石宝山宝相寺境内の建物群は山の中腹の断崖の下に位置している。また、そこへ至るには下の道路から二、三百段の階段をのぼらなければならない。一番奥の建物である大殿の前の屋外のベンチに腰を掛けながら三人が対歌した（写真34）。写真には写っていないが、彼らの横には三弦を弾いて対歌の伴奏をする男性がいる。また、民族衣装を着た年配の婦人たちをはじめ多くの人々が歌い手たちを取り巻いていた。三人は歌の掛け合いの間中ずっとベンチに並んで腰掛けていた。

はじめは黄 四代さんと李 銀淑さんが掛け合いをしていたが、途中で張 福妹さんが李 銀淑さんに替わって黄 四代さんを相手に歌い始めた。この情況が歌詞における、男一人対女二人の三角関係の前提となっている。

演唱時間は、現地時間の一六時三十分頃から一六時五十五分頃までの約二十六分間。一首あたりの演唱時間は三弦の間奏を含めて一分弱である。

工藤隆氏が述べているように、自然発生的な対歌は始まりから終わりまで全体を記録することは困難だが、このように歌巧者による例では開始と終了が明確に記録できる。なお張 文氏は、この対歌は比較的若い中年の歌い手の歌詞によるものだと解説している。

7　歌掛けと方言：

白語《ペー》には標準語がなく地域によってさまざまな方言があり、二人もそれぞれの村の白語で歌っているらしく、黄 四代さんは張 福妹さんの方言が聞き取りにくいと不満をもらしていた。石宝山の歌会には、「雲南の西北三州八県の白族」等の人々が集まる（張文・陳瑞鴻主編『石宝山伝統白曲集錦』雲南民族出版社、二〇〇五）と言われるし、それと同様に古代ヤマトの歌垣もかなり広範囲から人々が集まったと言われているが、このことは相手の方言が理解できるという条件がなければ、そもそも歌の掛け合いが成立しないことを意味している。見逃しかねない事実だが、歌垣を考える場合参考にすべきことだろう。

（ペー語歌詞国際音声記号）

1男　tsɛ^{42} tɕhi^{44} tsɛ^{42} pia^{44} xo^{55} lɯ̃^{33} tsi̩^{33},
no^{31} a^{55} ma^{44} ɕɛ^{44} ŋu^{31} ŋɯ^{55} sɯ^{33},
no^{31} a^{55} ma^{44} ɕɛ^{44} tsɛ̃^{44} ŋɯ^{55} ŋua^{42},
ɕĩ^{55} tsã^{55} xa^{44} ta^{42} lɯ^{33}.
tɯ^{21} ma^{55} xɯ^{44} li^{55} tɕhi^{44} tsɛ̃^{21} pã^{42},
tsi̩^{33} pa^{44} pɛ̃^{42} li^{55} tɕhi^{44} tsɛ̃^{21} xɯ^{44},
ŋo^{31} jio^{44} lɯ^{31} tshɛ̃^{55} ka^{31} lɯ̃^{55} ŋv̩^{55},

（中国語訳）

十七十八花骨朵，
哪天才能摘到手，
哪天才能成婚配，
忐忑心里愁。
黑发气成白头发，
白牙气成黑乎乎，
我把这话告诉你，

（大意）

あなたは咲いたばかりの小さな一輪の花です。いつになったら私の花になってくれますか。私にはそれがとても気がかりです。

no^{31} tɕhɛ^{55} tɯ^{44} tso^{42} mɯ^{3}.

2女

ku^{31} ue^{55} fy̩^{55} la^{31} ɕã^{33} tɕhɯ̃^{33} xo^{44},
piɛ^{44} na^{55} kuɛ̃^{44} sẽ^{55} kuɛ̃^{44} ɕo^{35} mo^{33},
ku^{33} ji$^{}$ ị̃^{21} se^{31} ji$^{}$ ị̃^{21} ŋɯ^{35} ta^{44} tshã^{55}
xuɛ̃^{55} lu^{55} mɯ^{55} tõ^{33} mo^{33}.
ɕị^{31} xuã^{55} tshã^{55} tsị^{55} ko^{55} ŋo^{31} tshã^{55},
jã^{55} kõ^{33} ji$^{}$ ị̃^{21} mɛ^{55} tshã^{55} ka^{35} tio^{33},
tɕa^{42} xo^{44} no^{33} lị^{55} mo^{33} ɕi ̃^{21} la^{42},
ŋo^{31} tshu^{33} tɯ^{44} ŋɯ^{55} ko^{3}.

3男

nɯ^{55} ko^{33} ŋo^{31} tsɯ̃^{44} kuɛ̃^{44} sẽ^{55} pio^{33},
ŋo^{31} tsɯ̃^{44} tshɛ^{31} na^{55} xo^{55} tsị^{33} to^{33},
ŋo^{31} ŋɯ^{35} tshɛ^{31} na^{55} xo^{55} hu^{31} ko^{55},
ŋɛ^{44} xa^{44} ta^{42} nɯ^{55} no^{3}.
tshɛ^{31} xo^{55} jõ$^{}$ ị̃^{33} tshɛ^{31} po^{42} tã^{55} xo^{55},
ka^{35} ji$^{}$ ị̃^{44} ka^{35} ɕɛ^{44} lị^{55} lɛ^{31} jõ$^{}$ ị̃^{33},
ke^{55} ji$^{}$ ị̃^{44} tshɛ^{31} tɯ^{44} lɯ̃^{55} xo^{55} tsị^{55},

是否听清楚。

各位父老众乡亲，
要山玩得开不开心，
男女老少来对歌，
欢乐到万分。
高高兴兴来对唱，
唱上几调多欢心，
对调何必找别人，
阿妹把哥等。

不是拜佛来朝山，
我为采花到这边，
有心采你花这枝，
深爱在心间。
采花要采牡丹花，
历尽千辛也心甘，
今天采得花这朵，

若い人も老人もみな石宝山に来て歌をうたうことが好きです。ここへ来て歌をうたうなら、ほかの相手を探す必要はありません。ただ私にだけ歌いかけて下さい。

石宝山では歌の掛け合いがあります。また寺院の参拝もあります。私は仏様にお詣りに来たのではなく、ただ花を採りに来たのです。花を採るならきれいな牡丹の花が欲しいです。どんな苦労を重ねても私は最もきれいな花を採ろうと思います。いくつも山を越えて今日やっとあなたのような花を採ることができました。今夜はとても眠れません。

（注）お詣りではなく花を採りに来たと言ったとき、

tshɛ̃^{31} lɨ^{55} tshɛ̃^{31} a^{31} tho^{33}.

不睡也欢心。

周りの人々から笑い声がおこった。また、「牡丹の花」と言っているが、このとき石宝山にそれが咲いていたわけではない。対歌の世界の用語である。

4女

po^{42} ta^{55} xo^{55} khɯ^{55} tsɯ^{31} tɯ^{21} no^{33},
no^{31} ji^{31} ɨ̃^{55} ŋo^{31} tshu^{33} ɕi^{33} ɨ̃^{55} a^{31} kho^{33},
ta^{42} ji^{31} ɨ̃^{55} tua^{42} lɨ^{55} tshu^{33} ŋa^{33} no^{31},
ŋo^{55} ji^{31} ɨ̃^{21} khuɛ̃^{55} lɯ^{55} pho^{3}.
pɯ̃^{31} lɛ^{55} ko^{55} lõ^{33} ɕio^{31} lɯ^{33} tshã^{55},
ŋo^{31} lɛ^{31} kɛ̃^{55} lã^{55} ji^{31} ɨ̃^{21} xo^{31} lõ^{33},
tsɨ^{31} jia^{55} tsɯ^{33} lia^{42} no^{33} ɕi^{33} ɨ̃^{55} tsɨ^{55},
lõ^{31} jõ^{44} ŋo^{31} lɨ^{55} jõ^{4}.

牡丹花开在枝头，
你心我心是一颗，
行或不行都找你，
找你心热呼。
本想和你好好唱，
又怕惹祸事非多，
只要真心来相爱，
您愿我也愿。

私は恋の相手を探してまもなくあなたを見付けました。あなたのような人がいいです。あなたとならばとても良く歌えると思います。でも、あなたと歌を交わした後で、人にあれこれ言われるのが怖いのです。もし、あなたに真心があれば、私は喜んでついて行きます。

5男

po^{42} tã^{55} xo^{55} lɯ^{31} to^{33},
khɯ^{55} mɛ^{55} lõ^{31} khɯ^{55} ɕu^{33} pɛ̃^{21} nõ^{33},
a^{31} ko^{33} ŋo^{31} tsɯ^{44} ŋɛ^{44} tshɛ^{31} xo^{33},
xuã^{55} mɯ^{44} ɣɯ^{33} tshy̩^{31} mo^{3}.

牡丹花开鲜，
开呀开在泉水边，
阿哥我是采花匠，
采花乐心间。

石宝山にはきれいな花がたくさん咲いています。私の本心を言いましょう。この花を採ろうかと思ったら、別の花がもっと美しく見えます。本当のところ、私はあなたがた二人のどちらも好きです。

tshɛ^{31} tõ^{33} to^{33} tsɪ̣^{55} ɣɛ^{31} to^{33} sɛ̃^{55},
tshɛ^{31} ta^{35} to^{33} tsɪ̣^{55} lɯ^{31} to^{33} xu^{33},
nã^{55} kõ^{33} ji ĩ̤^{21} mɛ^{55} ta^{44} ŋɯ^{55} sɛ̃^{42},
kõ^{33} ji ĩ̤^{21} to^{31} ko^{55} jiõ̤^{33}.

采这朵呀那朵艳，
采那朵呀这朵鲜，
你们二人跟我去，
两个都喜欢。

6女
ŋo^{31} sua^{44} lɯ̃^{55} ɣv^{55} tso^{42} tɕhĩ^{55} ko^{33},
kho^{31} tsɪ̣^{55} kõ^{31} ji ĩ̤^{21} lɛ^{35} sõ^{33} xõ^{33},
ji i̤^{55} tsɪ̣^{55} kõ^{31} kho^{55} li̤^{55} ji i̤^{42} ta^{42},
kho^{31} tsɪ̣^{55} ko^{31} ji ĩ̤^{33} sõ^{33} no^{33} ɕu^{33},
ŋo^{31} jõ̤^{41} lɯ^{31} tshɛ̃^{55} sua^{44} lɯ̃^{55} ɣy̩^{55},
tsɯ^{44} tɕɯ̃^{31} lɯ̃^{55} ɕĩ^{55} lõ^{33}.

说与阿哥你细听，
花采两朵怎能行，
衣服可以穿二件，
情侣怎可找两人。
我把这话告诉你，
你要牢记心。

二つの花はどっちもきれいだと思います。でも、あなたは結局その中の一つを選ばなければなりません。この花もあの花も採るというようなことをしてはいけません。

（注）二つの花…ひとりは今歌っている張福妹さん、もう一人は黄四代さんと歌友達である李銀淑さんをさす。李さんはこのとき張さんの傍に腰掛けている。（例外的に、この箇所だけは6句のみで歌っている。）

7男
tɕhɛ̃^{55} tso^{42} tsɯ^{44} tɕɯ̃^{31} ŋɯ^{55} ɕĩ^{55} lõ^{33},
lɯ̃^{55} vã^{44} lɯ^{31} tshɛ̃^{55} li̤^{55} lɛ^{31} tso^{33},
lã^{55} kõ^{33} ji ĩ̤^{21} to^{31} ko^{55} xɛ̃^{55} tɕhõ^{55},
tsõ^{55} ɕĩ^{55} xa^{44} na^{55} no^{33}.

你说牢牢记在心，
说的道理的确真，
可惜两个都漂亮，
羡慕到万分。

採ることができるのはただ一つの花だというけれども、あなたがた二人は比べれば比べるほどどっちも本当にきれいです。二人とも私を嬉しくさせてくれます。あなたがたが私を見て逃げようとしても、追いかけて行ってきっと追いつくでしょう。

tɕi$^{\cdot 44}$ sɛ̃^{55} kõ^{33} to^{33} tshɛ^{31} tsɛ̃^{21} tua^{42},
ŋo^{31} tsɛ̃^{21} khy̩^{55} tsõ^{55} ɕĩ$^{\cdot 55}$ lã^{55} lõ^{33},
lɯ̃^{55} kõ^{33} ŋo^{31} tsɯ^{44} ŋo^{31} ɕi$^{\cdot 31}$ xuã^{55},
pe^{44} la^{42} thuĩ$^{\cdot 55}$ thuĩ$^{\cdot 55}$ jo^{3}.

既然两朵采不成，
岂不让人白欢心，
阿哥两人都喜欢，
穷追紧紧跟。

8女

tsɯ^{44} tɕɛ^{21} a^{31} ko^{33} tso^{42} tɕhĩ$^{\cdot 55}$ ko^{33},
lɯ̃^{55} vã^{42} lɯ^{31} tshɛ̃^{55} li$^{\cdot 55}$ lɛ^{31} tso^{33},
lɯ̃^{55} vã^{42} lɯ^{31} tshɛ̃^{55} li$^{\cdot 55}$ lɛ^{31} tsɛ̃^{55},
uẽ^{31} ŋa^{55} ɕĩ$^{\cdot 55}$ tsɪ$^{\cdot 33}$ kho^{3}.
sɯ̃^{55} tshɛ^{55} tshu^{33} na^{55} tɯ̃^{31} ka^{44} tɕhõ^{55},
tɕhɯ̃^{21} ji$^{\cdot 55}$ to^{55} lã^{55} lõ^{33} ja^{35} mõ^{33},
sɯ̃^{55} tshɛ^{55} li$^{\cdot 55}$ tɕhõ^{55} tɕhɯ̃^{42} ji$^{\cdot 55}$ tɕhõ^{55},
to^{55} lã^{55} no^{33} ja^{35} mo^{3}.

阿哥有情真有情，
你讲此话的确真，
你讲这句合情理，
温暖我的心。
身材就数你英俊，
情义无价重千斤，
身材也好情意好，
的确胜别人。

お兄さん、あなたの言葉は人情と道理にかなっています。あなたはハンサムで才能も愛情もあります。あなたのような人はほかにいません。

（注）お兄さん…歌の中の恋人の呼称。

9男

tɕhɛ̃^{55} sua^{44} to^{55} ŋa^{55} lõ^{33} ja^{35} mo^{33},
jɛ̃^{33} ɕi$^{\cdot 55}$ nɯ^{55} ta^{55} to^{42} nɯ^{55} tõ^{33},
lõ^{33} pi$^{\cdot 31}$ nɯ^{55} ta^{55} ji$^{\cdot}$ĩ^{44} sua^{44} se^{31},
xuɛ̃^{55} lu^{55} ɣɯ^{33} tshy̩^{31} mo^{33}.

你说无人把我超，
可惜你姐岁数大，
你比你姐要年轻，
叫人心喜欢。

いろいろ比較してみると、あなたの方が若いです。今日、私たちは偶然に出会いました。どっちを選んだらいいか、私は難しい選択を迫られています。

pi˙^{33} tɕi˙^{55} pi˙^{31} tã^{42} na^{55} kõ^{33} jĩ˙^{21},
lɯ^{55} ta^{55} tɕi˙^{33} mɯ^{55} ɕi ɣo^{42} xu^{33},
ke^{55} jĩ˙^{44} jã˙^{55} sã^{44} jui˙^{44} pe^{44} sa^{55} tɕi˙^{31},
sua^{44} tsɛ^{21} sɯ^{44} ne^{35} mo^{33}.

比来比去你两个，
大姐稳重话又少，
今天相逢在一起，
真叫人为难。

10 女

ŋo^{31} sua^{44} nɯ^{55} ŋy̩^{55} ŋɯ^{55} a^{31} ko^{33},
sã^{55} ko^{21} tshu^{33} jõ˙^{33} tsɛ̃^{55} ɕĩ˙^{55} kho^{33},
ŋɯ^{55} ta^{55} tɕi˙^{33} na^{55} tɕhɯ̃^{42} ji˙^{55} tɕhõ^{55},
to^{55} na^{55} lõ^{33} ja˙^{35} mo^{33}.
ŋɯ^{55} ta^{55} tɕi˙^{33} na^{55} phe^{44} sã^{55} tɕi˙^{31},
tso^{42} kua^{44} to^{55} na^{55} no^{33} ja˙^{35} mo^{33},
ŋo^{31} jõ˙^{42} lɯ^{31} tshɛ̃^{55} ka^{31} lã^{55} ŋy̩^{55},
ŋo^{31} sua^{44} xo^{55} tso^{42} mõ^{33}.

开口说与阿哥听，
相爱专一情要真，
你对大姐有情意，
你两情深深。
大姐与你俩相配，
无人再比你俩亲，
我把实话对你讲，
说不说合心？

いろいろ考えましたが、人は誰か一人だけを愛さなければなりません。この人もあの人もというわけにはいきません。私は分かりました。あなたは実は心の中でやっぱり私のお姉さんのことを思っているのでしょう。違いますか？

11 男

ŋo^{31} sua^{44} lɯ^{55} ŋy̩^{55} se^{31} jõ˙^{44} thi˙^{33},
ŋɛ^{44} tsi˙^{55} ŋo^{31} ŋɛ^{44} mɯ^{55} jo˙^{33} thi˙^{33},
ŋo^{31} jõ˙^{42} tsɛ̃^{55} tõ^{21} sua^{44} lɯ̃^{55} ɣy̩^{55},
ŋua^{44} lõ^{33} mia^{44} sua^{44} tɕhi˙^{33}.

开口说与阿妹听，
我爱你呀情意深，
我把实话告诉你，
莫讲给别人。

私の本音を打ち明けます。若い妹のあなたが好きです。でも、このことはこっそりとあなたにしか言いません。あなたも他人に言ってはいけません。もし他人がそんなことを聞いたら嫌な気分になるでしょうから。本当に愛し合うならばお互い真心

tɕã^{31} tɕhi:^{33} ji ĩ:^{21} kɛ̃^{55} ja^{35} ɕi:^{31} xuã^{55},
tsɛ̃^{55} ɕi ĩ:^{55} sã^{55} ko^{42} mɯ^{55} tɯ^{31} ŋɛ^{44},
ɕã^{55} ɕi:^{55} kã^{55} ɣo^{42} a^{31} mia^{44} tɕhɛ̃^{55},
sua^{44} li:^{55} ja^{35} sua^{44} tɕhi:^{33}.

说给人家不高兴，
真心相爱才是真，
莫听别人讲闲话，
不可说真情。

をもって愛し合いましょう。

（注）こっそりとあなたにしか…公然の秘密となっている。たとえば真剣な求愛の歌掛けの場合でも周囲に人がいるわけで、歌詞の上での秘密は実際の秘密とはならない。ここでも周囲の人々の笑いが起きている。なお、「他人」は、万葉集では「人目」に当たる。

12女
no^{31} tɕã^{31} lɯ^{31} tshɛ̃^{55} li:^{55} tsi:^{35} tso^{33},
tso^{42} kua^{44} to^{55} nã^{55} lõ^{33} ji ĩ:^{35} mo^{33},
na^{55} sã^{55} ko^{21} tshɯ^{55} lɯ^{31} ma^{44} la^{42},
tɕɛ^{21} ji i:^{31} tso^{42} kua^{44} xu^{33}.
sɯ̃^{55} tshɛ^{55} tshu^{33} na^{55} kõ^{33} ji ĩ:^{21} tɕhõ^{55},
tɕɛ^{21} ji i:^{31} to^{55} na^{55} lõ^{33} ja^{35} mõ^{33},
ke^{55} ji ĩ:^{33} kõ^{33} ji ĩ:^{21} jui:^{44} sã^{55} to^{55},
pe^{44} li:^{55} pe^{44} sɛ^{31} tho^{33}.

你说这话句句真，
大姐与你心合心，
你们相爱这么久，
情意的确深。
身材无人可匹配，
情意怎比你们深，
今日二人喜相遇，
舍不得离分。

あなたの言葉はとても良く聞こえます。でも、口では私を愛していると言っていますが、実はまだ私のお姉さんに気があるのでしょう。私はあなたがた二人がずっと前からすでに愛し合っていることを知っています。あなたがたの関係を知っている人は他にもいますよ。

（注）実際に二人は長年の歌友達であった。

13男
tɕhɛ̃^{55} sua^{44} pe^{44} khe^{55} pe^{44} sɛ^{31} tho^{33},
me^{33} la^{42} ŋa^{55} ta^{44} lɯ̃^{55} sɛ^{42} sɿ^{33},

听说舍不得离分，
天黑只好把你跟，

あなたは私から離れてはいけません。よし、ではもう遅くなりましたから、あなたについてあなた

lã^{55} ty̩^{55} kɛ^{35} ta^{44} thuẽ^{55} tsiˑ^{33} lɛ̃^{21},
me^{33} liˑ^{55} jã^{55} khɯ^{33} ko^{44}.
tshã^{55} tshɯ^{55} la^{42} tsiˑ^{55} ta^{44} na^{55} sɛ̃^{42},
liˑ^{55} tso^{42} no^{31} kɛ̃^{55} na^{55} xo^{31} no^{33},
ŋa^{55} thiˑ^{31} ta^{44} lɯ̃^{55} sɛ̃^{42} ɕã^{55} lɛ̃^{21},
ky̩^{42} ta^{44} na^{55} lõ^{44} a^{31} pio^{33}.

14
女
ta^{44} ŋɯ^{55} sɛ̃^{42} liˑ^{55} ŋo^{31} lɛ^{31} jõ^{33},
jɛ̃^{44} ɕiˑ^{55} ŋa^{55} kɛ̃^{55} na^{55} sẽ^{31} mo^{33},
ɣɯ^{55} tshɯ^{55} nɯ^{55} ŋy̩^{55} tɕiˑ^{55} ɕu^{33} liˑ^{55},
ŋɯ^{55} sɛ̃^{42} no^{31} ta^{44} mõ^{33}.
na^{55} ky̩^{42} a^{55} ta^{44} sy̩^{44} ɣɛ^{31} sẽ^{55},
na^{55} ŋɛ̃^{21} fã^{55} kuɛ̃^{31} no^{33} mɛ^{42} jɯ^{33},
lia^{42} tsɯ^{44} ŋa^{55} sɛ̃^{42} no^{33} ɕiˑ^{55} ɣo^{42},
no^{31} sã^{33} ŋa^{55} sɛ̃^{42} mɯ^{33}.

你家住在不远处，
迟点也动身。
唱完调子跟你去，
或许你怕家里人，
只搭你去闲一会，
不是住拢要成亲。

你跟我去我欢迎，
让人起疑有原因，
曾经喊你多少遍，
就是不起身。
你们就在寺里住，
同吃同住同欢心，
分明对我说假话，
莫再欺骗人。

の家へ行くことにしましょう。いいえ、私はただあなたの家を見に行くだけです。あなたと一緒に住むわけではないのですから緊張しないで下さい。

私は知っています。実はあなたがた二人は、昨日も一緒にご飯を食べたり、歌の掛け合いをしたりしていたでしょう。私について家まで来るというのは本当は嘘でしょう。

（注）ふたりは昨日も…ここでも取り囲んでいる周囲の見物人から笑い声がおこる。先に説明したように、歌詞の中の黄・李・張という三人の当事者たちは、事実として実際にさっきまで同じテーブルを囲んで食事をしていたのであり、昨日も一緒に歌ったりご飯を食べたりしていた、という歌詞が、虚と実のない交ぜになった歌詞だったからである。

15男
tɕhɛ̃^{55} sua^{44} ŋɯ^{55} sɛ̃^{42} ta^{44} a^{31} mɯ^{33},
tɕi̤^{21} ɕɛ^{44} xẽ^{55} miɛ̃^{42} ŋo^{31} tshɛ̃^{44} tshy̩^{31} mɯ^{33},
mã^{55} lui̤^{31} sɛ^{55} j̤a^{42} kɯ^{21} tɕhɛ̃^{55} la^{42},
mɛ̃^{42} li̤^{55} nã^{55} mɛ̃^{42} tɯ^{44}.
tɕiã^{31} tɕhõ^{55} sua^{44} tɕhõ^{55} lɛ^{31} tsi̤^{55} ɕã^{55},
tɕi̤^{21} ɕɛ^{44} ŋɯ^{55} pẽ^{44} li̤^{55} ja^{35} j̤ɯ^{44},
ke^{55} ɕɛ^{44} ŋo^{31} ŋɛ^{21} na^{55} ty̩^{55} tsi̤^{55},
ŋo^{31} ka^{35} pa^{44} ka^{35} pa^{44} j̤ɯ^{44}.

16女
lɯ^{31} tshɛ̃^{55} tsi̤^{33} li̤^{55} tɕhɛ̃^{55} ɕo^{31} lɯ^{33},
ke^{55} ɕɛ^{44} ta^{44} ŋɯ^{55} sɛ̃^{42} jõ ĩ̤^{44} mɯ^{33},
tshã^{55} la^{42} pɛ^{21} tsi̤^{55} ta^{44} ŋɯ^{55} sɛ̃^{42},
xã^{55} no^{31} jõ ĩ̤^{44} tso^{42} mɯ̃^{33}.
xã^{55} no^{31} tsɯ^{44} ɕi ĩ̤^{55} tso^{42} mo^{33} ɕi ĩ̤^{55},
ŋo^{31} xã^{55} ŋɯ^{55} ko^{33} thõ^{42} ji i̤^{55} mɯ^{33},
tsha^{55} la^{42} pɛ^{21} tsi̤^{55} ta^{44} ŋɯ^{55} sɛ̃^{42},
xa^{55} no^{31} jõ ĩ̤^{44} tso^{42} mɯ^{33}.

听说不想把我跟，
昨夜我无处栖身，
旅社床位全卖光，
买主是你们。
好话说尽是白讲，
昨晚饿饭头发昏，
今天我到你家去，
大碗大碗吞。

你说此话真动听，
今天是否把我跟，
唱唱调子跟我去，
看你真不真。
看你真情或假意，
看你假心或真心，
唱完调子跟我去，
看你动身不动身。

私はあなたに本当のことを言いましょう。昨夜はどこにも泊まる場所がなかったのです。歌会の行事に大勢の人々がやって来たので、宿泊券がすべて売り切れたのです。口でどんなに上手く言ってもだめです。昨日、私はあなたを見かけましたよ。それなのに、ご飯も一緒に食べてくれず、私を誘いもしなかったではありませんか。

分かりました。いいですよ。それならば私と一緒に私の家へ行きましょう。今この歌の掛け合いが終わったらきっとついて来て下さるでしょうね。あなたが本当に私について来たいのかどうか、これから試してみます。それによって真心があるかどうか見ることにします。

17男　kuã^{33} si:^{55} ŋo^{31} ta^{44} lɯ̃^{55} sɛ̃^{42} pio^{33},
ŋo^{55} tɕa^{42} tse^{44} tsɯ^{44} ŋo^{55} tɕa^{42} xo^{33},
kuã^{33} si:^{55} ŋo^{31} ji :ĩ^{21} ta^{44} hu^{55} sɛ̃^{42},
ŋo^{55} tɕa^{42} ji :ĩ^{21} ŋɛ^{21} tshy^{31} mo^{33}.
nɯ^{55} ta^{55} tɕi:^{33} li:^{55} ta^{44} jã :ã^{55} sɛ̃^{42},
xã^{55} no^{31} tã^{55} jɯ̃ :ɯ̃^{44} tshɯ^{55} ta^{35} mo^{33},
vã^{55} ji :i^{35} ŋo^{31} ta^{44} nɯ^{55} sɛ̃^{42} tsi:^{55},
mɯ^{55} tɕa^{42} li:^{55} ji :ĩ^{35} mo^{33}.

不是独自把你跟，
还有同伙结伴行，
光我一人跟你去，
同伴无处安身。
你大姐也一同去，
答不答应说一声，
如我一人跟着你，
她孤单又伤心。

私はすぐにでも行きたいのですが、友達がいます。本当のことを言いましょう。私の友達というのはあなたのお姉さんです。お姉さんも私と一緒に行きますがいいですか。

18女　lɯ^{31} tshɛ̃^{55} tsi:^{33} li:^{55} tɕhɛ̃^{55} ɕo^{31} lɯ^{33},
no^{31} ta^{44} ŋɯ^{55} sɛ̃^{42} ŋo^{31} jõ :õ^{44} mɯ^{33},
nɯ^{55} tɕa^{42} ji :ĩ^{21} li:^{55} ta^{44} nɯ^{55} sɛ̃^{42},
mɯ^{55} tɯ^{31} tho^{42} ji :i^{55} lɯ^{33}.
tɯ^{42} tã^{55} ji :ĩ^{21} tsɯ^{44} tsi:^{55} kɛ^{21} tɕhɛ̃^{55},
ŋo^{31} jõ :õ^{44} ka^{35} ji :ĩ^{21} no^{31} se^{35} mu^{33},
jõ :õ^{33} sua^{44} ja :a^{35} tɛ^{44} ka^{35} ji :ĩ^{21} tsi:^{55},
ŋo^{31} tsi:^{55} ɕi:^{31} xuã^{55} mu^{33}.

你说这话真好听，
你搭我去可不行，
情人与你一同去，
我才能同意。
单独跟我是非生，
要去一定结伴行，
如若不带几人去，
我怎会高兴。

それは勿論です。もしもあなたが一人で私について来たら私は許しません。あなたの恋人も必ず一緒に連れてゆきましょう。いいえ、それどころかもっと大勢の友達を連れてきてください。そのほうが私は嬉しく思います。

19男

ta^{42} ta^{42} nɯ^{55} tua^{42} xo^{55} tsi̤^{33} to^{33},
na^{55} tṽ̩^{55} pe^{44} tsɛ̃^{21} sẽ^{55} tso^{42} pio^{33},
vã^{55} ji̤^{35} ka^{35} jĩ̤^{21} ta^{44} lɯ̃^{55} sɛ̃^{42},
na^{55} tṽ̩^{55} tshɛ̃^{33} tshv̩^{31} mo^{33}.
li̤^{55} tso^{42} me^{44} la^{42} kv̩^{35} ta^{44} ɕã^{55},
li̤^{55} tso^{42} no^{31} lɛ^{31} ta^{44} ŋɯ^{55} no^{33},
vã^{55} ji̤^{35} no^{31} ta^{44} ŋɯ^{55} no^{33} ŋɛ^{21},
tɕã^{55} tɕã^{55} xo^{55} mɯ^{55} no^{33}.

20女

lɯ^{31} tshɛ̃^{55} sua^{44} xo^{55} ŋɯ^{55} ji̤^{44} no^{33},
nɯ^{55} ɕĩ̤^{55} ŋo^{55} ɕĩ̤^{55} tshu^{33} a^{31} kho^{33},
tɕi̤^{21} ɕɛ̃^{33} no^{33} sua^{44} ta^{33} ŋɯ^{55} sɛ̃^{42},
xã^{55} mõ^{33} jõ̤^{44} tso^{42} jõ̤^{44}.
ta^{55} tɕi̤^{33} lɛ^{31} tsɯ^{33} pe^{44} mɯ^{55} ɕĩ̤^{55},
no^{31} tsɯ^{33} pe^{44} tsɛ^{31} mɯ̃^{55} pĩ̤^{55} no^{33},
ŋo^{31} jõ̤^{42} lɯ^{31} tshɛ̃^{55} ka^{31} nɯ^{55} ŋv̩^{55},
no^{31} piɛ̤̃^{44} nɯ^{55} ɕi̤^{55} kho^{33}.

开口说与花骨朵，
你家是不是朝西走，
万一几人跟你去，
睡处有没有？
时候不早在此闲，
或是你干脆跟我走，
跟我一同回家去，
恰好刚刚合。

这话说合我的意，
我俩同是一颗心，
昨天你说跟我去，
还问她行不行。
大姐她在中间走，
你在一旁紧紧跟，
我把这话告诉你，
问问你的心。

でも、私が大勢の人を誘っていったとき、もしあなたの家で寝る場所がなかったらどうしますか。いっそのこと私の家へ来てはどうでしょうか。私の家だったら充分もてなすことができますから。

それはなかなか良い話です。私たちは気が合っていますね。でも、あなたがた二人が一緒に私の家へ来るというのですから、さあ行きましょうよ。お姉さんを真ん中にして歩いて行きましょう。

21男
ta^{33} nɯ^{55} sɛ̃^{42} tsɿː^{55} ŋo^{31} jaː^{35} jõː^{44},
ŋo^{31} lɛ^{31} kɛ̃^{55} nɯ^{55} po^{55} jiː̃^{21} no^{33},
nɯ^{55} ko^{33} ŋo^{31} tsɯ^{44} ɕiː̃^{55} lɛ^{31} tsɛ̃^{55},
kɛ̃^{55} lõ^{31} kã^{31} nɯ^{55} ko^{33}.
va^{55} jiː^{35} ŋo^{31} ta^{33} nɯ^{55} sɛ̃^{42} tsɿː^{55},
nɯ^{55} po^{55} jiː̃^{21} tɛ̃^{44} ŋo^{31} no^{31} kɛ̃^{55} mo^{33},
tshã^{55} la^{42} ka^{35} tshɛ̃^{55} jãː^{55} pe^{44} ke^{55},
na^{55} sã^{55} tɛ̃^{44} liː^{55} jaː^{35} mo^{33}.

跟你去呀可不行，
怕你丈夫守家门，
阿哥心软又老实，
怕你欺骗人。
万一我跟你回去，
你丈夫打我是非生，
唱唱调子各走各，
以免打架闹纠纷。

本当に私を誘うのですか。それならば実は私は少し怖いです。あなたが人妻だったら困ります。もし、あなたのご主人になぐられたりしたら大変です。

22女
tɕhɯ̃^{55} tɯ^{44} no^{31} sua^{44} ŋɛ^{44} nɯ^{55} no^{33},
ŋo^{31} sua^{44} nɯ^{55} no^{33} ŋo^{31} jaː^{35} jõː^{33},
ŋo^{31} lɛ^{31} thiː^{31} tsɿː^{55} sɛ^{31} no^{31} kɛ^{31},
tso^{42} kua^{44} tsɿː^{55} ɣa^{35} jõː^{33}.
ɲɯ^{55} ko^{33} no^{31} jõː^{44} liː^{55} tɕa^{31} ŋua^{55},
jõː^{33} thiː^{33} ŋo^{31} jõː^{44} ŋo^{55} tɕa^{42} xo^{33},
ŋo^{21} jõː^{42} lɯ^{31} tshɛ̃^{55} ka^{31} lɯ̃^{55} ŋy̩^{55},
tɕã^{31} xo^{55} nɯ^{55} ŋy̩^{55} mo^{33}.

说啥爱你是非生，
我说爱你非真心，
说说而一把你试，
又何必当真。
你说爱我也白讲，
阿妹早有心上人，
我把这话告诉你，
是否讲合心。

私はあなたをちょっと試しているだけです。本気にしなくともいいですよ。あなたがさっき言ったことは、断るための口実だったのですね。私にはすでに最愛の人がいます。私はあなたを軽蔑します。私は心の中を打ち明けました。あなたの言うことと私の言うこととはどっちが正しいでしょうか。

23男　lɯ^{31} tshɛ̃^{55} sua^{44} xo^{55} ŋɯ^{55} ji:^{42} si:^{42} no^{33},
ŋo^{31} li:^{55} ja^{35} : jo^{33} no^{31} : ja^{35} jõ,
sẽ^{55} no^{33} xo^{55} ɣɯ^{33} na^{55} kɛ̃^{42} kɛ̃^{42},
tɯ^{42} tã^{55} no^{31} a^{35} pio^{33}.
ɕi:^{31} xuã^{55} ŋo^{31} tshã^{55} ŋɛ^{35} ma^{44} tshã^{55},
ɕi:^{31} xuã^{55} a^{55} ma^{33} tshu^{33} a^{55} ma^{33} thio^{44},
nɯ^{55} ko^{33} ŋo^{31} tshu^{33} ŋɛ^{44} tshɛ^{31} xo^{55},
ja^{35} sɯ̃^{44} no^{33} li:^{55} ɕu^{33}.

24女　lɯ^{31} tshɛ̃^{55} sua^{44} xo^{55} ŋɯ^{55} ji:^{44} lõ^{33},
kõ^{33} thi:^{33} xo^{55} li:^{55} tshɛ^{31} mo^{31} to^{33},
no^{33} li:^{55} tshɛ^{31} xo^{55} ŋo^{31} tɕhɛ^{31} xo^{55},
tɕã^{55} tɕã^{55} xo^{55} mɯ^{55} no^{33}.
ŋɯ^{55} ko^{33} no^{31} li:^{55} ŋua^{44} tshɛ^{31} xo^{55},
jõ^{33} thi:^{33} ŋo^{31} ã^{33} ŋɯ^{55} tɕa^{42} xo^{33},
ŋo^{31} jõ^{42} lɯ^{31} tshɛ̃^{55} ka^{31} nɯ^{55} ŋv^{55},
tɕa^{31} xo^{55} la^{42} mɯ^{55} no^{33}.

这句讲合我的心，
你不爱我我爱别人，
石宝山花开满坡，
非是一朵开芳芬。
喜欢对歌随处唱，
喜欢跳舞随处跳，
你哥我是爱采花，
无人不知晓。

这句说合我的心，
哥妹采花各寻春，
你也采花我采花，
合意又合心。
阿哥别处采花去，
妹找伙伴另访亲，
我把这话告诉你，
讲合你的心。

あなたが嫌なら私も構いません。歌会には恋人を求めにやって来る人たちがたくさんいます。もし、あなたが私を必要としないのであれば、私は別の場所で歌ってもいいですよ。

それならば、あなたは別の場所へ行って他の花を採ってもいいです。私だってあなたに限りませんから。私も他の友達を探しに行きます。あなたが本心を打ち明けてくれたから私の気持も決まりました。

25男
tɕhɛ̃^{55} sua^{44} tɕã^{31} xo^{55} la^{42} mɯ^{55} no^{33},
se^{55} se^{55} to^{42} lɪ̇^{55} ve^{42} tsuɪ̇^{55} mo^{33},
khuã^{55} ɕɪ̇^{55} no^{31} ɣɛ̃^{21} tshɛ̃^{31} xo^{55} tsɪ̇^{55},
nɯ^{55} no^{33} a^{31} to^{31} jõ^{33}.
ŋo^{31} jõ^{42} tsɛ̃^{55} tõ^{21} sua^{44} nɯ^{55} ŋY̩^{55},
lɛ^{55} no^{31} thɪ̇^{31} ta^{42} ta^{33} ŋɯ^{55} no^{33},
jã^{55} ko^{33} jɪ̇^{21} mɛ̃^{55} pe^{44} sã^{55} tɕɪ̇^{31},
xɛ̃^{55} no^{33} tsha^{55} tɕɪ̇^{31} no^{33}.

26女
tɕhɛ̃^{55} tso^{42} ŋa^{55} no^{33} a^{35} to^{31} jõ^{33},
ŋɯ^{55} ko^{33} no^{33} tsɪ̇^{55} ŋa^{55} lɛ^{31} jõ^{33},
ta^{35} ta^{33} xo^{55} ja^{42} la^{55} kɛ̃^{31} kɛ̃^{31},
tsɛ^{44} suɪ̇^{55} no^{31} tshɛ^{31} pio^{33}.
tɕɪ̇^{44} sɛ^{55} ŋɯ^{55} ko^{33} mã^{55} ŋɛ^{44} no^{31},
jo^{33} thɪ̇^{33} ŋɯ^{55} tɕa^{42} a^{31} jɪ̇^{35} mo^{33},
ŋo^{31} jõ^{42} lɯ^{31} tshɛ̃^{55} ka^{31} nɯ^{55} ɣY̩^{55},
tsɯ^{44} tɕɯ̃^{31} nɯ^{55} ɕɪ̃^{55} no^{33}.

听说讲合我的心，
寺大无佛白费心，
你要重另去采花，
谁人与你亲。
我把真话告诉你，
你呀只得把我跟，
你我二人并排走，
天差地万分。

说啥无人与我亲，
我就爱你把哥跟，
虽然鲜花开遍地，
在随采怎行。
既然阿哥有人爱，
阿妹无伴是独身，
我把这话告诉你，
紧紧记在心。

どんな大きな寺院でも、中に仏様がいなければ何の意味もありません。あなたは別の場所へ行って人を探すと言っていますが、恐らく相手は誰も居ませんよ。やっぱり私についてきたほうがいいですよ。

（注）寺院と仏像…女性が歌会で他の良い相手を見つけることができないことの比喩に用いている。白族は寺院や本主廟などで仏像や神像を崇拝している人々である。

私はずっとあなたに言い続けてきましたが、私もあなたのことが好きです。あなただって他の人を探しても恐らく愛する人は誰も見つからないでしょう。私の本音を打ち明けましたから、心の中にしっかり刻み込んでください。

27男
mã^{55} jõ ĩ̤^{33} lɛ^{55} no^{31} kɛ̃^{55} a^{55} sɛ̃^{42},
ʨa^{42} ji ĩ̤^{21} mo^{33} tsi̤^{55} ta^{33} ŋɯ^{55} sɛ̃^{42},
xa^{31} ty̩^{55} tsɯ^{33} nɯ^{55} tshe^{55} tshy̩^{33} tɯ^{55},
ŋo^{31} tsõ^{55} nɯ^{55} no^{33} ji i̤^{44} kɛ^{42}.
tshã^{55} li̤^{55} tshu^{33} tsi̤^{55} ta^{31} xo^{31} tshã^{55},
jɯ^{44} tshã^{55} pẽ^{33} li̤^{55} ta^{31} xo^{31} ŋɛ^{21},
ŋo^{31} jõ ĩ^{42} tsɛ̃^{55} tõ^{21} ka^{31} lɯ^{55} ŋy̩^{55},
ŋo^{31} tsõ^{55} nɯ^{55} no^{33} ji i̤^{44} kɛ^{42}.

28女
ŋo^{31} sua^{44} nɯ^{55} ŋy̩^{55} jo^{55} jo^{55} ji i̤^{44},
jã^{55} tsɯ^{33} kõ^{33} kỹ̩^{55} sã^{55} ɣa^{42} ɕu^{33},
jã^{55} tsɯ^{33} kõ^{33} tã^{31} no^{33} xo^{55} ɣɯ^{44},
mi̤^{33} ŋa^{55} tua^{42} mu^{33} sui̤^{33}.
tɛ^{21} ŋy̩^{55} xo^{55} tsi̤^{55} jõ ĩ^{33} mo^{31} tshɛ^{31},
ŋɯ^{55} ko^{33} ɕã^{55} xo^{55} jõ ĩ^{33} mo^{31} mi̤^{33},
ɣɯ^{33} ɕɛ^{44} kuɛ̃^{21} si̤^{55} na^{55} kõ^{33} ji ĩ̤^{21},
mɛ̃^{31} sɛ̃^{55} nã^{55} kõ^{33} thi̤^{33}.

阿妹别怕莫担心，
你若无伴把我跟，
我家是你栖身处，
身价百倍增。
唱呀两人一同唱，
吃饭两人也莫分，
我把实话告诉你，
身价百倍增。

说得合意又合心，
江水汇拢难得分，
我俩是两处开的花，
会不会想念我？
面前的花莫去采，
阿哥野花别贪恋，
说来说去你两个，
还是一家亲。

あなたは恐れることも心配する必要もありません。適当な人が見つからない以上は、やはり私についてくるべきです。あなたが本心から私についてくると言ったからには、私も絶対その気持に応えるつもりです。私はあなたの価値を高めることができます。私は愛情のある人間ですから一緒に暮らせば幸せになれます。

分かりました。あなたの言うことは嬉しく思います。でも私は、あなたが野花を採ろうとしているということを聞きました。そんなことをしてはいけません。やっぱり、私がいくら言っても、あなたとお姉さんとは似合いのカップルなのです。

（注）ここまで歌って女性（張福妹）はベンチから立ち上がり、逃げていった。

29男

ta^{42} ta^{42} nɯ^{55} tua^{42} se^{31} jõ^{33} thi^{33},
kha^{44} no^{31} suã^{55} ɕui^{31} kha^{44} kɯ^{55} ɕui^{33}
jo^{33} thi^{33} no^{31} tsɯ^{33} sẽ^{55} jĩ^{21} jĩ^{21},
piũ^{55} ŋy̩^{42} kẽ^{42} lo^{31} tsuẽ^{33}.
tshã^{55} ka^{31} tshɛ̃^{55} tsi^{55} no^{31} pe^{44} tshɯ^{55},
ŋo^{31} lɛ̃^{31} thi^{55} lõ^{31} xã^{55} lĩ^{31} ɕi^{33},
no^{31} ja^{35} tshã^{55} tsi^{55} ŋo^{31} li^{55} ja^{35} tshã^{55},
kɛ̃^{55} no^{31} li^{55} ja^{35} sẽ^{33}.

真话说给小妹听，
想你好比天热渴冷水
你呀就是活神仙，
难见你身影。
唱着唱着你走掉，
为你害羞难为情，
你也不唱我不唱，
怕你不知情。

あなたはどうして歌わないで逃げるのですか。あなたの代わりに私がきまりが悪いし、悲しいです。まあ、いいでしょう。あなたに歌う気がなければ私もこれでやめます。

（注）男性は女性がいなくなった後でこの部分を歌っている。

あとがき

日本の歌垣に類似する習俗が現代中国では今でも行なわれていることを筆者が知ったのは、NHKが一九八八年十一月七日に放映した「恋歌が流れる秘境~中国・貴州省~」というタイトルの特集番組だったと思う。中国のこうした民俗文化が広く知られるようになったのは、一九七八年の日中平和友好条約締結、さらに中国政府による改革開放政策によるものであった。その後、中国の辺境地帯に外国人の立ち入りが許されるようになったのは一九八〇年代の初めであった。少数民族を中心とした辺境地帯における歌掛けの詳しい調査が可能となったのはそれからのことである。その当時、たとえば貴州省黔東南苗族侗族自治州の香炉山の爬坡節を見学した土橋寛氏は、山頂に以前観音菩薩が祭られていて旧暦六月十九日の観音様の縁日が初日であること、信仰の変化によって時期が変わったけれども、昔は三月初めであったこと、その季節から考えると、この行事には春の国見の習俗もあったと思われること、歌掛けの行事にはまず男女ともにグループで参加すること、三日間の行事の初日に歌うのは「初識歌」で、その日知り合った二人の男女は、たとえば女性からも銀の腕輪などの贈り物をして、翌日約束の場所へ来ること、その日もグループで行動すること、などを報告している(土橋寛『古代歌謡をひらく』所収「古代の民謡」一九八六年)。その後さらに現地調査が進むにつれて中国の生きた歌掛け習俗の多様性が見えてきた。本書の調査研究もそのほんのささやかな一端である。

本書がおもに調査対象としたのは中国甘粛省東南部の岷県を中心に行なわれている歌掛け習俗〈花儿会〉である。こうした民間の習俗はもはや昔のままではない。中国では一九六六年から一〇年にわたる旧習破壊の文化大革命によって花儿会も禁じられた時期があった。その後の政変でふたたび行なわれるようになったとはいえ完全にもとに戻ることはなかったし、さらにその後の経済発展による出稼ぎ者の増加が地域の習俗の衰退に拍車をかけている。現在、花儿会で歌われる歌謡〈花儿〉は中国国家級非物質文化遺産に指定されているが、それは元来の習俗が変質したことと表裏の関係にあって、為政者が文化振興に乗り出したことで、民間の多くの歌謡習俗は芸能発表会になってしまった。しかしそんななかでも、岷県を中心とした南路の洮岷花儿にはまだ原生的な歌掛けの習俗が残っていて、民衆歌謡の研究にとっては貴重な調査地になっている。

本書は、漢民族の文化圏の周辺に息づいている中国の歌掛け習俗を参考に、万葉集の相聞歌を生み出した古代以前における歌垣の習俗を考えてみたものである。結果として言えることは、筑波山の歌垣が万葉の時代に至るまで盛んに行なわれていたのは、そこが地域的にヤマト民族と異民族との境界だったからである。そうした境界で盛んに行なわれた人間活動といえば村落を越えた交易にほかならない。そこには見知らぬ他人が多く集った。歌垣における歌の掛け合いは、まさしく見知らぬ異性との出会いから始まる。交易が境界において行なわれるという性格は都市の市においても同じである。村落共同体を越えて交易のために人々が集う場、すなわち歌掛けの習俗はそこから始まったと考えられる。

参考までに、本書のもとになった調査記録は次のような拙論である。

「中国雲南省ペー族の歌文化」（『県立新潟女子短期大学研究紀要』第44集、二〇〇七年三月）

「中国甘粛省の民衆歌謡〝洮岷花儿〟について―東アジアの歌謡文化再考―」（『県立新潟女子短期大学研究紀要』

第46号、二〇〇九年三月）
「中国甘粛省岷県花儿会調査報告２０１０年」（新潟県立大学国際地域研究学会会誌『国際地域研究論集』第２号、二〇一一年三月）
「中国甘粛省岷県花儿会調査報告２０１０・２０１１年―二郎山子孫殿における神花儿―」（同『国際地域研究論集』第3号、二〇一二年三月）
「中国甘粛省岷県花儿会調査報告２０１１年―迭蔵河における花儿会―」（同『国際地域研究論集』第4号、二〇一三年三月）
「中国甘粛省臨夏回族自治州康楽県の蓮花山花儿会」（同『国際地域研究論集』第6号、二〇一五年三月）

このほか公開していない音声記録や画像記録もあるのだが、本書がおもな対象としている岷県の花儿会では、本文に述べたように歌い手たちの多くが映像の公開を望んでいない。そのため取材時の映像を本書の付録に付けることは割愛した。

なお、三弥井書店の吉田智恵氏には前著『越後瞽女唄集―研究と資料―』および『江戸期視覚文化の創造と歴史的展開―覗き眼鏡とのぞきからくり―』に引き続いて本書の出版でもさまざまなご配慮をいただき、たいへんお世話になりました。記して感謝申し上げます。
また本書は、独立行政法人日本学術振興会の令和元年度科学研究費助成事業（研究成果公開促進費）「学術図書」による出版です。出版費用が捻出できなかった筆者にとってたいへんありがたいことでした。

著者紹介

板垣俊一（いたがき・しゅんいち）
1948年　新潟県生まれ
1982年　東京都立大学大学院人文科学研究科博士課程単位取得満期退学
現　在　新潟県立大学名誉教授

主な著書

『越後瞽女唄集―研究と資料―』（三弥井書店 2009年）
『江戸期視覚文化の創造と歴史的展開―覗き眼鏡とのぞきからくり―』（三弥井書店 2012年）
『日本文化入門』（武蔵野書院 2016年）
『幻想と現実 ―日本古典文学の愉しみ―』（新典社 2018年）

花儿会と歌垣―辺境の歌文化―

令和元(2019)年 9 月26日　初版発行

定価はカバーに表示してあります。

発行者　吉 田 敬 弥
発行所　株式会社 三 弥 井 書 店
〒108-0073 東京都港区三田3－2－39
電話03-3452-8069
振替00190-8-21125

ISBN978-4-8382-3353-3 C1039　整版･印刷　エーヴィスシステムズ